列车轮对轴承振动与故障诊断

马增强　苑宗昊　李　欣　著

科学出版社

北　京

内 容 简 介

　　本书重点介绍了高速列车轮对轴承振动特性与故障诊断方法。以列车轮对轴承振动信号为研究对象，从振动信号在常见工况下的特点出发，对列车轮对轴承信号预处理、特征提取与故障诊断进行了深入讨论。主要内容分为两部分，首先是基于信号处理方法的振动信号降噪、匀变转速下的特征提取和转速波动下的特征提取，然后是基于深度学习方法的时间序列递归特征分析、变转速下的数据增强与修复、转速自适应特征提取和多源域迁移诊断，共 8 章。书中给出了大量的实验供读者参考学习。

　　本书可供列车轮对轴承或其他相关旋转机故障诊断领域的科研人员及学生使用，也可供相关工程领域工程师作为技术开发的参考书使用。

图书在版编目(CIP)数据

列车轮对轴承振动与故障诊断 / 马增强，苑宗昊，李欣著. -- 北京：科学出版社，2025. 1. -- ISBN 978-7-03-080668-0

Ⅰ. U260.331

中国国家版本馆 CIP 数据核字第 20241XC742 号

责任编辑：刘信力　郭学雯／责任校对：高辰雷
责任印制：张　伟／封面设计：无极书装

科学出版社 出版

北京东黄城根北街 16 号
邮政编码：100717
http://www.sciencep.com

北京建宏印刷有限公司印刷

科学出版社发行　各地新华书店经销

*

2025 年 1 月第 一 版　开本：720×1000 1/16
2025 年 1 月第一次印刷　印张：12 3/4
字数：255 000

定价：98.00 元
（如有印装质量问题，我社负责调换）

前　　言

　　随着现代铁路运输的快速发展，高速列车的运行速度和载荷不断增加，列车轮对轴承作为列车运行中的关键部件，其工作状态直接影响列车的安全性和可靠性，严重时甚至会导致灾难性后果。通过有效的故障诊断技术，可以及时发现和处理潜在问题，防止故障进一步恶化，从而保障列车的运行安全。因此对轮对轴承进行有效的振动监测与故障诊断是保证列车运行安全的必要手段。通过实时监测和诊断轮对轴承的工作状态，能够及时发现和解决问题，避免因故障导致的列车停运或延误，进而提高列车的运营效率和服务质量。

　　近年来，振动分析技术在列车轮对轴承故障诊断中的应用取得了显著进展。振动作为一种重要且有效的信号，能够直接反映出轮对轴承在运行过程中所受到的外部冲击和内部结构变化。因此，通过对振动信号的分析和处理，可以有效地检测出轴承的磨损、裂纹、剥落等故障，为及时维护和更换提供依据。

　　本书首先从理论基础入手，介绍了轮对轴承的结构与工作原理、振动信号的产生机理及其特性。然后系统地阐述了振动信号处理的基本方法和技术手段，包括时域分析、频域分析和时频域分析等内容。结合实际案例，深入探讨了多种常见的故障模式及其特征频率，为读者提供了丰富的实践经验和操作指南。在当前大数据和人工智能技术蓬勃发展的背景下，本书还引入了深度学习在故障诊断中的应用，展示了前沿智能诊断技术在提高诊断准确率和效率方面的巨大潜力。通过理论与实践的结合，旨在为读者提供全面、系统的知识体系，帮助其在实际工作中更好地进行轮对轴承的振动监测与故障诊断。

　　本书作者团队围绕列车故障诊断这一国家重点发展领域进行了多年深耕，走访调查了多家国内相关骨干企业，发现了工程实践中对列车轮对轴承故障诊断全方面和多角度应用的旺盛需求。利用信号处理与深度学习方面的技术积累，团队研究出了较多有意义的科研成果。为了能够顺应工程需要，作者团队将近年来有意义的研究成果编撰成书，将我们的研究思路和相关结论分享给更多读者。本书适合从事铁路运维、机械工程、振动分析等领域的工程技术人员和科研人员阅读，同时也可为相关专业本科生和研究生提供创新思路。希望本书的出版能够为提高列车运行的安全性和可靠性贡献一份力量，并激发更多读者对轮对轴承振动与故障诊断研究的兴趣与热情。

　　本书共 8 章。第 1 章为绪论，概述了列车轮对轴承的基本结构和故障机理，总结了三类故障诊断方法的特点以及研究现状，并阐述了当前列车轮对轴承故障诊断中存在的难点与问题。第 2 章介绍了一种振动信号降噪算法，从算法的基本原理和局限性展开，对轮对轴承振动信号的噪声特点以及降噪手段进行了阐释。第 3 章针对匀变转速工况下振动信号的故障特征提取进行了分析，介绍了一种有效的特征提取方法。第 4 章针对转速波动工况下振动信号的故障特征提取进行了研究，分析了转速波动工况的特点以及特征提取难点，并针对性地给出了解决方法。第 5 章从获取轮对轴承振动信号额外特征的角度进行说明，介绍了时间序列的递归特性，并基于此给出了多头图注意力网络智能特征提取方法。第 6 章针对变转速工况样本不充足以及存在缺失点样本的问题，介绍了振动信号的智能数据增强与修复方法。第 7 章对多转速工况下的智能诊断方法进行了介绍，基于数据融合理论，引入键相信号作为信息源，提高智能诊断方法的转速自适应能力。第 8 章对实际应用场景下的多源域故障迁移诊断进行了介绍，分析了实际应用场景下的样本特点，并介绍了一种有效的多源域迁移诊断模型。

作者在数十年相关领域的科学研究中，得到了国家自然科学基金、河北省自然科学基金等多项基金项目的资助。本书是研究团队多年努力的结晶，石家庄铁道大学马增强教授、河北师范大学苑宗昊老师、石家庄铁道大学李欣老师对本书的编撰做出了重要贡献，本书的编撰过程和校稿得到了团队成员的大力帮助。科学出版社的各位编辑认真负责，也对本书提出了多项宝贵建议。在此，谨向所有为本书出版付出努力的同仁表示诚挚的感谢，并衷心希望本书能对读者有所裨益。

作　者

2024 年 7 月 15 日

目 录

第1章 绪 论

1.1 研究背景及意义

高速铁路是当今社会最重要的交通方式之一。由于其受到自然环境影响相对较小，载客量大，运输范围广，成本相对低廉，同时运输效率高，在我国的交通运输中具备不可代替的重要作用。2016年，国家发展改革委印发了《中长期铁路网规划》[1]，对我国"八纵八横"的高速铁路网进行了规划和展望。时至今日，我国高铁运营总里程突破4万公里，稳居世界第一的位置。在新冠疫情暴发期间，我国高速铁路运载量逆势上涨，多条铁路的运输量创下了历史新高[2]。表明我国的高铁运输已经发展到了很高的水平，且在客运和物流体系中占据了相对主导的地位。与此同时，我国高铁的发展也正在朝着数字化和智能化的方向迈进。

高速列车在运行过程当中需要多个部件和系统共同牵引，同时其运行工况较为复杂。如果发生故障会使设备意外停机，甚至无法运转，造成运行和维护成本的大幅提高。一些关键零部件的损坏甚至会引发较为严重的安全事故，给人民的生命财产安全构成较大威胁。因此，关于高速列车的安全问题也越来越受到关注。国务院印发的《"十四五"现代综合交通运输体系发展规划》[3]，中共中央、国务院印发的《交通强国建设纲要》[4]等，都将交通安全保障工作列为重点的发展方向。2018年，在土耳其首都安卡拉，一列高速列车因机械故障脱轨，造成至少9人死亡，多人受伤。2013年，一辆法国高速列车由于一枚零部件脱落，导致其脱轨，列车断成两截，造成较大的人员伤亡和经济损失。2024年，美国诺福克南方铁路公司发生脱轨事故，经调查组现场研究发现，事故发生原因是列车轴承失火，引发列车脱轨并造成重大环境污染[5]。

综合上述事件，高速列车发生事故的主要原因通常是主要机械部件的故障[6-8]。特别是高速列车转向架，如图1-1所示。而轮对轴承又是高速列车转向架的重要组成部分之一，其承担着整个列车的簧上质量和车轮与铁轨之间的冲击，导致其通常工作在较为复杂且严苛的工况[9-12]。轮对轴承发生故障导致的事故通常较为严重，会导致列车出轨、热切轴或燃轴等事故[13,14]。轮对轴承故障的主要形式有：①外圈、内圈或滚动体表面的擦伤、压痕、剥落和点蚀等。②保持架变形或开裂等局部缺陷[15-17]。中国铁道科学研究院对近五年我国高速动车组传动系统中的轴承故障情况统计后发现，轴承的外圈故障和内圈故障占比分别为

42%和28%，轴承各部分故障的概率并不相同，且轴承故障的表征形式与转速和载荷密切相关，因此其故障通常与工况有较大联系[18-20]。为了高速列车轮对轴承的健康运行，对其进行实时监测与诊断就成为保证高铁安全运行的重要手段。我国铁路部门对机械部件的维护通常采用日常人工检查，部件定期拆解保养的方式。这些工作会消耗大量人力，也给监测效率带来了一定影响[21-23]。

图 1-1　　高速列车转向架示意图

高速列车轮对轴承故障监测需要获取轴承运行过程中产生的运行信号。一些信号能够有效反映轴承的运行状态。比如振动、声音、图像、温度、载荷等[24,25]。在这些信号当中需要考虑传感器在设备中的安装便捷性，以及信号中蕴含的故障信息能否便于分析。据不完全统计，约70%的旋转机械中包含的故障信息可以以振动的形式表现出来，高速列车轮对轴承也不例外[26-28]。由于故障的存在，轴承缺陷部位在与相邻部位之间发生接触时会存在或大或小的冲击，使轴承在运行过程当中的振动发生较为明显的变化。所以使用轴承振动信号对轮对轴承进行故障诊断是较为广泛和有效的方法之一。但是在采集振动信号的过程当中，受轴承运行工况、信号传输链路以及机械间振动耦合的影响，收集到的信号中反映轴承故障状态的特征会被淹没在较大的背景噪声干扰中，使直接通过信号进行故障分析变得困难[29-31]。如何准确地、自动地和通用地对轴承振动信号进行分析和诊断就成为当前研究的热点和重点。

随着物联网和大数据的结合与发展，列车轮对轴承的故障信号收集变得更加便捷。样本的收集数量随着更多设备的安装呈几何倍数增长。而传统的故障诊断算法通常需要从较为复杂的滤波降噪和特征提取两个角度对样本进行分析和判断，这个过程往往需要依赖于丰富的专家知识，这就使得在处理大量数据时出现效率低下的问题[32-34]。同时，工业领域对故障诊断的智能化要求也越来越高，如何快速消化收集的样本并对列车轮对轴承的健康状态进行实时监测就成为需要研究的问题所在。人工智能技术由于可以自动拟合样本特征，同时不依赖于收集到的信号类型，并对噪声干扰有一定自适应能力，而受到故障诊断领域的普遍关注。通过收集到的各种类型的数据训练人工智能故障诊断模型，即可端到端地完成故障诊断任务。但采集到的信号中成分复杂，不同工况下收集的数据在时域和频域方面会有较大差异，给智能模型的诊断精度和通用性造成一定影响，且模型的精度也受到样本数量的影响，不仅仅是样本的总数量，样本间数量的不平衡也会给模型最终效果带来各种问题。同时，为了实现更高的精度和复杂的功能，模型结构会越来越复杂，导致其可解释性也受到了较大影响，给工业应用带来了一定阻碍。

综上所述，本书旨在研究一种能够高精度的、适应多种工况和样本条件的，且具有一定可解释性的列车轮对轴承智能故障诊断方法。针对轮对轴承振动信号的非线性、非平稳和强噪声的特点，提出相应的解决方法。并根据轮对轴承的信号特点对其进行针对性利用。通过高速列车综合实验平台对所提方法进行验证，完成高速列车轮对轴承的故障诊断任务。研究内容一方面可以为轮对轴承故障诊断过程中存在的实际问题提供科学依据和算法模型，尤其在工况适应性和特征理解方面提出了针对性的方案。另一方面可以为列车轮对轴承运维过程中的信号采集提供一定参考，提高数据获取的效率，从而为保证列车安全运行和定期维护提供科学依据。

1.2　国内外研究现状

现阶段，高速列车轮对轴承故障诊断方法大致可分为三种类型：①基于信号处理的方法、②基于故障机理的方法、③基于数据驱动的方法[35,36]。它们通过不同的机制对轴承振动信号中的有效故障特征进行分析，实现对轴承健康状态的诊断。

(1) 基于信号处理方法的主要研究内容是对信号进行降噪和故障特征的提取[37-39]。其主要中心思想是利用时域、频域和时频域分析对轴承振动信号中的一些有用特征进行获取。其中，时域特征主要是指时域信号中的有量纲或无量纲的特征指标，常用的有量纲指标包括信号的峰值、均值和方差等[40]。无量纲指标包括信号的翘度、裕度和脉冲等[41]。通过对比有故障时与无故障时信号之间的差异，分析故障发生时指标的变化来判断是否发生故障。但这些指标通常需要振动信号中包含较大的冲击成分才会发生明显改变[42]。基于频域的分析方法则是通过快速傅里叶变换 (fast Fourier transform, FFT) 等算法对振动信号进行频谱分析，获取振动信号中的主要频率成分。利用轴承各部件尺寸计算不同部位损坏时的冲击频率。将两个频率进行对照从而分析轴承的健康状态以及损伤部位。这类算法需要轴承运行在较为平稳的状态，但通常情况下轮对轴承振动信号具有非线性和非平稳的特点，使得频率成分发生偏移，影响诊断效果。基于时频分析方法的故障诊断可以根据计算频率随时间变化的过程，常用方法有短时傅里叶变换 (short-time Fourier transform, STFT)[43,44]、Wigner-Ville 分布 (WVD)[45]、小波变换 (wavelet transformation, WT)[46] 以及同步压缩变换 (synchrosqueezing transform, SST)[47] 等。它们通过将信号进行加窗等方式对信号进行分割来分析各个时段的频率成分，从而可以分析出短暂平稳状态下是否存在故障频率，实现故障诊断的目的。

振动信号由于采集环境和传输过程中存在噪声而受到较大的干扰，所以时频分析方法无法准确分析出其中是否含有故障特征频率，因此需要先对信号进行降噪。在降噪算法中相关性分析、共振解调和信号分析算法可以有效对其进行降噪 [48,49]。相关性分析是在时域中利用噪声在分布上具有强相关性的特点进行降噪。共振解调的主要思想是通过共振原理自动选择最优滤波频带，是在实际中应用最为普遍的方法。信号分解算法可以高分辨率地对信号按照频率进行分解，比如经验模态分解 (empirical mode decomposition, EMD)[50]、变分模态分解 (variational mode decomposition, VMD)[47]，得到其中包含故障信息的成分进行组合，达到降噪的目的。

此类故障诊断方法高度依赖信号处理算法相关专业知识，且信号处理算法通常较为复杂，有时还需要消耗大量的计算时间，因此无法高效地、实时地完成故障任务。同时，这类算法对噪声较为敏感，而列车轮对轴承的信噪比通常较低，有时无法有效完成针对轮对轴承的故障诊断工作。

(2) 基于故障机理的研究方法通常需要建立旋转机械系统的模型，采用有限元和模态等方法对研究对象进行研究，分析研究对象不同部位发生故障时系统的振动特性的变化，从而可以利用动力学模型得到故障发生的机理与本质 [51]。与基于信号处理的方法对比，这类方法可以节省不必要的实验测量，尤其是对不同工况、不同故障下的重复测量，信号的采集和维护可能会加大研究开支。同时，信号的采集存在不完备的可能性，比如对轮对轴承不同部位不同尺寸的真实故障的获取可能不完整；对于不同型号的轮对轴承在刚度、阻尼等方面发生变化时也无法快速响应。利用基于模型和仿真的方法可以很好地解决上述问题，通过对模型相关参数的修改可快速对不同工况和型号的轮对轴承进行建模和分析，得到发生故障时的振动变化。

基于故障机理的研究方法可以分为两类，即基于调制的建模和基于动力学的建模 [52]。其中，基于调制的建模主要将模型建立在所研究信号的调制特性上，通常包括幅值调制、频率调制和相位调制。通过调制方法建立的模型会把响应通过信号分量的方式引入模型当中，所有预期的变化都直接作为信号的调制加入模型。现阶段更加常用的是基于动力学建模的研究方法，通过对轴承的滚振机理、发生故障时模型的改变以及轴承整体系统的动力学分析，建立基于动力学的模型，来获取模拟系统状态的动态响应。通过在不同的健康状态下的动态模拟，可以分析出系统在发生故障时的特性。

此类方法同样存在一定的问题，首先建立模型的有效性和仿真程度较难界定，无法确定模拟结果是否贴近实际，且在理想状态下是通过修改参数实现对不同轴承的通用化分析，但实际上难以实现较好的效果。同时，在分析建立的模型时通常需要大量的计算，若模型较为复杂可能会使计算成本过高，不适用现场监测任务，因此还需权衡简单性与现实性之间的利弊。

(3) 基于数据驱动的智能故障诊断方法可以最大限度地实现对采集数据的充分利用，并具有较高的自动化程度[53-55]。基于数据驱动的智能故障诊断方法的研究一般分为三步，首先需要对研究数据进行分析，将其变换为智能模型可用的形式，同时剔除错误样本；其次分析轮对轴承运行的工况等特点，并针对性地进行智能模型搭建；最后将样本放入模型中进行训练，并调整模型参数以达到最高诊断精度[56,57]。但高速列车轮对轴承振动信号具有高复杂性、强耦合性和低信号比的特点，信号中的无效信息会给模型的特征提取和诊断效果带来较大干扰。当承载故障信息的信号受到强噪声破坏时，智能诊断模型的性能通常会急剧下降[58-60]。而且智能诊断方法通常是一类"黑盒子"方法，很难研究其提取特征背后的物理含义[61-63]。因此如何使模型获得更多有效信息和先验知识，并提高模型的抗噪声鲁棒性，同时具有一定可解释性是当前研究的重点。

列车轮对轴承智能故障诊断方法大致可分为三类：基于机器学习的方法、基于深度学习的方法和基于图神经网络的方法。本节在下面对这三类方法的研究现状和与本研究相关的内容进行详细介绍。

1.2.1 基于机器学习的智能故障诊断方法研究现状

传统的故障诊断过程大多需要人工来检测机械设备的健康状态，但是在这个过程中会存在效率低下、劳动强度大和无法保证准确率的问题。上面提到的基于信号处理的方法虽然可以帮助人工定位列车轮对轴承损伤发生的类型或故障在机械系统的位置，但其过分依赖专家知识导致在很多场景下维护人员不能支撑起整体运转[64-66]。因此，现代列车轮对轴承故障诊断在工业中的应用更加青睐于能够自动识别机械健康状态的方法。机器学习方法由于具有自动拟合样本特征并进行分类的优势，使其在实际应用中可以崭露头角[67,68]。借助机器学习，人们可以将收集到的丰富样本进行充分利用，来达到上述目的。传统的机器学习理论主要包括三个步骤，即样本收集与处理、人工特征提取以及健康状态识别。

在样本收集与处理阶段，传感器被安置在被测对象上来收集其运转过程中产生的数据。通常情况下会有不同类型的传感器，比如振动、声发射、温度和电流等形式。此外，研究人员发现来自多源传感器的数据具有互补信息，与单个传感器的数据相比，融合这些数据可以获得更高的诊断精度。人工特征提取是指通过人来对数据进行初步处理，获得其中有用的信息，而不是直接利用信号本身。通常情况下人工特征提取分为两步。首先需要在采集到的信号中获取常用时域、频域以及时频域特征，比如上面提到过的幅值、平均值、标准差等。或通过 EMD 等算法获取能够反映机械在非平稳状态下的健康状态的时域分量。通过这些手段获取能够初步反映列车轮对轴承健康状态的有用信息[69]。其次由于从时域、频域和时频域中能够获取多种类型的特征，其中包含大量冗余信息，这些会使计算成本增加，降低诊断效率，甚至导致维数灾难[70-72]，所以为了减轻这一问题的影响，需要使用特征选择方法，比如滤波器、嵌入表示和参数分析等，从提取的特征中选择对机械健康状态较为敏感的特征，剔除冗余信息，提高诊断结果。健康状态识别需要使用机器学习的相关诊断模型来建立所选特征和铁路轮对轴承健康状态之间的关系。因此需要先对收集到的样本的故障类型进行标记，即打标签。打上标签的样本可以用来训练机器学习模型，训练完成后即可在无标签的样本上识别出其健康状态。利用机器学习进行故障诊断的流程可以总结为图 1-2 的过程。

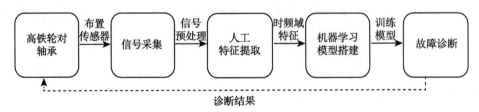

图 1-2   机器学习故障诊断流程图

常用的机器学习方法主要可以分为四类：基于统计决策的方法、基于人工神经网络 (artificial neural network, ANN) 的方法、基于支持向量机 (support vector machine, SVM) 的方法和基于 k 近邻 (k-nearest neighbor, kNN) 算法的方法。它们之间利用不同的理念，来实现对提取特征的分类。

(1) 基于统计决策的方法。决策树是一种以已知各种情况发生的统计概率为基础，求得各分支期望值大于等于零的概率的方法，是一种判断各事件可行性的决策应用。通过概率统计方法可以将其直观地分析成为一种图解的形式，由于其决策分支图形与树状图类似，故称为决策树。决策树原理示意图如图 1-3 所示。在故障诊断的应用方面，决策树将对象与其属性通过树枝分叉进行传播，树枝之间具有节点，每个节点表示对一个属性的发生概率的计算，分支表示输出的测试结果，并向下一节点传播。这样通过学习样本集的一组属性和一个输出类别，即可得到每个类别在节点处的统计概率，从而训练得到一个自上而下的分类器[73]。

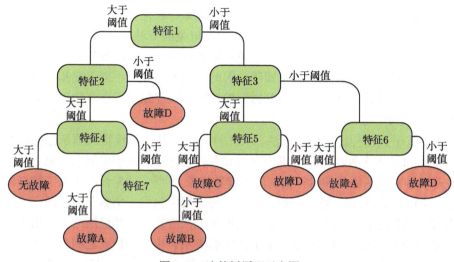

图 1-3　决策树原理示意图

利用可以自动统计属性概率的优势，统计决策方法在故障诊断方面的应用也较为丰富。尤其是以随机森林算法为代表的分类算法，随机森林可以理解为具有多个决策树的分类器，其输出是由过滤无效信息后，个别决策树的输出众数决定的，在分析特征参数方面具有一定效果。Sun 等[74] 提出了一种基于 C4.5 决策树和主成分分析的旋转机械故障诊断方法，首先利用主成分分析法对提出的数据特征进行简化，然后利用 C4.5 决策树对简化后的特征进行训练，得到的决策树模型可以有更高的准确性和更短的训练时间。Tan 等[75] 提出一种基于自适应神经模糊推理和决策树的故障诊断方法，利用选择后的特征对决策树进行训练得到清晰的规则，然后将其模糊化转化为 if 规则，通过模糊推理来识别样本结构，该方法可以自适应地调节模型参数并取得了较好的分类效果。Amarnath 等[76] 提出一种利用声音信号和决策树的轴承故障方法，首先对声音信号在降维决策树中自动选择重要的统计特征，然后利用 C4.5 决策树进行故障分类，该方法可以降低传感器的使用成本，同时获得较高的诊断精度。Cerrada 等[77] 提出建立一种稳定的多级故障诊断系统，利用遗传算法将原始数据集中的无效数据大量剔除，由于工业环境中获取到的参数维度较少，因此采用随机森林可以有效分析数据参数，得到了可以较好分类故障等级的分类器。Li 等[78] 提出一种深度随机森林融合技术，通过声学信号和振动信号获取小波包变换的统计参数和深度表示，并将随机森林算法和两个特征共同构建为深度融合模型，实验表明该模型可以显著提高轴承箱的故障诊断精度。Fezai 等[79] 提出一种可以考虑变量之间相关性的随机森林算法，利用主成分分析获取第一核心成分之间的参数关系，然后将其对随机森林进行训练，得到的模型具有训练时间短、平均精度高的特点。

决策树可以不依赖于大量计算即可完成故障诊断任务，并且各节点之间的概率可以很容易地转换为诊断规则。但是决策树类的算法存在过拟合严重的问题，使得模型的泛化能力不足。对于列车轮对轴承这类运行工况较为复杂的样本，很容易在替换样本之后导致准确率骤降，因此需要专门针对不同工况和轴承进行分别训练，使得应用成本上升。同时树型模型的建模往往需要专家知识的支撑，因此在大范围应用上还存在障碍。

(2) 基于人工神经网络的方法。人工神经网络是一类模拟人脑信息活动的方法，它通过将多个神经元进行不同宽度和深度的连接，来映射复杂对象之间的关系，是一种对人脑结构和运行机制的仿真和抽象[80-82]。通常情况下人工神经网络包含三部分：输入层、隐含层和输出层。每个层中包含一定数量的神经元、连接和权重，其网络结构如图 1-4 所示。从原理上来看，人工神经网络是利用大量神经元的连接来自适应地拟合输入输出之间的关系。由于神经元之间包含大量连接和权重并配合激活函数，即可自动学习强非线性的关系[83]。同时，由于人工神经网络的神经元之间相互独立，并采用全连接方式进行信息传播，所以在神经元数量不足以拟合样本的非线性程度时，可以很方便地进行拓展和维护。

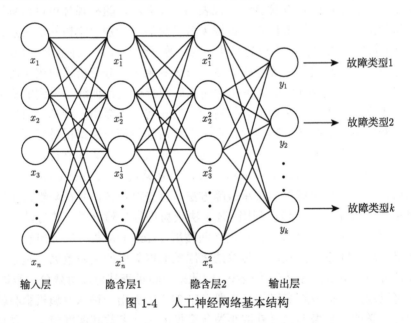

图 1-4 　 人工神经网络基本结构

由于人工神经网络具有自动计算样本与输出之间的非线性关系的能力，其也成为构建故障诊断的有效途径。其中，反向传播神经网络 (back propagation neural network, BPNN) 是最成熟和最常用的人工神经网络之一。在多层感知器 (multi-layer perceptron, MLP) 的基础上，发展出了信息正向传播、误差反向传播的神经网络训练方法,并将激活函数、优化算法等首次完整融入模型当中,也是现代深度学习的基本结构和训练法则。通过人工网络的自动拟合特点,结合特征工程提取方法,研究人员提出了多种有效的故障诊断模型。Yang 等 [84] 提出一种利用人工神经网络来拟合功率谱、双谱、双相干等七种信号的预处理数据,并根据实验结果分析了这些功率谱在轴承振动信号中是否存在明显的故障特征,将合适的信号在人工神经网络中进行融合,可以得到较高的成功率。Samanta 和 Al-balushi[85] 设计了一种具有两个隐含层的人工神经网络,并在输入层设计了 5 个神经元节点,将振动信号的均方根、方差、偏差、峰度和中心矩作为输入,在输出层设计两个神经元来判断轴承是否存在故障,该方法可以通过程序完成轴承的状态监测和诊断。Castejón 等 [86] 提出一种基于人工神经网络的轴承自动诊断系统,首先利用多分辨率分析方法在信号中提取有效信息,同时设计了一个具有四分类能力的人工神经网络来区别常见的四类轴承故障,实验表明所提方法可以在早期的阶段就判断出轴承的可靠程度。Lei 等 [87] 提出一种基于 EMD、无量纲参数等时域和频域方法结合人工神经网络智能化地诊断轴承故障,先将轴承振动信号利用信号处理算法进行预处理,构建符合人工神经网络输入条件的特征集合,然后利用人工神经网络自动识别不同轴承的运行状态,取得了较高的诊断精度。Yang 和 Yu[41] 提出一种先用 EMD 对轴承振动信号进行分解,然后使用能量熵在分解后的分量中进行能量特征选择,并将其作为人工神经网络的输入的方法,通过实验证明了该方法相比小波包重构法,在精度上具有明显优势。Tang 等 [88] 提出一种能够应对小样本下的轴承故障诊断方法,首先利用亲和传播聚类算法和序列前向搜索算法对轴承振动信号进行高效的特征子集选择,从而降低特征空间的维度并提高特征相关性,然后利用径向基函数神经网络和广义回归神经网络构建分类器对轴承故障进行诊断,通过实验证明了该方法相比传统人工神经网络具有更高的诊断精度。

基于人工神经网络的方法可以自动化地完成特征拟合任务,将不同方法提取到的故障特征作为输入可以很方便地将特征与输出进行非线性映射,配合优化算法,将模型参数进行梯度下降优化,较容易地实现多种故障状态的识别。但是人工神经网络全连接特性决定了随着输入特征数量的逐渐增大,模型的参数量将呈现几何倍数增长,甚至出现维度灾难,使训练效率大大降低,诊断效果也会下降,同时过拟合程度也无法保证。同时,该类算法的神经元提取到的特征具有不可解释性,导致其特征的物理意义不明确,在应用时的不确定性较高,给工业应用造成阻碍。

(3) 基于支持向量机的方法。支持向量机是一类监督学习方法,其升维的特点使得算法具有较强的分类能力。它的主要思想是在高维空间中找到一个超平面,将给出的数据集划分为两类 [89]。通过训练,将数据逐渐分开在超平面两侧,并通过最大化样本与超平面的裕度来指导超平面的变化，裕度可以理解为一种样本到超平面的空间几何分布距离。支持向量机在二维平面的分类示意图如图 1-5 所示。支持向量机在训练过程中存在两个特点，首先为了防止过拟合会设置误差惩罚系数，来提高模型的通用性，然后为了能够找到更好的超平面，支持向量机利用核函数将特征从低维度升到高维度，使其可以不受输入维度的限制[90]。所以，支持向量机在进行分类任务时能表现出较好的通用性和分类效果。

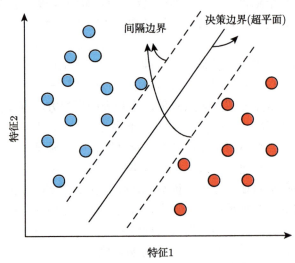

图 1-5　支持向量机的二维决策示意图

支持向量机由于其强大的分类能力成为一种广泛应用于旋转机械的机器学习方法。但支持向量机在故障诊断领域存在一个需要重点解决的问题，即其仅可以进行二元分类，但通常情况下轮对轴承故障往往存在多种类型和状态，故障的检测也不能仅局限于健康和故障两种状态。因此支持向量机应用于故障诊断中的主要创新点在于多分类策略的研究。通过将不同标签两两区分，实现对多类别数据集的分类。Hsu 和 Lin[91] 提出一种结合多个二元支持向量机分类器来构造多源分类器的方法，为了解决多个分类器带来的计算成本的增加，通过一对一的方法实现了较好的分类效果，计算量也较适用于实际应用所需的时间要求。Zheng 等 [92] 提出一种基于多尺度模糊集成支持向量机的轴承故障诊断方法，通过多个粗粒度模糊时间序列来开发不同尺度下的系统动力学信息，同时构建了集成支持向量机多类型分类器，来实现故障特征的智能分类要求，实验结果表明该方法可以有效区分不同的故障类型。Lu 等 [93] 提出一种基于声学全息技术和声场特征分布的齿轮箱故障诊断方法，利用 FFT 算法对声学纹理特征进行分析，并在多类型支持向量机中进行模式识别，实验结果表明该方法可以有效处理噪声干扰，得到了较好的诊断精度和较低的诊断时间。Zhang 等 [94] 提出一种基于多变量集成的增量支持向量机用于滚动轴承故障诊断研究，将多个监测变量与相应的缺陷类型进行关联，使其同时具备单一故障类型和复合故障类型的检测能力，对于不同损伤程度的判断也有较好效果。Sugumaran 等 [95] 利用轴承振动信号汇总的时域统计特征构建特征集合，并结合决策树的特征选择过程，同时提出一种基于核的邻域得分多分类支持向量机算法，该分类器可以较好地完成多分类故障诊断任务，与多次分类的支持向量机相比，其可以更快更准确地完成故障诊断任务。Heidari 等 [96] 提出一种小波支持向量机和多层感知器相结合的故障诊断方法，通过香农熵比确定小波变换的尺度，然后将其得到的特征在设计的多层感知器中进行进一步特征提取和压缩，最后在支持向量机中进行诊断分类，得到了较高的准确率。

与人工神经网络的降维压缩策略不同，支持向量机采用了最小化结构风险策略来训练模型以获得更好的分类超平面，在分类过程中的高维空间分布距离有利于模型的事前可解释性，同时也可以获得较高的分类精度。但支持向量机的缺点也较为明确，首先支持向量机的运算量相较人工神经网络更大，难以处理大数据情形下的分类任务，分类效率大大降低，且支持向量机对于核函数的选择较为敏感，需要反复测试才能得到较好的训练效果。同时基于支持向量机的多分类方法虽然已有发展，但是需要大大改变结构，使结构复杂化，不能方便高效地完成多分类任务。

(4) 基于 k 近邻算法的方法。k 近邻算法同样是一类有监督的分类算法，其算法的核心是对一个未知类型的样本向量进行度量搜索来确定训练集中与其最近的 k 个样本，然后根据这 k 个样本的类别来判断待分类样本的故障类型。通过对每个未知样本的迭代，完成全部待测样本的分类任务 [97]。k 近邻算法的搜索过程示意图如图 1-6 所示。同时，由于 k 近邻算法的独特搜索方式，为了应对完全未知的无标签数据集发展出了 k 均值算法，其是一种无监督的分类方法。其本质就是确定 k 个类的中心点，通过迭代的方式寻找数据集中的 k 个簇，并将聚类结果的损失值降到最低来完成分类任务。

k 近邻算法在分类中的中心优势匹配较为明显，但其难点在于对邻域边界处的样本匹配效果较差，边界难以区分，使得最优的邻域参数在设置时存在一定的困难。因此将其应用于轴承故障诊断领域中的首要处理的问题是提高特征的区分度以加大邻域边界，或在算法层面对其进行改良实现多边界处的高精度搜索和匹配。Lei 等 [98] 提出一种加权的 k 近邻算法应用于滚动轴承故障诊断，首先利用小波变换提取轴承振动信号的相关时域与频域特征，然后选择其中较为敏感的特征类型，基于分类器构建加权 k 近邻算法来克服由于边界问题导致的分类效果低下的问题，实验表明该方法可以有效提高分类效果。Yao 等 [99] 提出利用马氏距离对

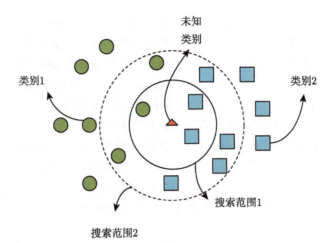

图 1-6　k 近邻算法的搜索过程示意图

轴承样本进行流形特征提取来构造邻域图，处理好后的数据具有更小的维度和较强的相关性，然后利用 k 近邻算法作为分类器对特征进行分类，实验结果表明改进后的模型相较传统方法更有效。Dong 等 [100] 提出一种首先利用时频域分析方法获取轴承振动信号中的有用特征，然后利用主成分分析方法对特征进行降维以加大特征的边缘分布差异，最后利用粒子群优化算法对 k 值进行选择，获取最佳的边缘分类效果，通过实验数据表明其具有更好的分类效果。Jiang 等 [101] 提出一种半监督的特征提取和诊断方法，利用半监督和边际费雪分析来得到数据集内部的流形结构，以此来提高现有数据样本的边缘分布特性，同时降低特征维度，将特征应用在最简单的 k 近邻算法中仍获得较高的性能和诊断效果。Ettefagh 等 [102] 提出一种利用遗传算法优化 k 均值算法的方法，最大限度地避免手动选择 k 值带来的陷入局部最优解的风险，同时利用 k 均值聚类算法的优势，无标签地对待测样本进行了有效区分。崔锦淼等 [103] 针对轴承存在某类别数据较为缺乏时难以训练的问题，提出一种以小波基作为激活函数的卷积神经网络进行特征提取，并利用 k 均值算法的聚类方式判断无标签小样本部分的故障类型，通过实验证明这个方法具有较高的诊断精度。

　　k 近邻算法由于其运算简单和便于实现的优势广泛用于多个类型的工业场景中，但其缺陷也很难避免。首先 k 近邻算法由于需要逐个搜索数据集中的全部特征，因此当数据集很大时运算量也会相应提高。此外 k 值的确定也会影响最终诊断的效果，虽然通过智能优化方法可以对 k 值进行优化，但对于不同任务中的 k 值仍需要单独确定，给计算增加了一定负担。最后，k 均值类的算法仅可以确定线性聚类边界，当不同类别之间的边界呈现出较复杂的非线性时，算法的聚类效果会很差甚至失效。

综上所述，传统的机器学习方法可以在一定程度上为故障诊断的自动化提供帮助，但从机器学习的诊断过程中不难看出，其仍然需要不同程度的人工特征提取，同时为了使提取到的特征能够应用于机器学习中还需要运用相关算法对特征进行压缩，且人工要想从海量的监测数据中提取出对故障诊断有效的和敏感的特征仍然较为困难。同时，机器学习方法受到算法原理的影响通常不能方便地对模型结构进行拓展和优化，使得模型的泛化能力不足，计算量飙升，无法将采集到的大量数据有效应用于算法当中，降低了方法的诊断效率和准确性。因此亟待需要研究能够从采集到的原始信号中自动地进行特征提取并识别故障类型的端到端类型算法，同时能够对大数据中包含的有效信息进行充分挖掘和利用，实现诊断过程的泛化和高效。

1.2.2 基于深度学习的智能故障诊断方法研究现状

随着"万物互联"理念的推出，近几年来物联网技术进入了高速发展的时期，数据的收集方式随着传感器技术的小型化和 5G 技术的应用变得容易很多，相关设备收集到的数据量比过去十几年总和还多。这些数据为充分高效地分析高速列车轮对轴承健康提供了大量关键信息，但过去传统的深度学习方法并不适用于大数据场景下的应用，由此需要开发一些能端到端地处理大数据信息的人工智能模型。深度学习方法由此孕育而生。它是人工神经网络研究的最新成果之一。通过采用深层次结构和自动拟合手段来将原始样本进行特征抽象，从而建立输入样本与输出目标之间的关系[104-106]。同时，人工神经网络的易拓展性也在深度学习中得到进一步发展，根据不同工况和样本集，可以很方便地设计出不同形式和结构的深度学习模型。深度学习在大数据方面还表现出良好的通用性，无论是声音、振动、文字等一维编码，还是图片、点云等高维编码都可以通过不同模型进行拟合和分析[107-110]。

在大数据采集阶段，针对列车轮对轴承的特点，可以采集多种形式的信号，包括轴承的振动信号，轴承运行过程中的声音信息，轴承运行时各部位的温度变化以及轴承运行的图像信息等都可以作为深度学习的输入样本。这些信号之间有各自不同的特点，比如，振动和声音信号在序列表示上为一维信号，它是随时间等间隔地获取当前状态的一类信号，一个时间节点只有一个数据点[111-115]。因此为了能够使用这类样本，通常需要将较长的序列截取为具有较少数据点的单个样本来构建数据集。温度的采集通常采用红外探头来完成，它可以分析轴承不同部位的问题情况，因此它与图像类似，都是二维形式的样本，这类样本由于含有较丰富的信息，且数据量较大，通常将单一图像作为一个样本来进行学习[116]。在采集样本时还需要考虑样本的丰富度，由于列车轮对轴承发生故障的情形相较正常状态少很多，因此采集到的大量数据均是在健康状态下获取的，同时轴承不同部位之间的故障概率也不尽相同，使得收集到的不同类型样本之间在数量上存在较大差异，在建立数据集时要充分考虑 [117-119]。对于列车轮对轴承来说，运行工况同样是构建数据集时的关键参数，不同运行工况下的故障特征之间具有较大差异，因此在收集数据时要充分考虑轴承可能的运行工况，来提高样本集的丰富程度。深度学习故障诊断模型主要包括特征提取阶段和分类阶段，样本首先通过特征提取层，在其中抽象出故障特征，其次逐层深入对提取到的特征进行降维和多尺度特征提取，最后在分类层进行类别分类。深度学习方法同样具有人工神经网络的多类别分类优势，可以方便地根据需要进行模型修改。利用反向传播算法对模型进行参数更新，减小输出与目标之间的误差大小。

在故障诊断领域，基于深度学习的方法也取得了长足发展，其中以基于深度置信网络 (deep belief network, DBN) 的方法、基于卷积神经网络 (convolutional neural network, CNN) 的方法、基于自动编码器 (autoencoder, AE) 的方法和基于注意力机制 (attention mechanism, AM) 的方法为主要发展方向 [120,121]。

(1) 基于深度置信网络的方法。深度置信网络是一种基于玻尔兹曼机理论的深度学习方法，它是通过多个受限玻尔兹曼机堆叠而成的深度网络。与传统机器学习方法相比，其可以自动学习样本特征，不需要对数据进行较多干预。其具有多层结构，可以输出高层次特征。采用贪心算法逐层训练的方式，利用玻尔兹曼机的性质实现端到端的训练，同时其还具有训练参数少、收敛速度快的特点。

在轴承故障诊断领域，作为深度学习的早期有效网络之一，其已经成为一类较为有效的诊断模型之一。对于旋转机械的故障诊断，Jiang 等 [122] 提出一种首先利用集中预先训练好的玻尔兹曼机构建成一个深度置信网络，然后采用局部保持投影的方式进行深度特征融合，提高了特征的提取质量和故障诊断精度。Han 等 [123] 提出一种基于深度置信网络和支持向量机的轴承故障诊断方法，首先利用时频分析方法获取样本的时频特征，然后使用深度置信网络对提取的特征进行深层次的特征提取，最后采用粒子群优化的支持向量机进行故障诊断，模型的训练时间得到有效缩短。Tang 等 [124] 提出一种结合 Nesterov 动量的自适应学习率深度置信网络的旋转机械故障诊断方法，利用 Nesterov 动量代替传统梯度下降算法，同时使用独立的自适应学习率来提高训练效率和稳定性，降低训练时间。Shao 等 [125] 提出一种基于对偶数复小波包的自适应深度置信网络方法，利用对偶数复小波包的每个频带信号设计一个原始特征集合，利用多种堆叠自适应限制玻尔兹曼机构造深度置信网络，提高了模型的故障诊断精度和收敛速度。

深度置信网络是深度学习发展阶段中的一个早期网络模型，由于其具有快速的收敛速度和对大规模数据、非线性数据的拟合能力被得到广泛关注。但其也存在一些缺点，首先是深度置信网络存在较为严重的过拟合问题，需要仔细设计网络才能完成诊断任务。同时其参数的调整较为需要经验和技巧，不能快速进行模型的搭建。

(2) 基于卷积神经网络的方法。卷积神经网络是目前最通用也最为强大的深度学习方法之一。它是受到卷积运算方法的启发，并应用于网络的特征提取过程当中。通过简化卷积运算，仅保留卷积运算过程中的移位相乘过程，去除了翻转阶段[126-128]。通过卷积核与输入特征的按位相乘运算，得到下一层的输出值，输出值即为这一层提取到的抽象特征。卷积运算过程如图 1-7 所示。基本的卷积神经网络由卷积层、池化层以及全连接层构成，其中卷积层负责对输入样本进行特征提取，池化层负责将提取出的特征进行下采样和降维，全连接层负责将提取后的特征进行展开，为后续分类阶段做准备。因其具有较好的通用性和高效性而广泛应用于音视频分析和工业领域[129-131]。

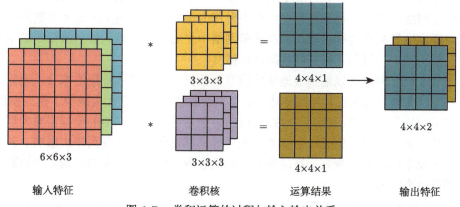

图 1-7　卷积运算的过程与输入输出关系

在故障诊断领域中，由于研究对象和样本不同，通常可以分为基于一维卷积神经网络和基于二维卷积神经网络。一维卷积神经网络通常用来处理振动信号和声音信号的特征提取任务，而二维卷积神经网络通常用来处理图像等二维数据，有些情况还会将一维信号通过折叠转化为二维信号进行处理。卷积神经网络由于其灵活性，根据分类任务的特点可以方便地从多个角度演化出不同类型的故障诊断模型[132,133]。通常可以从改进输入特征、改进模型参数和改进模型结构三个方面对不同诊断任务进行处理。Zhao 等[134] 提出一种多尺度卷积神经网络迁移学习框架，将传统模型中的全连接层替换为全局平均池化层，极大地降低了模型复杂度，并采用先对模型进行预训练再针对被测工况进行微调的训练方式，提高了模型在可变工况下的适应能力。Zhao 等[135] 提出一种新的振动信号与二维图像的映射方式，将一维振动信号转化为二维灰度图像，并利用二维卷积神经网络进行特征提取，以此来增强不同时间点处周期性出现的故障特征的表示，利用两个轴承数据验证了所提方法在准确率上的优越性。Zhang 等[136] 提出一种具有第一大核的深度卷积神经网络。它是具有 5 层结构的卷积神经网络，每层中包含一个卷积层和一个池化层。它的第一层是大尺度卷积核，用来保证初始层提取的特征中均包含冲击。其他层采用小核来提高特征提取效果。是目前应用较为广泛的故障诊断模型之一。Peng 等 [137] 提出一种多分支多尺度卷积神经网络来解决轮对轴承振动信号高复杂度、强耦合和低信噪比的问题，该方法融合了传统滤波方法中的多尺度策略，使学习到的特征可以在多个信号分量和时间尺度上进行特征学习和信息互补，并利用具有 12 种故障类型的样本集验证了其诊断精度。Wen 等 [138] 提出一种改进的 ResNet-50 模型用于轴承故障诊断模型。综合考虑振动信号相较图像样本体积更小，所以在传统卷积神经网络中引入残差块，即将一段不经过深层特征提取的浅层特征直接输入到深层网络中，构建 51 层结构的卷积神经网络模型，提高了模型的精度。Hou 等 [139] 提出了一种基于输入特征映射的深度残差网络，将输入特征进行非线性映射作为输入，在没有引入更多参数的情况下对样本进行初步特征提取，并在残差网络中作为残差的输入信息保留到模型的深入层次当中，提高了模型的故障诊断精度。

卷积神经网络可以端到端地从原始监测数据中完成样本特征的拟合，无需复杂的算法变换，与人工神经网络相比，引入了权值共享理念大大减少了模型参数，提高了模型训练速度，抑制了过拟合问题。但是卷积神经网络的模型需要大量的标记数据来提供可用信息，当样本不充足时，其诊断效果将受到较大影响。若通过增加模型深度和参数来提高准确率，则又会导致过拟合现象的出现。平衡通用性和准确率较为困难。

(3) 基于自动编码器的方法。自动编码器通常包含一个编码器和一个解码器，获取的样本先通过编码器进行特征提取编码，再通过解码器还原样本本身的样子。编码器将输入的数据映射到特征空间中，解码器再将压缩后的特征从特征空间中还原到原始样本空间中 [140]。在训练过程中，需要令解码器的输出尽可能地与输入样本相同，训练完成后编码器即可学习到高精度的压缩特征。自动编码器的原理和结构如图 1-8 所示。自动编码器有包含一个隐含层的自动编码器和包含多个隐含层的堆叠自动编码器 [141,142]。在使用时需要去除解码器，仅保留编码器及其隐含层并将其参数冻结，并添加独立的分类器，比如 SVM 或 MLP。

自动编码器的主要优势是可以对输入样本的有效故障特征进行有效压缩，分离无用的健康信息，而不需要机器学习的手动特征选择、分离和压缩。同时在处理大量数据时仍然有效。自动编码器的拟合形式也不局限于人工神经网络的神经元方式，也可以采用卷积神经网络进行特征提取，在进行解码时需要采用反卷积的形式对压缩后的样本进行还原 [143]。现阶段将自动编码器应用于故障诊断领域的主要研究方向是开发出能够应对不同工况条件的特殊形式的自动编码器，以满足不同工况的需求。Lu 等 [144] 提出一种具有去噪能力的堆叠自动编码器，将其

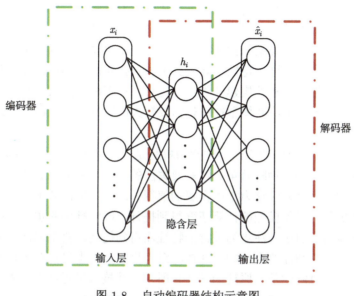

编码器

解码器

输入层　　　　　　　　　　输出层

图 1-8　　自动编码器结构示意图

用于对包含环境噪声和工作条件波动信号的处理，利用贪婪训练法组成深入训练建立的自动编码器，然后利用稀疏表示来提高获取特征的鲁棒性和高阶特征，最后利用分类器在旋转机械数据集上进行验证。Shao 等[145] 提出一种集成深度自动编码器来识别故障的严重程度和故障方向，通过不同的激活函数设计了一批具有不同特性的自动编码器，然后将多个编码器进行集成，并设计了相应的组合策略保证了训练过程的稳定，克服了对单个编码的过度依赖。Xia 等[146] 提出一种基于堆叠降噪自动编码器的半监督深度学习方法，首先利用无标签的样本对堆叠降噪自动编码器进行预训练，获得充分学习故障特征的编码器，然后在实际应用时采用少量标记样本对编码器和分类器进行微调训练，通过实验表明该方法在故障诊断中可以获得较高的诊断精度。Shen 等[147] 提出一种收缩式自动编码器来提高故障诊断中的鲁棒性，通过惩罚隐藏特征相对于雅克比矩阵的弗罗贝尼乌斯(Frobenius) 范数来掌握内部因素并直接获得隐藏的鲁棒特征，通过实验表明，在对样本集添加噪声后，模型的准确率没有发生太大波动，表明其在故障诊断方面的优越性。Jiang 等[148] 提出利用能量熵理论对混合集成自动编码器进行多步累进的方法，首先通过能量熵理论对轴承是否存在故障进行初步的统计学判断，若存在故障，则利用去噪编码器和收缩自动编码器混合构建新的模型，对轴承进行细致分析和诊断。Ma 等[149] 提出一种用于多模态传感数据的深度耦合自动编码器，分别针对不同模态的数据构造多个对应的耦合自动编码器，然后设计一个深度模型来联合学习更高层次的特征，通过多个实验验证了所提方法的有效性。

由于自动编码器的结构简单且不过多依赖于专家知识，自动编码器及其变种已经广泛应用于轴承故障诊断领域。同时在训练阶段其可以看成是一类无监督学习方法，由此演化出多类型的预训练模型，提高了自动编码器在不同工况下的迁移能力。但也正是由于这一特性，导致其不能直接对故障样本进行判断和故障分类，需要在模型结构外额外构建分类器并进行二次训练来完成最终分类任务，十分不方便。构造的故障诊断模型往往也需要较大的数据量才能高性能地完成最终的诊断工作。

(4) 基于注意力机制的方法。注意力机制是一类模仿人类视觉关注点的方法，通过模仿人类在看到事物时着重关注需要关注的点而不去关注其他无效区间的特点，提出将神经网络将注意力集中在更加值得关注的特征部分中。通过在模型中添加注意力机制可以使模型的计算速度得到提升，同时准确率也得到提高，同时模型的泛化能力也由于关注更为关键的特征而得到提高。典型的注意力机制包括自注意力机制、空间注意力机制和通道注意力机制。其中自注意力机制应用较为广泛，自注意力机制的基本原理如图 1-9 所示。其核心思想是为输入序列的每一个元素分配一个权重，来表示该权重在拟合特征时的重要程度，权重可以在神经网络的训练过程中更新。图中 Q 是查询向量，用来查询关注的目标在序列中的位置信息，V 是值向量，表示原始输入特征，它会与 Q 进行加权聚合以得到输出信息，K 是键向量，用来计算 Q 和 V 的相似性，得到 Q 中对应位置的特征与其他向量的关联程度。

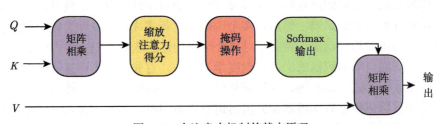

图 1-9   自注意力机制的基本原理

在深度学习中，注意力机制更适用于时间序列的处理，因此对于轴承振动信号具有很好的适应能力，也在故障诊断领域得到了长足发展。同时，不同的注意力机制可以对不同的输入序列的不同关注位置分配权重，以此根据目的不同来更加专注于重要的特征部分。Li 等 [150] 提出一种基于注意力机制和多层融合网络的轴承故障诊断方法，利用注意力机制将不同传感器采集的样本进行信息融合，提高了多传感器采集数据的相关性和互补性，利用分支网络和堆叠网络的组合，将多层次传感器特征进行融合，显著提高了诊断精度。Yang 等 [151] 提出一种基于注意力机制的多层双向门控模型，利用注意力机制将卷积神经网络中提取的特征进行可视化分析，提高特征的可解释性，通过实验表明，所提方法具有较好的故障诊断精度，尤其是在针对轴承振动信号的任务中表现较为优秀。Huang 等[152] 提出一种通道注意力机制的多尺度卷积神经网络，利用池化层来承载信号的多尺度信息，然后引入通道注意力机制对特征进行自适应评分和赋值，并通过通道融合机制实现信息互补，提高卷积神经网络的学习能力。Li 等[153] 提出一种基于注意力机制的卷积神经网络特征理解方法，利用注意力机制来帮助深度网络定位信息数据的片段，提取输入的判别特征，并将其进行有效的可视化展示。Liao 等[154] 提出一种基于二次神经元卷积模型和独立注意力机制的故障诊断模型，利用二次神经元独立推导出注意力向量，并在卷积神经网络中进行应用，显著提高了模型的抗噪性能和可解释性，提高了工业应用水平。Jia 等[155] 提出一种多尺度残差注意力卷积神经网络，首先将信号进行不同尺度的特征提取，获得不同大小的核生成的多通道特征图，然后将提取的特征输入到一个残差注意力卷积神经网络中，实现对不同通道所有位置的加权去噪，实验验证了该方法可以有效地提高诊断精度。

注意力机制无论是在提高深度模型的分类精度上还是在提高模型可解释能力上都取得了一定成功，使得基于深度模型的故障诊断算法可以灵活地使用获取到的样本并取得了不错的诊断效果。但注意力机制的通用性还存在不足，当研究对象发生变化时需要对其中的结构和算法进行调整。同时注意力机制对噪声较为敏感，当输入序列较长、含有的噪声偏大或包含的冗余信息过多时，注意力机制可能会使模型性能降低。

综上所述，基于深度学习的故障诊断方法虽然可以在一定程度上解决高速列车轮对轴承在大数据和智能化方面的问题，但深度学习模型的整体准确率却深受运行工况、噪声程度和样本集等方面的影响，在实际应用时会出现工况不匹配或样本不适合等问题，给工程应用造成一定阻碍。同时，深度学习模型的可解释性通常较差，"黑盒子"效应较为明显，也给工程应用带来很大困扰，且对于一些除样本自身特征外的额外先验知识的支持程度较差，无法显性地、充分地拟合现有信息。因此如何克服受特征提取方式限制带来的抗噪声能力弱、工况通用性差等问题，就成为接下来的主要研究方向。

1.2.3 基于图神经网络的智能故障诊断方法研究现状

深度学习的发展已经取得了辉煌的成果，其能够在包括视觉、文字、听觉等领域进行高精度特征提取和不同类型的应用，故障诊断领域也不例外。但如上文所述，深度学习方法还存在许多问题，这些问题给深度学习在工程上的应用带来了很大困难。为了进一步提高模型的拟合能力，现有的通用思路是给模型提供更加丰富的先验知识，从而给模型在拟合过程中提供更多引导和信息。但是以卷积神经网络为代表的深度神经网络均是采用欧几里得空间对样本进行特征提取和诊断的 [156,157]。而在样本自身中还存在一些设计非欧几里得结构化的数据，比如在生物工程中，蛋白质的折叠结构；在信息推荐中，不同兴趣之间的关联；在物联网中，不同传感器之间的位置信息等都是典型的非欧几里得结构信息。这些信息中有的包含的是不同样本的物理结构，有的代表的是样本间的隐含信息，但这些都无法被卷积神经网络直接使用，这就使得其不能充分利用这部分信息来提高性能。为了解决上述问题，图神经网络被提出来用于对上述信息进行拟合。它利用图嵌入理论将这些额外的非欧几里得结构化数据进行图编码，并发展出合适的算子来处理和拟合样本自身和这些丰富的结构化信息。由于其可以显性地拟合这些信息，图神经网络被广泛应用于处理具有复杂时空关系特性的数据中 [158,159]。基于图神经网络的列车轮对轴承故障诊断也成为研究的热点之一。

　　基于图神经网络的故障诊断主要分为两步。第一步需要将高速列车轮对轴承故障样本转化为图样本，并构造图样本集，以此来获取额外的先验知识。构造的图样本集包含两部分，包含样本自身信息的节点特征矩阵，以及用来存储节点间关系的邻接矩阵。将振动信号构造为图样本的过程根据实际需要可以有多种形式，常用的构造方法主要从三个角度进行展开。第一个角度是将单个样本直接转化为图样本，转化时通过分析单个数据点之间的联系，获取单个样本的图结构。这类方法通常是在单个样本长度较大时采用的，可以将单个样本构造为一个足够大的图，使其包含更多信息，但也会给计算带来较大压力。第二个角度是利用传感器的空间分布来表示样本的图结构，这类方法的最大优势是简单直接，构造的图样本的空间信息较为明确，但是每次训练时的图结构是相同的，会给诊断精度造成一定影响。第三个角度是通过算法获取隐含的样本集中的样本间关系信息或空间拓扑结构，这类方法可以高效地获取样本间信息，既避免了第一类方法中的大规模图表示，也使图结构中包含的信息变得更加丰富，但是由于这类方法是利用算法进行图关系的获取，很多时候其样本间关系信息的物理含义较为模糊。第二步需要设计图神经网络来对图样本集进行特征提取和分类。图神经网络具有多个分支，每个分支之间有较大区别，但都能根据各自特点对图样本和图结构进行显性的拟合，使模型可以获取额外的先验知识，提高分类效果。

　　现有的用于轴承故障诊断领域的图神经网络主要存在三类，基于图卷积网络 (graph convolutional network, GCN) 的方法、基于图自动编码器 (graph auto-encoder, GAE) 的方法以及基于图注意力网络 (graph attention network, GAT) 的方法，每种方法都有其各自的训练特点和训练方式。

　　(1) 基于图卷积网络的方法。图卷积网络是第一个通用且有效的图神经网络方法，其核心思想通过消息传递机制来聚合中心节点及其邻居节点的信息，并更新中心节点的特征表示。通过堆叠图卷积网络层来对这个过程进行多次迭代，来显性地拟合样本间关系和距离等信息。迭代完成后，每个节点的特征中均包含了节点自身、其邻居节点和更远节点的信息。图卷积网络旨在沿着图的网络拓扑结构对节点及其邻居节点进行拟合，并将图中的节点表示为低维向量来方便进行后续的分类或预测。同时在聚合样本特征的过程中，其将图像中的卷积操作在空间域中进行推导，利用拉普拉斯变换将其应用于图神经网络中。图卷积网络的聚合过程如图 1-10 所示。

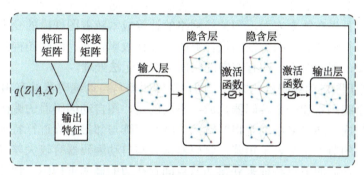

图 1-10　图卷积网络的聚合过程

图卷积网络可以分为基于谱的和基于空间的，二者各有优势。同时由于图卷积网络的特殊性，样本集的构造方法也是其核心之一，因此图卷积网络的基本构成主要有特征矩阵、邻接矩阵、图卷积层以及输出层。其中，特征矩阵和邻接矩阵构造为数据集，图卷积层用来聚合节点信息并更新节点特征，输出层根据需要完成相应的任务。在故障诊断领域，图卷积网络的应用也得到了一定发展。Chen 等[160] 提出一种基于图卷积网络的配电网故障定位方法，将配电网数据利用自然的空间连接构造图样本集，并在不同总线上额外布置了多个测量点以获取更多信息，通过实验表明其具有良好的定位精度并表现出测量噪声具有很好的鲁棒性。Yu 等[161] 提出一种基于快速深度图卷积网络的风机齿轮箱故障诊断，将原始信号进行信号分解来获取单个样本的内部联系，通过设计的特殊卷积核和池化技术减少了拟合参数，提高了分类效率，通过实验验证了该方法具有较高的诊断精度。Li 等[162] 提出一种具有多感受域的图卷积网络用于轴承的故障诊断，首先提出将样本转化为能够包含更多信息的加权图，并设计了多个具有不同感受域的图卷积层，通过实验表明其具有较好的诊断性能，并对样本不平稳问题具有一定的鲁棒性。Li 等[163] 提出结合水平可视图和图卷积网络的轴承故障诊断方法，利用水平可视图技术将单个样本转化为图表示，来削弱远端节点引入的噪声，并在图卷积网络中对模型的有效性进行了验证，结果表明数据的内部结构有助于轴承故障诊断任务。Jiang 等[164] 提出一种基于图卷积网络的异常监测模型，首先将实体的属性和实体间的关系转化为图表示，然后利用图卷积网络模型图对个体的相关异常行为进行判断，从而判断离群的实体。Yan 等 [165] 提出一种考虑样本间关系的图神经网络模型，受到没有明确结构表征时无法快速构建图样本的影响，利用多分辨率超图神经网络来发现样本间的高阶复杂关系，并通过构建的图结构来深入挖掘隐含信息，通过多个数据集验证其有效性。

图神经网络由于其可以显性拟合样本空间拓扑结构的优势，正在越来越多地应用于故障诊断领域，且由于研究还处于开始阶段，多种不同的研究方向也给其发展带来了多种可能性。但同时，其包含的一些问题也对其进行深度研究带来了一定阻碍。首先在效率方面，图神经网络的计算成本随着图规模的变大而急剧增加，当要执行整个大图的特征向量计算时，往往效率较低。同时图神经网络仅能拟合无向图，因此对于一些有方向的空间关系就无法处理。

(2) 基于图自动编码器的方法。图自动编码器与自动编码器具有相似的结构，都是由一个编码器和一个解码器构成。不同的是，图自动编码器的编码器部分由图卷积层构成，通过多层堆叠将对输入的特征矩阵与邻接矩阵进行特征提取，得到的聚合后的节点特征表示矩阵。解码器部分与自动编码器有较大差异，它仅仅通过计算聚合后的节点特征来获得两节点间存在边的概率重构图，计算方法是将特征矩阵进行转置相乘，因此解码器中并不含有可训练的参数。图自动编码器的基本结构如图 1-11 所示。图自动编码器主要分为两类，图自动编码器和变分图自动编码器，两者在训练的损失上存在差异。前者仅考虑了生成的邻接矩阵与实际的邻接矩阵之间的度量差异，后者同时还考虑了节点向量的正态分布散度。

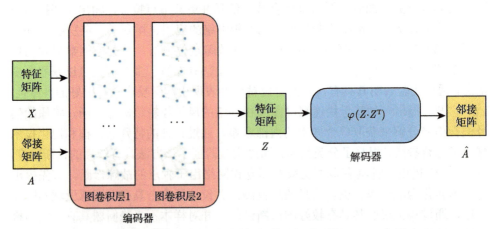

图 1-11 图自动编码器的基本结构

在轴承故障诊断领域，图自动编码器在使用时同样需要去除解码器后连接分类器来对故障样本进行分类。图样本的构造方法、编码器的结构以及分类器的选择是影响图自动编码器模型最终诊断效果的关键因素。研究人员在这些方面进行了一些研究和创新。Li 等 [166] 提出一种基于判别图正则化的图自动编码器，采用非线性层作为输入来获取信号中的非线性特征，并将原始数据中的局部关系通过图传播到特征提取层中，同时训练样本的标签信息也嵌入到了图中来提高故障诊断性能。Liu 等 [167] 提出一种图动态自动编码器用于故障振动任务，通过图结构对不同数据点之间的动态信息进行图建模，然后将当前数据点的特征和先前数据点的特征分别嵌入到中心节点及其邻居节点中进行编码，数值模拟结果表明了其在漏检率和虚警率方面具有优越性。Feng 等 [168] 提出一种全图自动编码器来对大规模工业物联网进行异常监测。通过物联网的实际空间结构构建完整连接图，并拓展了变分模型来提高图表示的学习效果。Miele 等 [169] 提出一种面向多源时间序列的图卷积自动编码器，来对风力发电机进行故障诊断，同样将传感器网络模型构建为动态函数图，同时考虑了单个传感器与信号之间存在的非线性关系，提高了图自动编码器的无监督学习能力。

图自动编码器在故障诊断领域已经有了一些应用，但是受到两方面影响，在轴承故障诊断领域的应用还不够普遍。首先，轴承振动信号的图关系不易获取，构建图的方式有待明确。明确的图关系是图自动编码器有效的前提，不明确的图关系即使训练效果尚可，也依然无法保证其有效性。其次，受自动编码器的结构限制，图自动编码器在进行分类任务时还需要额外的分类器，给模型调试带来一定的困难。

(3) 基于图注意力网络的方法。注意力机制是已被证实并进行了广泛应用的一种模型模块。它可以专注于方法数据中重要的部分，降低模型中不必要的部分。基于图嵌入的注意力机制重点关注的是邻居节点的重要程度，即在进行图节点的聚合过程当中用于确定节点邻域的边的权重，通过注意力函数自适应地控制邻居节点对中心节点的贡献程度，实现对邻居节点的加权聚合，同时提高了一定的可解释性。图的注意力机制计算方式首先需要计算两节点间的注意力值，然后对每个节点的所有邻居的注意力进行归一化，得到的注意力矩阵即为加权系数。图注意力机制的聚合过程如图 1-12 所示。

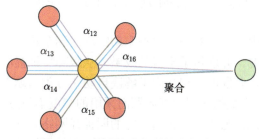

图 1-12　图注意力机制的聚合过程

图注意力网络的发展主要集中在如何提高注意力机制的运算效果，目前具有的注意力机制的图卷积网络主要通过拼接、加权和映射的方式构造中心节点及其邻居节点的注意力矩阵。在轴承故障诊断中,图注意力网络也有了一些研究和应用。Jiang等[170] 提出一种基于多头图注意力网络的轴承故障诊断方法,首先动态时间翘曲将原始振动信号转化为具有拓扑结构的图中数据,然后利用图注意力网络进行特征提取和分类,自动学习相邻节点的权重,实验表明该方法在故障诊断方面具有一定的优越性。Tang 等[171] 提出一种基于变监督条件随机场的图注意力网络进行旋转机械故障诊断,通过对标签的依赖性进行建模实现对学习对象的半监督化训练,同时引入自适应邻域聚类方法来构造图样本,最后利用图注意力网络进行故障分类。Long 等[172] 提出一种基于元学习的自适应图注意力网络用于小样本工况下的故障诊断,利用元学习的训练机制设计了图注意力网络用于拟合支持集和查询集之间的关系,通过实验验证了其与其他形式的元学习模型相比,所提模型具有更好的性能。Cao 等[173] 提出一种尖峰图注意力网络用于行星齿轮箱智能诊断,基于混沌理论和 kNN 将振动信号重构为图样本,同时将尖峰特性对融入图注意力网络中,实现对图数据和时空特征的深度挖掘,提高了分类精度和噪声鲁棒性。

图注意力网络在故障诊断中的应用正处在快速发展阶段,由于其具有较好的抗噪声性能等方面的优势,所以其在轴承故障诊断中也取得了一定的发展效果。但仍然存在建立的模型没有充分考虑振动信号特点的问题,设计的注意力机制采用非对称的形式,其会影响拟合效果,降低图注意力机制的聚合过程。

综上所述,基于图神经网络的高速列车轮对轴承故障诊断已经开展了一定研究,也取得了一定效果。尤其在抗噪声方面,由于图神经网络的先天优势,通过显性拟合样本拓扑结构降低了噪声的干扰。但是存在两个明显的问题,首先,轴承振动信号在转换为图样本的过程中,存在样本间关系的物理意义不明确,不能显性说明样本间的特征。其次,通过前期实验发现,图神经网络的训练过程并不稳定,严重影响训练效果,因此急需对模型进行有效改进。

1.3   目前研究存在的主要问题

目前为止,国内外学者对基于数据驱动的高速列车轮对轴承故障诊断方法已经展开了广泛的研究,并取得了丰富的成果。从故障特征提取的角度对这些成果进行分析不难发现,其发展历程从为了解决自动化分类问题而引出的传统机器学习方法,到为了解决大数据和端到端问题而采用的深度学习方法,再到为了能够充分利用样本的图嵌入作为先验知识而研究的图神经网络方法三个阶段。其中,基于图神经网络的高速列车轮对轴承故障诊断方法正处于快速发展的阶段,其宗旨是通过有效利用图嵌入的几何关系来增强模型的特征提取效果,因此在针对诸如标记样本偏少、类别不平衡、噪声较大等方面具有一定优势。但结合图神经网络的自身特点，并综合考虑列车轮对轴承故障诊断中所面临的客观情况，将其应用于实际工业领域中还存在以下具体问题需要解决。

(1) 列车轮对轴承振动信号中具有较大的噪声干扰。列车轮对轴承故障信号的采集过程中，不可避免地存在环境噪声或与其他机械设备的耦合。因此轴承振动信号可以认定为是一类典型的非线性、非平稳信号，同时还可能具有强噪声、强耦合等方面的特点。这一问题给包括图神经网络在内的几乎所有深度学习模型带来了严重的影响，诊断精度也会随着其中含有的冗余信息的增多而大幅度降低。同时，过多的噪声和冗余信息也会给模型的特征提取带来麻烦，深度学习模型具有不可解释性的特点，导致无法确定模型学习到的特征是故障特征还是某种其他特征，因此，如何克服列车轮对轴承的强噪声干扰成为智能故障诊断方法新的挑战。

(2) 列车轮对轴承的运行工况较为复杂。一般来说，高速列车在运行过程当中会处在不同的工况下，运行时速和运行载重是会影响列车轮对轴承的转速和载荷的。转速和载荷的变化又会使收集到的故障信号在时域和频域上具有较大差异。而现有深度学习模型是基于数据特征的故障诊断方法，当训练数据中包含过多差异较大却有着相同故障标签的样本时，会给模型的最终训练效果带来较大负面影响。因此，如何克服高速列车存在复杂工况的客观因素，提高模型在面对工况复杂时的适应能力，就成为当前研究的难题。

(3) 现有故障数据存在小样本和样本不平稳的问题。在当今物联网和大数据的大背景下，列车轴承健康监测系统会收集到一系列从开始服役到寿命终止过程中的数据。但高速列车轮对轴承的使用寿命相对较长，因此在采集到的数据中不可避免地存在健康状态的数据样本远大于故障状态的数据样本的情况，实际情况下的故障样本也由此会处于相对较小的数据规模。同时，轮对轴承各部位之间的损伤概率也存在差异，这就使得列车轮对轴承故障样本集存在较大的数据样本不平衡问题。现有故障诊断模型在拟合这类具有不平衡空间分布特征的数据时会使提取的特征更偏向于多数的故障类型，导致诊断过程中少数类别样本的特征因不能被充分学习而被误诊，因此，如何从其他角度扩充和平衡高速列车轮对轴承样本就成为亟待解决的问题。

(4) 实际运行中的数据与训练数据存在较大差异。通过现场监测手段或实验室故障模拟可以很方便地收集到大量数据用于智能模型的训练，但用于训练的数据可能并不能完全匹配实际应用时的数据，比如两者之间的运行工况存在较大差异，两者之间的轮对轴承参数差别较大，甚至两者之间的机械类型不完全相同等"远域"迁移情形。现有的迁移学习方法可以在一定程度上对这类问题进行处理，但当出现迁移对象之间差异过大，或迁移的样本之间存在类别数量差异时，会导致迁移效果大大降低，甚至出现无法训练的情况。因此，如何设计一种具有更好自适应能力的智能诊断方法是目前的重点研究方向。

第 2 章 基于分数阶变分模态分解的振动信号降噪算法

2.1 引　　言

在实际应用中，铁路货车轮对轴承故障诊断算法研究大都是基于振动信号的，但是通过振动传感器采集到的信号常常受到传播路径和轴承运行复杂环境的影响而包含大量的干扰噪声，从而使得故障信号往往淹没在噪声中而难以提取，如何有效地提取出由故障引起的冲击特征是整个故障特征辨识和提取的关键。因此，应用信号处理算法对振动信号进行去噪的意义就显而易见了，其中信号处理方法的选择也是非常重要的。近年来，VMD 算法被广泛应用于旋转机械振动信号处理中，虽然 VMD 算法可以减少 EMD 和集合经验模态分解 (ensemble empirical mode decomposition, EEMD) 算法的端点效应和模态混叠，但 VMD 算法对变转速工况下轮对轴承振动信号的降噪效果会变差。因此本章结合 VMD 算法和分数阶傅里叶变换 (FRFT) 算法的优点，提出了一种分数阶变分模态分解算法，完成变转速工况下铁路货车轮对轴承振动信号的降噪处理，为后期轴承故障特征的有效提取奠定基础。

本章首先列出了变分模态分解算法的基本原理及存在的局限性，并在此基础上从分数阶傅里叶变换参数估计理论出发，给出了分数阶变分模态分解算法的定义和数学推导；其次对多分量线性调频信号进行对比仿真分析，验证变分模态分解–分数阶傅里叶变换 (VMD-FRFT) 算法对信号中心频率的非脆弱性，模态分量个数的低敏感性和噪声的鲁棒性；最后将分数阶变分模态分解算法应用到铁路货车轮对轴承实测振动信号中，实验结果表明分数阶变分模态分解方法为信号瞬时故障频率的基频和倍频提取提供了有效的滤波算法，对铁路货车轮对轴承振动信号降噪具有一定的实用价值。

2.2　变分模态分解基本原理及局限性分析

2.2.1　变分模态分解基本原理

变分模态分解算法是 2014 年由 Konstantin Dragomiretskiy 等提出的一种信号分解方法，该算法的基本原理是将信号 $f(t)$ 分解成 K 个稀疏性的本征模态函

数 (intrinsic mode functions, IMF) μ_k。每个 μ_k 具有各自不同的中心频率 ω_k，在 ω_k 确定后就可利用迭代寻优的算法确定 $\mu_k(t)$ 的带宽，主要分解原理及步骤如下。

(1) 对各个 $\mu_k(t)$ 作希尔伯特变换

$$\mathcal{H}\mu_k(t) = \left[\delta(t) + \frac{\mathrm{j}}{\pi t}\right] * \mu_k(t) \tag{2-1}$$

其中，t 为大于 0 的时间常数，$\delta(t)$ 为冲击函数。

(2) 把每个模态 $\mu_k(t)$ 的频谱调制为

$$\left[\left(\delta(t) + \frac{\mathrm{j}}{\pi t}\right) * \mu_k(t)\right] \mathrm{e}^{-\mathrm{j}\omega_k t} \tag{2-2}$$

其中，$\{\omega_k\} = \{\omega_1, \cdots, \omega_K\}$ 表示各分量 $\mu_k(t)$ 的中心频率。

(3) 求解各个模态带宽，可得到变分模态的约束方程为

$$\begin{cases} \min\left\{\sum_k \left\|\partial_t\left[\left(\delta(t) + \frac{\mathrm{j}}{\pi t}\right) * \mu(t)\right]\mathrm{e}^{-\mathrm{j}\omega_k t}\right\|^2\right\} \\ \mathrm{s.t.} \sum_k \mu_k(t) = f(t) \end{cases} \tag{2-3}$$

(4) 为实现变分模型的求解，对式 (2-3) 引入拉格朗日算子 $\lambda(t)$ 和二次惩罚因子 β 得到扩展拉格朗日等式为

$$L(\{u_k\}, \{\omega_k\}, \lambda) = \beta \sum_k \left\|\partial_t\left[\left(\delta(t) + \frac{\mathrm{j}}{\pi t}\right) \times \mu_k(t)\right]\mathrm{e}^{-\mathrm{j}\omega_k t}\right\|^2$$

$$+ \left\|f(t) - \sum_k \mu_k(t)\right\|_2^2 + \left\langle \lambda(t), f(t) - \sum_k \mu_k(t)\right\rangle \tag{2-4}$$

(5) 基于乘子交替方向算法求式 (2-4) 的拐点从而得到该变分模型的最优解，则频域模态 μ_k 更新公式为

$$\hat{\mu}_k^{n+1}(\omega) = \frac{\hat{f}(\omega) - \sum_{i<k} \hat{\mu}_i(\omega) - \sum_{i>k} \hat{\mu}_i(\omega) + \dfrac{\hat{\lambda}_1(\omega)}{2}}{1 + 2\beta(\omega - \omega_k)^2}, \ k \in \{1, 2, \cdots, K\} \tag{2-5}$$

其中，$\hat{f}(\omega)$、$\hat{\mu}(\omega)$ 和 $\hat{\lambda}_1(\omega)$ 分别为 $f(t)$、$\mu(t)$ 和 $\lambda_1(t)$ 的傅里叶变换。

根据更新的模态函数 $\hat{\mu}_k^{n+1}(\omega)$，估计中心频率 ω_k^{n+1} 为

$$\omega_k^{n+1} = \frac{\displaystyle\int_0^\infty \omega \left|\hat{\mu}_k^{n+1}(\omega)\right|^2 \mathrm{d}\omega}{\displaystyle\int_0^\infty \left|\hat{\mu}_k^{n+1}(\omega)\right|^2 \mathrm{d}\omega} \tag{2-6}$$

$$\hat{\lambda}^{n+1}(\omega) \longleftarrow \hat{\lambda}^n(\omega) + \tau \left(\hat{f}(\omega) - \sum_k \hat{\mu}_k^{n+1}(\omega) \right) \tag{2-7}$$

直到

$$\sum_k \left\| \hat{\mu}_k^{n+1} - \hat{\mu}_k^n \right\|_2^2 \bigg/ \|\hat{\mu}_k^n\|_2^2 < \varepsilon \tag{2-8}$$

其中，$\varepsilon > 0$ 为设定的迭代阈值，n 为迭代次数。

2.2.2　变分模态分解的局限性分析

首先虽然 VMD 算法具有很强的数学理论但是 VMD 算法中引入了模态分量个数 K 和惩罚因子 β，如式 (2-4) 所示。而这两个参数的选取和分解结果息息相关且需要人为设定，因此使算法缺少自适应性。其次在 VMD 算法保真约束项中，如式 (2-3) 所示，没有对 ω_k 进行限制，而该式只与带宽有关，因此求得的最优中心频率是相应模态分量瞬时相位的最小二乘线性回归频率，如此，中心频率的估计精度就会下降。且在 VMD 算法计算过程中并未考虑噪声对结果的影响。

由此可知，VMD 算法也存在自身的局限性，一是模态分量个数 K 的选取直接影响其分解效果，若 K 设定不合理，则会出现模态混叠的问题；二是中心频率的估计精度较差，从而减小了模态分量的提取精度；三是在低信噪比下，VMD 的抗噪性能较差。

2.3　分数阶变分模态分解基本原理及主要性质

2.3.1　分数阶变分模态分解基本原理

1. 分数阶傅里叶变换定义

傅里叶变换是一个线性算子，若将其频率轴看成是时间轴绕原点逆时针旋转 $\pi/2$ 得到的，则 FRFT 的分数域就可看成是时间轴绕原点逆时针旋转角度 α 得到的，如图 2-1 所示。随着旋转角度 α 逆时针从 0° 连续增长到 90°，FRFT 展现了信号从时域逐渐转化为频域的全过程。当旋转角度不同时，信号的时频谱能量聚集性也不同。如图 2-2 所示，在时频图中信号 f_0 和时间轴的夹角为 β，这时对信号进行 FRFT，让时频图绕原点逆时针旋转，当旋转角度 α 与 β 正交时，信号 f_0 在该分数域上的能量分布最为集中。FRFT 既有傅里叶变换的特征，又有自己独有的优点。

FRFT 定义为

$$X_\alpha(u) = F_\alpha[x(t)] = \int_{-\infty}^{\infty} x(t) K_\alpha(t, u) \mathrm{d}t \tag{2-9}$$

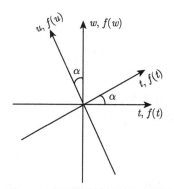

图 2-1 相平面旋转结果示意图

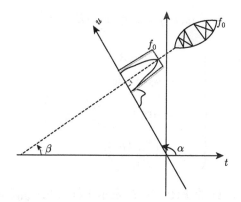

图 2-2 信号在分数阶傅里叶域上的投影

其中，F_α 为 FRFT 算子，K_α 为 FRFT 的核函数，如下所示

$$K_\alpha(t,u) = \begin{cases} \sqrt{\dfrac{1-\mathrm{j}\cot\alpha}{2\pi}}\exp\left[\mathrm{j}\left(\dfrac{1}{2}(t^2+u^2)\cot\alpha - ut\csc\alpha\right)\right], & \alpha \neq n\pi \\ \delta(t-u), & \alpha = 2n\pi \\ \delta(t+u), & \alpha = (2n+1)\pi \end{cases}$$

其中，$\alpha = p\pi/2$；p 为 FRFT 的阶次。

而分数阶傅里叶逆变换就是旋转角度为 $-\alpha = -p\pi/2$ 的 FRFT，即

$$x(t) = \int_{-\infty}^{\infty} X_\alpha(u)K_{-\alpha}(t,u)\mathrm{d}u \tag{2-10}$$

2. 线性调频信号检测与估计

FRFT 是一维线性变化，其变换结果不受信号交叉项的影响，且其计算过程有与快速傅里叶变换相似的快速算法。所以 FRFT 算法不仅能够完成线性调频

(linear frequency modulation, LFM) 信号的参数估计与检测，且可降低计算复杂度。由于在不同阶次的 FRFT 变换下，LFM 信号具有不同的时频能量分辨率，因此对 LFM 信号进行参数估计时首先以旋转角度 α 为自变量进行快速转化，从而在 (α, u) 平面上形成 LFM 信号能量分布，然后对其进行搜索获取能量分布的峰值点，最终可完成 LFM 信号的参数估计。

设含有高斯白噪声的单分量 LFM 信号为

$$x(t) = s(t) + w(t) = a_0 \exp(\mathrm{j}\varphi_0 + \mathrm{j}2\pi f_0 t + \mathrm{j}\pi \mu_0 t^2) + w(t) \tag{2-11}$$

其中，a_0、φ_0、f_0 和 μ_0 为信号的未知变量，$w(t)$ 为高斯白噪声。则式 (2-11) 信号变量的估计过程为

$$\{\hat{\alpha}_0, \hat{u}_0\} = \arg\max_{\alpha, u} |X_\alpha(u)|^2 \tag{2-12}$$

$$\begin{cases} \hat{\mu}_0 = -\cot\hat{\alpha}_0 \\ \hat{f}_0 = \hat{u}_0 \csc\hat{\alpha}_0 \\ \hat{\varphi}_0 = \arg\left[\dfrac{X_{\hat{\alpha}_0}(\hat{u}_0)}{A_{\hat{\alpha}_0} \mathrm{e}^{\mathrm{j}\pi \hat{u}_0^2 \cot\hat{\alpha}_0}} \right] \\ \hat{a}_0 = \dfrac{|X_{\hat{\alpha}_0}(\hat{u}_0)|}{T |A_{\hat{\alpha}_0}|} \end{cases} \tag{2-13}$$

其中，$X_\alpha(u)$ 为信号 $x(t)$ 的 FRFT；T 表示采样时长；$\hat{f}_0$、$\hat{a}_0$、$\hat{\mu}_0$ 和 $\hat{\varphi}_0$ 分别代表 LFM 信号的中心频率、幅度、调频率和相位参数估计；$A_{\hat{\alpha}_0} = \sqrt{1 - \mathrm{j}\cot\hat{\alpha}_0}$。

3. 分数阶变分模态分解基本原理

为克服 VMD 算法存在的缺陷，本书提出 VMD-FRFT 算法，基于 FRFT 对 LFM 信号参数估计的优点，利用 FRFT 估计各个模态分量 μ_k 的中心频率，并在信号保真项中增加关于 ω_k 的约束，从而提高模态分量的分解精度。VMD-FRFT 算法的主要求解过程如下。

(1) 对各个分量 $\mu_k(t)$ 作希尔伯特变换为

$$\mathcal{H}\mu_k(t) = \left[\delta(t) + \frac{\mathrm{j}}{\pi t} \right]^* \mu_k(t) \tag{2-14}$$

其中，t 为大于 0 的时间常数，$\delta(t)$ 为冲击函数。

(2) 对步骤 (1) 获得的函数求单边谱，并调制每个模态的频谱为

$$\left[\left(\delta(t) + \frac{\mathrm{j}}{\pi t} \right) * \mu_k(t) \right] \mathrm{e}^{-\mathrm{j}\omega_k t} \tag{2-15}$$

其中，$\{\omega_k\} = \{\omega_1, \cdots, \omega_K\}$ 表示各分量 $\mu_k(t)$ 的中心频率。

(3) 利用式 (2-13)，对各个分量 $\mu_k(t)$ 的中心频率估计为

$$
\begin{cases}
\{\hat{\alpha}_{k0}, \hat{u}_{k0}\} = \arg\max\limits_{\alpha, u} |U_{k\alpha}(u)|^2 \\
\omega_k = \hat{u}_{k0} \csc \hat{\alpha}_{k0}
\end{cases}
\tag{2-16}
$$

(4) 转化为对约束变分问题的求解，估计各个分量。结合式 (2-16) 得 VMD-FRFT 的约束变分求解模型为

$$
\begin{cases}
\min\limits_{\{\mu_k(t)\}, \{\omega_k\}} \left(\left\| \dfrac{\partial \left[\left(\delta(t) + \dfrac{\mathrm{j}}{\pi t} \right) * \mu_k(t) \right]}{\partial t} \mathrm{e}^{-\mathrm{j}\omega_k t} \right\|^2 \right) \\[4mm]
\text{s.t.} \sum\limits_{k=1}^{K} \mu_k(t) = f(t) \\[3mm]
\{\hat{\alpha}_{k0}, \hat{u}_{k0}\} = \arg\max\limits_{\alpha, u} |U_{k\alpha}(u)|^2 \\
\omega_k = \hat{u}_{k0} \csc \hat{\alpha}_{k0}
\end{cases}
\tag{2-17}
$$

引入拉格朗日乘法算子 $\lambda_1(t)$ 和 $\lambda_2(t)$ 以及二次惩罚因子 β 对式 (2-17) 进行求解运算，其中，β 为有好的收敛性能的足够大正数，则扩展后的拉格朗日方程为

$$
L\left(\{\mu_k(t)\}, \{\omega_k\}, \lambda(t) \right) = \beta \sum_{k=1}^{K} \left\| \dfrac{\partial \left[\left(\delta(t) + \dfrac{\mathrm{j}}{\pi t} \right) * \mu_k(t) \right]}{\partial t} \mathrm{e}^{-\mathrm{j}\omega_k t} \right\|_2^2
$$

$$
+ \left\| f(t) - \sum_{k=1}^{K} \mu_k(t) \right\|_2^2 + \left\langle \lambda_1(t), f(t) - \sum_{k=1}^{K} \mu_k(t) \right\rangle + \left\| \omega_k - \hat{u}_{k0} \csc \hat{\alpha}_{k0} \right\|_2^2
$$

$$
+ \langle \lambda_2(t), \omega_k - \hat{u}_{k0} \csc \hat{\alpha}_{k0} \rangle
\tag{2-18}
$$

然后通过迭代更新 $\mu_k^{n+1}(t)$、$\lambda_1^{n+1}(t)$、$\lambda_2^{n+1}(t)$ 和 ω_k^{n+1} 求取式 (2-18) 扩展拉格朗日的解。其中，$\lambda_1^{n+1}(t)$、$\lambda_2^{n+1}(t)$ 为第 $n+1$ 次的乘法算子，$\mu_k^{n+1}(t)$ 为第 $n+1$ 次的模态分量，ω_k^{n+1} 为模态分量的中心频率。

(5) 求取 $\mu_k^{n+1}(t)$ 迭代最优解。

$\mu_k^{n+1}(t)$ 迭代求解过程中仅仅和式 (2-18) 中等号右边的前三项有关，所以

$\mu_k^{n+1}(t)$ 的求解过程为

$$\mu_k^{n+1}(t) = \arg\min\left\{\beta\left\|\frac{\partial\left[\left(\delta(t)+\dfrac{\mathrm{j}}{\pi t}\right)*\mu_k(t)\right]}{\partial t}\mathrm{e}^{-\mathrm{j}\omega_k t}\right\|_2^2 + \left\|f(t)-\sum_{i\neq k}^{K}\mu_i(t)+\frac{\lambda_1(t)}{2}\right\|_2^2\right\}$$

(2-19)

式中，$i\in\{1,2,\cdots,K\}$ 且 $i\neq k$，将式 (2-19) 进行傅里叶变换后用 $\omega-\omega_k$ 代替 ω 得

$$\hat{\mu}_k^{n+1} = \underset{\hat{\mu}_k,\mu_k\in X}{\arg\min}\left\{\beta\left\|\mathrm{j}(\omega-\omega_k)[(1+\mathrm{sgn}(\omega))\hat{\mu}_k(\omega)]\right\|_2^2 + \left\|\hat{f}(\omega)-\sum_i\hat{\mu}_i(\omega)+\frac{\lambda_1(w)}{2}\right\|_2^2\right\}$$

(2-20)

并将上式转换成在非负频率区间进行积分的模式，则上述优化问题的解可转化为

$$\hat{\mu}_k^{n+1} = \underset{\hat{\mu}_k,\mu_k\in X}{\arg\min}\left\{\int_0^{\infty}4\beta(\omega-\omega_k)^2\left|\hat{\mu}_k(\omega)\right|^2+2\left|\hat{f}(\omega)-\sum_i\hat{\mu}_i(\omega)+\frac{\hat{\lambda}_1(\omega)}{2}\right|^2\mathrm{d}\omega\right\}$$

(2-21)

将等式右边设为目标函数 J_1，并对 $\hat{\mu}_k^{n+1}$ 求偏导，得

$$\frac{\partial J_1}{\partial\hat{\mu}_k} = 8\beta(\omega-\omega_k)^2\hat{\mu}_k(\omega)-4\left(\hat{f}(\omega)-\sum_i\hat{\mu}_i(\omega)+\frac{\hat{\lambda}_1(\omega)}{2}\right)$$

(2-22)

令 $\dfrac{\partial J_1}{\partial\hat{\mu}_k}=0$ 得

$$\hat{\mu}_k^{n+1}(\omega) = \frac{\hat{f}(\omega)-\sum_{i<k}\hat{\mu}_i(\omega)-\sum_{i>k}\hat{\mu}_i(\omega)+\dfrac{\hat{\lambda}_1(\omega)}{2}}{1+2\beta(\omega-\omega_k)^2},\quad k\in\{1,2,\cdots,K\}$$

(2-23)

(6) 中心频率 ω_k^{n+1} 迭代最优解。

同理，ω_k^{n+1} 的求解过程可表述为

$$\omega_k^{n+1}(t) = \arg\min\left\{\beta\left\|\frac{\partial\left[\left(\delta(t)+\dfrac{\mathrm{j}}{\pi t}\right)*\mu_k(t)\right]}{\partial t}\mathrm{e}^{-\mathrm{j}\omega_k t}\right\|_2^2 + \left\|\omega_k-\hat{u}_{k0}\csc\hat{\alpha}_{k0}+\frac{\lambda_2(t)}{2}\right\|_2^2\right\}$$

(2-24)

对式 (2-24) 进行傅里叶变换后用 $\omega - \omega_k$ 代替 ω，并将上式转换成非负频率区间积分的模式，则上述优化问题的解可转换为

$$\hat{\omega}_k^{n+1} = \arg\min_{\omega_k \in X} \left\{ \int_0^\infty 4\beta(\omega - \omega_k)^2 \left| \hat{\mu}_k(\omega) \right|^2 + 2 \left| 2\pi(\omega_k - \hat{u}_{k0} \csc \hat{\alpha}_{k0})\delta(\omega) + \frac{\lambda_2(\omega)}{2} \right|^2 \mathrm{d}\omega \right\} \tag{2-25}$$

同样将等式右边设为目标函数 J_2，令 J_2 对 $\hat{\omega}_k^{n+1}$ 求偏导等于 0，则

$$\frac{\partial J_2}{\partial \hat{\omega}_k} = \pi \left(2\pi(\omega_k - \hat{u}_{k0} \csc \hat{\alpha}_{k0}) + \frac{\lambda_2(0)}{2} \right) - \beta\omega_k(\hat{\mu}_k(0))^2 = 0 \tag{2-26}$$

当 $t = 0$ 时，$\hat{\mu}_k(0) = \lambda_2(0) = 0$，则

$$\omega_k^{n+1} = \hat{u}_{k0} \csc \hat{\alpha}_{k0} \tag{2-27}$$

其中

$$\{\hat{\alpha}_{k0}, \hat{u}_{k0}\} = \arg\max_{\alpha, u} |U_{k\alpha}(u)|^2 \tag{2-28}$$

$U_{k\alpha}(u)$ 为 $\mu_k(t)$ 的 FRFT，

$$U_{k\alpha}(u) = F_\alpha(F^{-1}(\hat{\mu}_k(\omega))) \tag{2-29}$$

将式 (2-23) 和式 (2-27) 的子优化解代入优化算法式 (2-18) 中，得到 VMD-FRFT 算法的完整实现过程，如表 2-1 所示。

表 2-1   VMD-FRFT 算法

VMD-FRFT 计算过程
初始化 $\{\hat{\mu}_k^1\}, \hat{\lambda}_1^1, \hat{\lambda}_2^1, K, n \longleftarrow 0$
$\quad n \longleftarrow n+1$
$\quad$ for $k = 1:K$
$\quad\quad$ 更新 $\hat{\mu}_k$
$$\hat{\mu}_k^{n+1} \longleftarrow \frac{\hat{f}(\omega) - \sum_{i<k} \hat{\mu}_i^{n+1}(\omega) - \sum_{i>k} \hat{\mu}_i^n(\omega) + \frac{\hat{\lambda}_1^n(\omega)}{2}}{1 + 2\beta(\omega - \omega_k^n)^2}$$
$\quad\quad$ 更新 ω_k^{n+1}
$$\omega_k^{n+1} \longleftarrow \hat{u}_{k0} \csc \hat{\alpha}_{k0} \quad \left(\{\hat{\alpha}_{k0}, \hat{u}_{k0}\} = \arg\max_{\alpha, u} \left| F_\alpha(F^{-1}(\hat{\mu}_k^{n+1}(\omega))) \right|^2 \right)$$
$\quad$ end for
$\quad$ 直到
$$\sum_{k=1}^K \frac{\|\hat{\mu}_k^{n+1}(\omega) - \hat{\mu}_k^n(\omega)\|}{\|\hat{\mu}_k^n(\omega)\|_2^2} < \varepsilon \quad (\varepsilon > 0 \text{ 为终止阈值})$$

2.3.2　分数阶变分模态分解的主要性质

在本节中，将分数阶变分模态分解方法应用在多种测试信号中，以分析分数阶变分模态分解的主要性质。首先，分别利用 VMD 和 VMD-FRFT 方法对多分量 LFM 信号进行处理，剖析 VMD-FRFT 方法对信号中心频率的非脆弱性；其次，设定不同的 K 值对信号进行多次分解，阐述 VMD-FRFT 方法对模态分量数 K 的敏感性；最后，对仿真信号添加不同信噪比的噪声，解析 VMD-FRFT 方法的噪声鲁棒性。

1. VMD-FRFT 对多分量 LFM 信号中心频率分布的非脆弱性

由于多分量 LFM 信号中具有不同频率的子分量，且其在不同分数阶傅里叶域上具有不同的能量分布聚集性，因此在傅里叶域不容易分离的多分量 LFM 信号，就可利用 VMD-FRFT 方法将其在分数阶傅里叶域进行有效分离，实现各个子分量的有效提取。

将中心频率为 ω_1、ω_2 的 LFM 分量线性相加合并为两分量信号，如下式所示，并对该信号进行分析。

$$x_1(t) = \exp(\mathrm{j}2\pi\omega_1 t + \mathrm{j}8\pi t^2) \tag{2-30a}$$

$$x_2(t) = \exp(\mathrm{j}2\pi\omega_2 t + \mathrm{j}4\pi t^2) \tag{2-30b}$$

$$f_{\mathrm{Sig}}(t) = x_1(t) + x_2(t) \tag{2-30c}$$

其中，仿真信号 1 中 $f_{\mathrm{Sig1}}(t)$ 两个分量的中心频率分别设定为 $\omega_1 = 25$，$\omega_2 = 35$；仿真信号 2 中 $f_{\mathrm{Sig2}}(t)$ 的中心频率设定为 $\omega_1 = 25$，$\omega_2 = 28$。仿真实验中采样频率 $f_s = 2048\mathrm{Hz}$，采样点数 $n = 1300$、$K = 2$、$\beta = 2000$，阶次 p 搜索范围为 $p = 0 \sim 1(p = 2\alpha/\pi)$，搜索步长为 0.01（下文中若未做说明都按照 p 的该设定进行搜索），VMD 和 VMD-FRFT 算法结果分别如图 2-3 和图 2-4 所示。其中红色虚线表示信号中的真实分量 $x_k(t)$，黑色实线表示模态分量 $\mu_k(t)$，并且分解算法的精度利用式 (2-31) 所示的 $\mu_k(t)$ 和 $x_k(t)$ 间的平均绝对误差定量表示。

$$\delta = \frac{1}{K}\sum_{k=1}^{K}\frac{1}{n}\sum_{i=1}^{n}\left(\mu_k(t) - x_k(t)\right) \tag{2-31}$$

其中，n 为采样数，K 为模态分量个数。

由图 2-3 和图 2-4 可知，当信号的中心频率差 $\Delta\omega = |\omega_2 - \omega_1|$ 由 10Hz 减小为 3Hz 时，对信号真实分量 $x_k(t)$ 的中心频率估计精度和还原精度均降低。图 2-3(c)、图 2-3(d) 和图 2-4(c)、图 2-4(d) 分别为两个仿真信号在 0.0～0.2 s 和 0.5～0.63 s

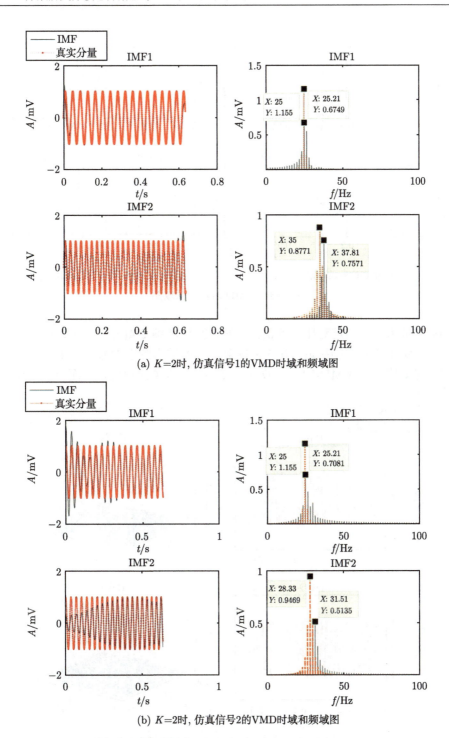

(a) $K=2$时, 仿真信号1的VMD时域和频域图

(b) $K=2$时, 仿真信号2的VMD时域和频域图

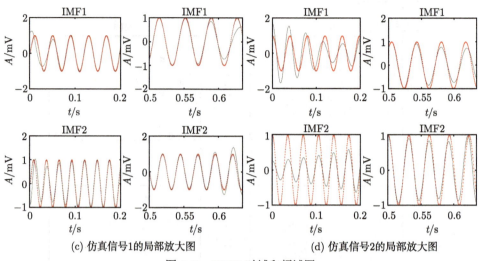

(c) 仿真信号1的局部放大图　　　　　　　　　(d) 仿真信号2的局部放大图

图 2-3　VMD 时域和频域图

内的局部放大图。通过对比图 2-3(c)、图 2-3(d) 和图 2-4(c)、图 2-4(d) 可知，随着信号分量中心频率的接近，在 VMD 算法分解结果图中 IMF1 和 IMF2 存在明显的边缘效应，而 VMD-FRFT 算法中减弱了该现象的程度，从而明显提高了信

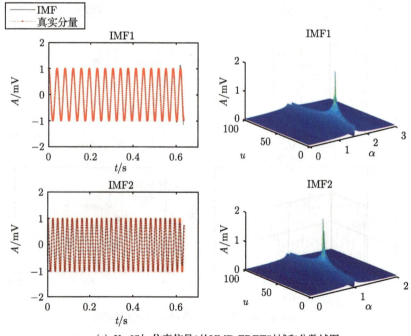

(a) $K=2$时，仿真信号1的VMD-FRFT时域和分数域图

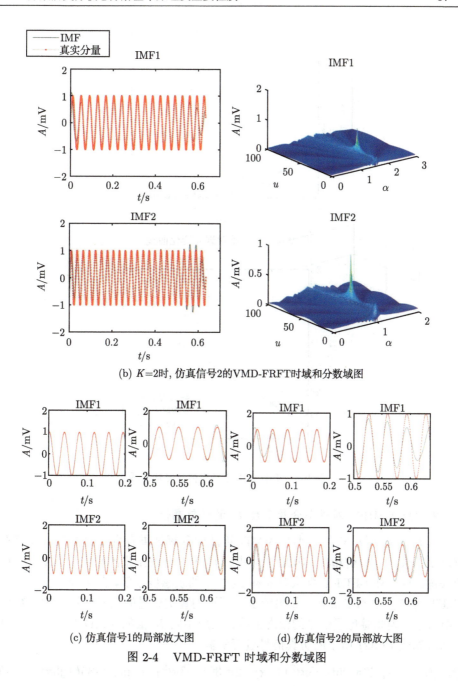

(b) $K=2$时, 仿真信号2的VMD-FRFT时域和分数域图

(c) 仿真信号1的局部放大图   (d) 仿真信号2的局部放大图

图 2-4　VMD-FRFT 时域和分数域图

号模态分解的精度。$\mu_k(t)$ 和 $x_k(t)$ 间的平均绝对误差及模态分量 IMF2 的中心频率 ω_2 估计误差随 $\Delta\omega$ 的变化曲线分别如图 2-5 和图 2-6 所示，其中 $\Delta\omega$ 是在保持 ω_1 不变时，通过调整 ω_2 得到的。

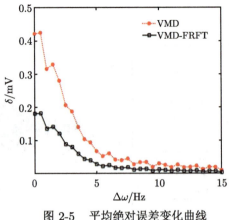

图 2-5　平均绝对误差变化曲线

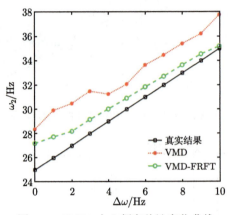

图 2-6　IMF2 中心频率估计变化曲线

2. VMD-FRFT 对模态分量个数 K 的低敏感性

　　模态分量个数 K 的大小与 VMD 算法的分解结果有直接的关系，分解不足或过多都会影响分解精度。因此如何减小 K 值对分解结果的影响，是 VMD 算法的关键。而 VMD-FRFT 算法对分解个数 K 的敏感度较低，在 K 过大时，VMD-FRFT 分解产生的多余分量振幅较小，可视为真实分量的泄漏信号，对分解精度影响较小，因此避免了信号的模态混叠。利用不同 K 值的 VMD 和 VMD-FRFT 方法对如式 (2-32) 所示的仿真信号进行实验。

$$f_{\mathrm{Sig3}}(t) = \exp(\mathrm{j}2\pi\cdot25t+\mathrm{j}8\pi t^2)+\exp(\mathrm{j}2\pi\cdot30t+\mathrm{j}3\pi t^2)+\exp(\mathrm{j}2\pi\cdot35t+\mathrm{j}3\pi t^2) \quad (2\text{-}32)$$

　　图 2-7(a) 和 (b) 中模态分量个数与真实分量个数相等，这时 VMD 和 VMD-FRFT 方法中对信号的真实分量 $x_k(t)$ 的分解误差较小。但随着 K 的增大，在

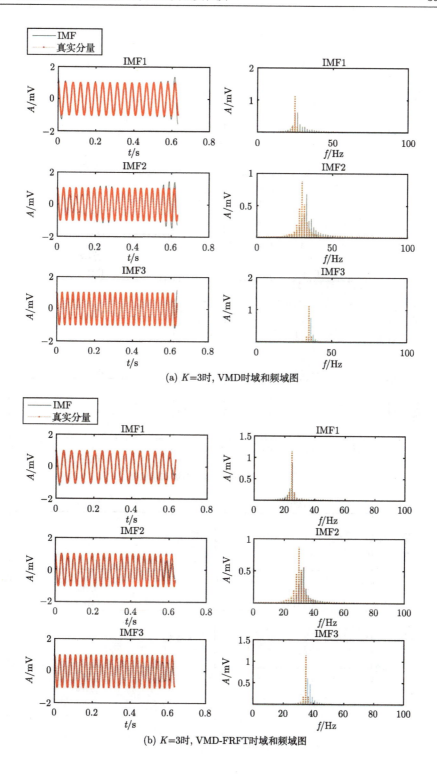

(a) K=3时, VMD时域和频域图

(b) K=3时, VMD-FRFT时域和频域图

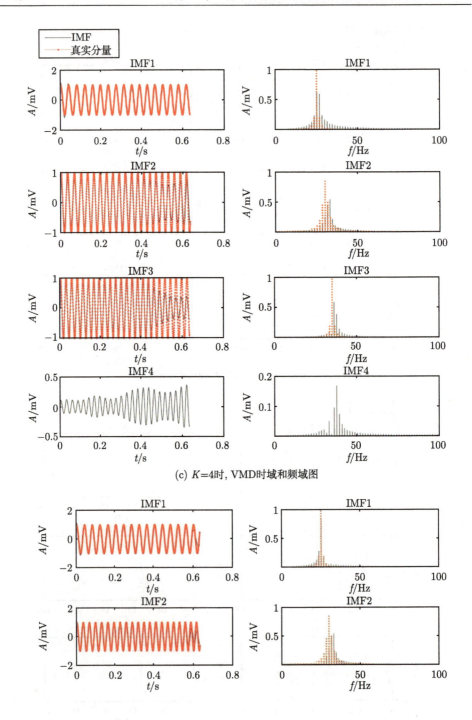

(c) $K=4$时, VMD时域和频域图

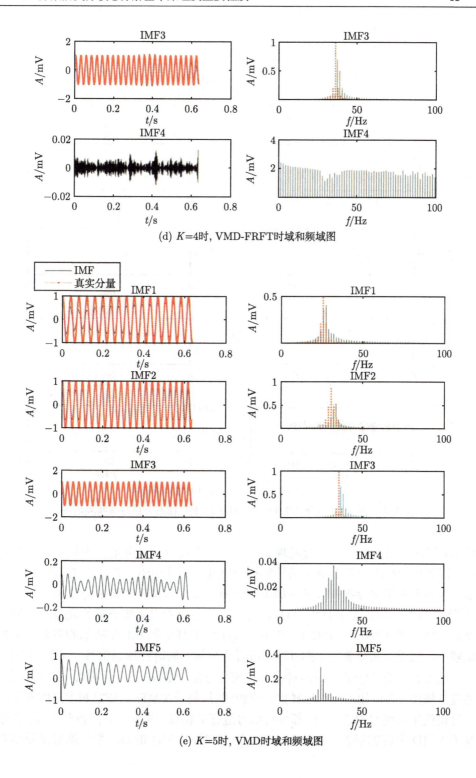

(d) $K=4$时, VMD-FRFT时域和频域图

(e) $K=5$时, VMD时域和频域图

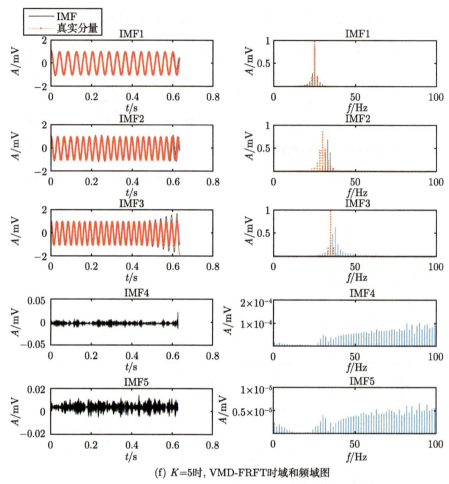

(f) $K=5$时, VMD-FRFT时域和频域图

图 2-7　不同 K 值下 VMD 和 VMD-FRFT 模态分量时域和频域图

VMD 算法中出现了模态混叠的现象, 同一个真实分量被分解在不同的模态分量中, 因此使得模态分量对真实信号的拟合度变差, 且如图 2-7(e) 中 IMF5 分量所示, 在多余分量中存在振幅较大的虚假分量。而对 VMD-FRFT 方法而言, 随着 K 值的增大, IMF1、IMF2、IMF3 前三个模态分量对真实分量的误差小、拟合度高。对于图 2-7(d) 中 IMF4, 及图 2-7(f) 中 IMF4 和 IMF5 所示的多余分量振幅较小, 低于真实分量振幅的 1%, 可看作分量分解时的泄漏信号, 可忽略不计。

图 2-8 为分量幅值平均绝对误差随模态分量个数 K 的变化曲线 (K-δ 曲线), 通过分析图 2-8 可知, 当 K 与真实分量相同时, 基于 VMD-FRFT 和 VMD 方法的信号幅值平均绝对误差相当, 都可对信号进行高精度有效分解。但随着 K 的增大, 基于 VMD 分解的误差增加迅速, 当 $K=5$ 时, VMD 的幅值平均绝对误差已高

达信号真实幅值的 40%，对真实信号的拟合效果就会变得很差，如图 2-7(e) 所示。而在 VMD-FRFT 方法中，随着 K 的增大，信号幅值平均绝对误差变化不明显，如图 2-7(b) 和图 2-7(d) 所示，基于 VMD-FRFT 得到的模态分量都对真实分量具有很好的拟合效果。K-ω_2 变化曲线如图 2-9 所示，同理可知随着 K 的增大 VMD-FRFT 算法对分量中心频率估计误差较小且变化不大。由此可见，VMD-FRFT 算法可有效避免 K 值选择不当造成分解效果差的问题，且 VMD-FRFT 算法对 K 的敏感性低于 VMD 算法。

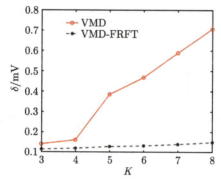

图 2-8　不同 K 值下信号幅值平均绝对误差

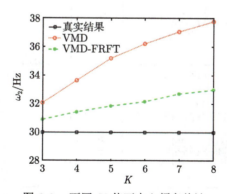

图 2-9　不同 K 值下中心频率估计

3. VMD-FRFT 算法的噪声鲁棒性

对低信噪比 (signal-to-noise ratio, SNR) 信号进行分解时，VMD 通过增大 β 来减少中心频率的估计误差，但 β 增大会对 VMD 中的保真约束项增加更多的噪声信号，使有效模态分量对真实分量拟合精度降低，所以 VMD 方法对低信噪比的信号分解效果较差。对如式 (2-33) 所示的信号仿真阐述 VMD-FRFT 的噪声鲁棒性。

$$f_{\text{Sig4}}(t) = \exp(\text{j}2\pi\omega_1 t + \text{j}8\pi t^2) + \exp(\text{j}2\pi\omega_2 t + \text{j}4\pi t^2) + \eta \qquad (2\text{-}33)$$

其中，$\omega_1 = 25$，$\omega_1 = 40$，η 为不同信噪比的高斯白噪声。当 SNR=2dB 时，仿真信号的时域波形如图 2-10 所示，基于 VMD 和 VMD-FRFT 的分解结果如图 2-11 所示。

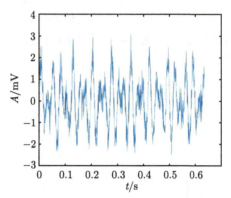

图 2-10　　SNR=2dB 时，$f_{\text{Sig4}}(t)$ 的时域波形

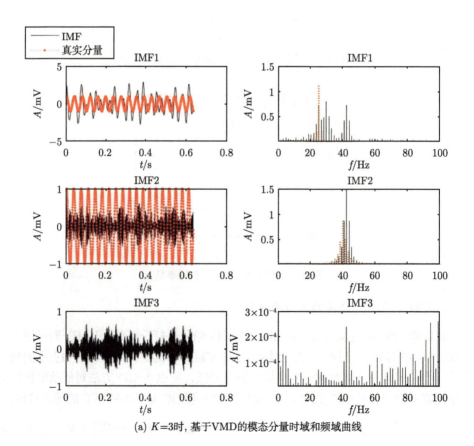

(a) K=3时，基于VMD的模态分量时域和频域曲线

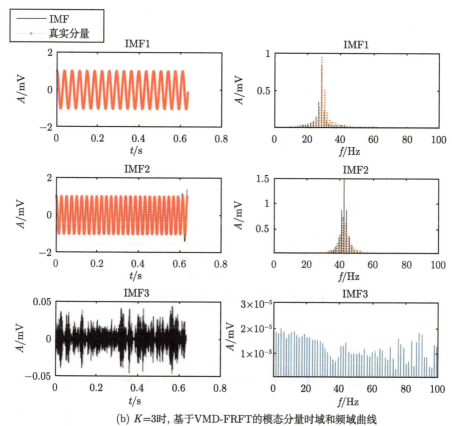

(b) K=3时, 基于VMD-FRFT的模态分量时域和频域曲线

图 2-11 SNR=2dB, 多分量 LFM 信号 VMD 和 VMD-FRFT 的结果图

通过图 2-11 对比可知, 如图 2-11(a) 所示, 在 SNR=2dB 时, 在噪声的作用下 VMD 分解未能将两个 LFM 分量很好地区分开, 在 IMF1、IMF2 分量的频率图中可看出, 两个信号的中心频率在各个分量中都发生了交叉混叠, 未能够有效地对信号进行分解, 也未很好地将噪声分离出来。而 VMD-FRFT 分解时, 在最优分数域上有效分量信号能量分布聚集性远大于噪声, 所以通过窄带滤波可将有效信号提取出来。如图 2-11(b) 所示, IMF1 和 IMF2 模态分量与真实分量相近, 而 IMF3 模态分量振幅很小且频率范围十分广泛, 可看作噪声信号。由此可见, 在 VMD-FRFT 算法中有效模态分量受噪声的影响甚微, 具有较强的噪声鲁棒性。

利用 VMD-FRFT 算法对含有不同信噪比的仿真信号进行实验对比, 得到的 SNR-δ 和 SNR-ω_2 曲线分别如图 2-12 和图 2-13 所示。由图可见, 在低信噪比时, 在 VMD-FRFT 算法的模态分量的平均绝对误差和第二分量中心频率估计误差都较小, 且随着信噪比的增加两个误差值变化也不大。由此可知 VMD-FRFT 方法不仅对低信噪比信号有较好的分解效果, 而且具有较强的鲁棒性。

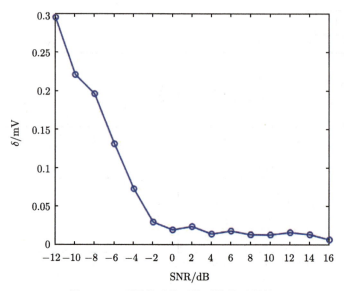

图 2-12　不同信噪比下的平均绝对误差

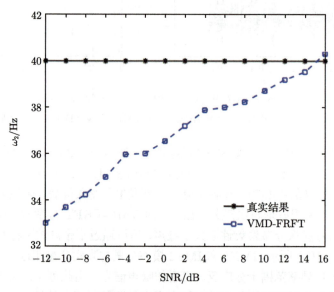

图 2-13　不同信噪比下的第二分量中心频率估计

为进一步验证 VMD-FRFT 算法的降噪性能，增加了"信噪比提高值"定量性能指标，利用不同信噪比的仿真信号，对比了 VMD-FRFT 和 VMD 算法的降噪性能，如图 2-14 所示。其中，信噪比提高值定义为：设输入信号为 $v(t) = s(t) + \eta(t)$，其中，$s(t)$ 为有用信号，$\eta(t)$ 为干扰噪声，输出信噪比为信号经过降噪处理后得

到的信号 $v'(t)$ 中有用信号的能量与剩余噪声的能量之比，即

$$\mathrm{SNR}_{\mathrm{out}} = \frac{\sum\limits_{i=1}^{m} s^2(i)}{\sum\limits_{i=1}^{m} \left[v'(i) - s(i) \right]^2} \tag{2-34}$$

其中，$s(i)$ 表示第 i 个采样点的有用信号，$v'(i)$ 表示第 i 个采样点的降噪后信号，m 为总采样点数。则降噪后信噪比提高值为输出信噪比与输入信噪比之差，即

$$\mathrm{SNR}_{\mathrm{dif}} = \mathrm{SNR}_{\mathrm{out}} - \mathrm{SNR} \tag{2-35}$$

其中，$\mathrm{SNR}_{\mathrm{out}}$ 为输出信噪比，SNR 为降噪前信号的信噪比。

如图 2-14 所示，随着输入信噪比的增加基于 VMD-FRFT 算法分解重构后信号的信噪比提高值大于 VMD 算法，说明 VMD-FRFT 算法的抗噪性能更好，这也是由于 VMD-FRFT 充分利用了 FRFT 的抗噪性。

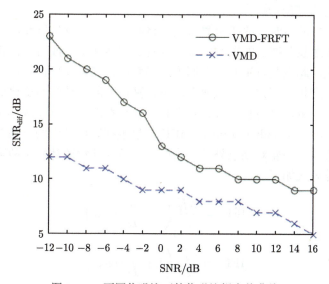

图 2-14　不同信噪比下的信噪比提高值曲线

通过 VMD-FRFT 算法的理论推导和性质可知，VMD-FRFT 可将信号在分数阶域进行分解与重构，完成信号的降噪处理。对非线性、非平稳、多组分信号具有较好的处理效果，主要可应用于激光雷达、电力系统、声音、振动等信号。

2.4 分数阶变分模态分解算法在货车轮对轴承振动信号中的应用

2.4.1 实验平台简介

在本节中,我们将分数阶变分模态分解算法应用到实际货车轮对轴承振动信号中,进一步验证了该方法的实用性和有效性。图 2-15 为铁路轴承综合实验平台,主要由驱动电机、联轴器、支撑轴承、垂向液压加载机构、轴向液压加载机构、实验轴承和台体七部分组成。铁路轴承综合实验平台可测轴承厚度为 160~250 mm,内径为 130~180 mm,涵盖铁路货车、高铁等的常用轮对轴承;在低速重载下,最大转速为 1200r/min,最大轴向载荷为 10t,最大径向载荷为 15t;在高速轻载下,最大转速可达 3000r/min,最大轴向载荷为 4t,最大径向载荷为 10t。实验过程中使用的振动信号传感器型号为 BK-4528-B-001,轴承为货车轮对轴承,型号为 197726,参数如表 2-2 所示。其中,故障轴承是实际应用中自然产生故障的退役轴承,内圈故障类型是剥离故障,如图 2-15(c) 所示,外圈故障类型也是剥离故障,如图 2-15(d) 所示。

当轴承发生故障时,故障位置与其配合面就会不断发生碰撞,因此会产生含有高幅值、快速衰弱冲击的振动信号,并且在匀转速下,冲击会在相同间隔下不断地重复发生,此重复发生的频率即为故障频率。当转速变化时,该冲击间隔就会随时间发生变化,例如,在减速工况下,冲击间隔会随时间变化而增长,重复频率减少。因此将这种与轴承转频具有相同变化率的冲击重复频率称为瞬时故障频率 (instantaneous fault frequency, IFF),呈现在时频图中为一条与转频变化率相同的时频脊线。当轮对轴承外圈、内圈、保持架或滚动体发生故障时,瞬时故障频率的计算公式如下

$$\text{IFF}_\text{o} = \frac{nf_\text{r}}{2}\left(1 - \frac{d}{D}\cos\varphi\right) \tag{2-36}$$

$$\text{IFF}_\text{i} = \frac{nf_\text{r}}{2}\left(1 + \frac{d}{D}\cos\varphi\right) \tag{2-37}$$

$$\text{IFF}_\text{c} = \frac{f_\text{r}}{2}\left(1 - \frac{d}{D}\cos\varphi\right) \tag{2-38}$$

$$\text{IFF}_\text{b} = \frac{Df_\text{r}}{2d}\left[1 - \left(\frac{d}{D}\right)^2\cos^2\varphi\right] \tag{2-39}$$

其中,IFF_o、IFF_i、IFF_c 和 IFF_b 分别表示外圈、内圈、保持架和滚动体的瞬时故障频率,n、d、D 和 φ 为轴承的结构参数,如表 2-2 所示,f_r 为轴承转速。

(a) 铁路轴承综合实验平台实物图

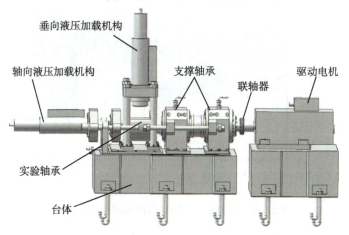

(b) 铁路轴承综合实验平台结构示意图

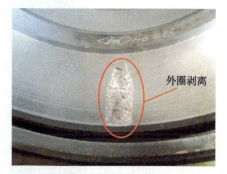

(c) 含内圈剥离故障轴承   (d) 含外圈剥离故障轴承

图 2-15   铁路轴承综合实验平台及实验轴承

表 2-2   轮对轴承主要参数

型号	中径 D/mm	滚子直径 d/mm	接触角 φ/(°)	滚动体个数 n/个
197726	176.29	24.74	8.83	20

2.4.2　在含内圈故障的货车轮对轴承振动信号中的应用

实验中铁路货车轮对轴承含有内圈故障并以匀加速运动,采样频率为 25600Hz,采样时长为 6s,振动信号如图 2-16 所示。图 2-17 为直接利用小波变换对振动信号进行时频分析获得的时频图,通过图 2-17 可见,信号的瞬时故障频率特征被噪声所淹没,未能够对其进行有效提取。所以分别基于 VMD-FRFT 和 VMD 方法对振动信号进行滤波降噪处理后再利用小波变换提取瞬时故障特征频率。

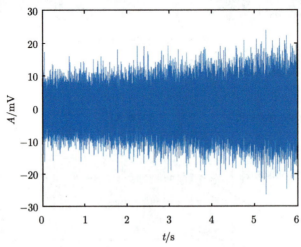

图 2-16　匀加速轮对轴承内圈故障振动信号

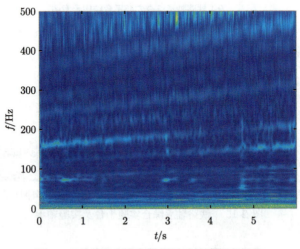

图 2-17　基于小波变换的瞬时故障频率提取

为利用 VMD-FRFT 或 VMD 进行滤波,需要对分解后的信号进行重构。利

用互信息 (mutual information, MI) 判断模态分量的有效分量和噪声分量，并利用有效分量对原始信号进行重构。互信息是由信息熵理论推导演变而成的，它表示两个随机变量的相关性，该值越大，相关性越大。互信息的表达式如下

$$\text{MI}(X, Y) = H(Y) - H(Y|X) \tag{2-40}$$

其中，$H(Y)$ 为 Y 的熵，$H(Y|X)$ 表示 X 已知时 Y 的条件熵。归一化后为

$$\beta_i = \frac{\text{MI}_i}{\max(\text{MI}_i)} \tag{2-41}$$

其中，MI_i 表示各个模态分量和原信号的互信息，β_i 表示设定阈值。若模态分量的互信息大于设定阈值，则说明该模态分量与原信号具有相关性，保留了原信号的有用信息，则为有效分量，否则，说明相应的模态分量与原信号相关性不强，为虚假分量，应删除。通过实验数据分析和相关文献查询，在阈值设定为 0.3 时，利用有效分量重构后的信号既可保留原来信号绝大部分有用的信息又可剔除噪声。

分别利用 VMD 算法和 VMD-FRFT 算法对振动信号进行分解处理后的结果如图 2-18 所示。从图 2-18 信号模态分量的频率图中可发现，VMD-FRFT 算法能较好地将不同中心频率的模态分量分离，因此可见 VMD-FRFT 算法具有更好的频率分辨率。各个模态分量的互信息如表 2-3 所示。对图 2-18(a) 和 2-18(b) 中的 IMF5 分量进行对比可知，VMD 得到的 IMF5 模态分量不仅含有 IMF4 模态分量的部分信息，而且还包含了噪声。而由于 VMD-FRFT 算法中 FRFT 的

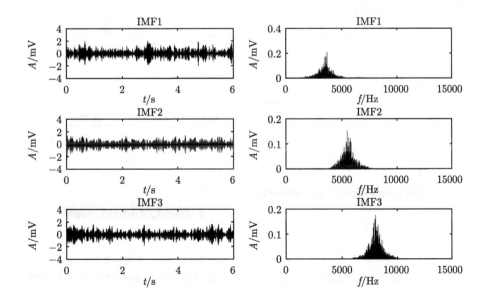

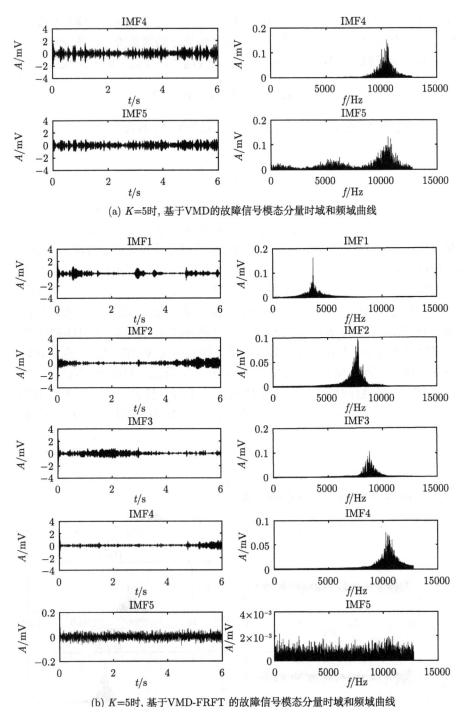

(a) K=5时, 基于VMD的故障信号模态分量时域和频域曲线

(b) K=5时, 基于VMD-FRFT 的故障信号模态分量时域和频域曲线

图 2-18　货车轮对轴承振动信号 VMD 和 VMD-FRFT 模态分量的时域和频域曲线

引进，对噪声起到了更好的分离效果，其中 IMF5 模态分量的振幅很小且频率在各个频率带范围都有分布，由此可见 IMF5 主要为噪声且与其他分量进行了很好的分离。根据各个模态分量的分布及表 2-3 的定量分析可知，将 VMD 和 VMD-FRFT 算法中前 4 个分量作为信号重构的有效分量，可过滤原信号的噪声，起到滤波降噪的作用。最终基于小波变换对重构后的信号进行时频分析，获得的时频图如图 2-19 所示。

表 2-3   各个模态分量的互信息

	IMF1	IMF2	IMF3	IMF4	IMF5
VMD-FRFT	0.932	0.914	0.921	0.812	0.097
VMD	0.847	0.801	0.747	0.504	0.214

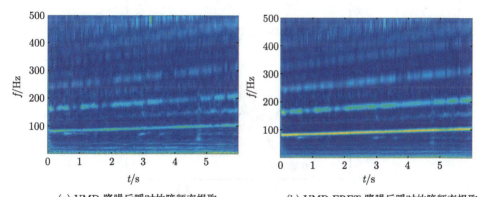

(a) VMD 降噪后瞬时故障频率提取　　　　(b) VMD-FRFT 降噪后瞬时故障频率提取

图 2-19   货车轮对轴承故障信号 VMD 和 VMD-FRFT 降噪后基于小波变换的瞬时故障频率提取

通过图 2-19 降噪后信号的时频图对比可知，基于 VMD 算法降噪后的时频图只能将瞬时故障频率的 1 倍频很好地显示出来，2 倍频和 3 倍频在噪声的影响下较为模糊，提取结果不理想。而基于 VMD-FRFT 算法降噪后的时频图中瞬时故障 1 倍频、2 倍频和 3 倍频都可以清晰地显示出来，从而使得轮对轴承的故障特征更加明显，由此可见 VMD-FRFT 算法相比 VMD 算法具有更好的降噪效果。

为了进一步验证 VMD-FRFT 的降噪性能，得到了 EMD-FRFT、EEMD-FRFT 和快速谱峭度降噪后的时频曲线。然后，对时频曲线进行峰值搜索以获得如图 2-20 所示的各种降噪算法后的瞬时故障频率曲线。通过对比图 2-20 可以看出 VMD-FRFT 具有较强的抗噪性能，提高了瞬时故障特征频率的提取精度。

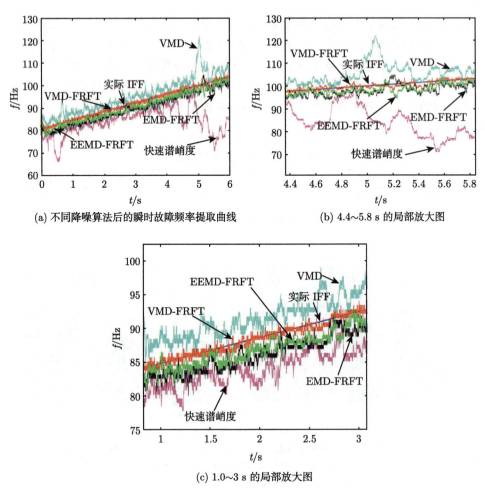

(a) 不同降噪算法后的瞬时故障频率提取曲线 　　　(b) 4.4~5.8 s 的局部放大图

(c) 1.0~3 s 的局部放大图

图 2-20　不同降噪算法后的瞬时故障频率提取曲线对比图

2.4.3　在含外圈故障的货车轮对轴承振动信号中的应用

实验中轮对轴承含有外圈故障并以匀减速运动，采样频率为 25600Hz，采样时长为 4s，得到振动信号如图 2-21 所示。图 2-22 为利用小波变换对振动信号进行处理得到瞬时故障频率时频图，从图中可见信号的瞬时故障频率特征被噪声所淹没，未能够对其进行提取。为了验证 VMD-FRFT 算法的降噪性能，分别与 VMD、EMD-FRFT、EEMD-FRFT 和快速谱峭度降噪算法进行对比，利用小波变换得到降噪后的时频曲线，并对其进行峰值搜索以获得如图 2-23 所示的各种降噪算法后的瞬时故障频率曲线。

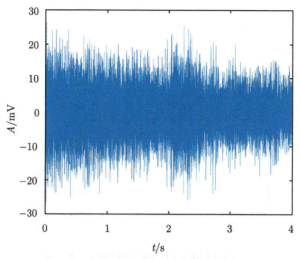

图 2-21　匀减速轮对轴承外圈故障振动信号

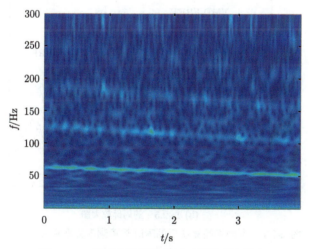

图 2-22　基于小波变换的瞬时故障频率提取

　　通过图 2-23 对比可以看出快速谱峭度算法的抗噪性能最差，瞬时故障频率的提取曲线波动较大；其次为 VMD 和 EMD-FRFT 算法的降噪性能较差，瞬时故障频率的提取出现了大幅度的波动；而 EEMD-FRFT 抗噪性能较好，并未出现大幅度的波动，瞬时故障频率提取曲线较为平稳；VMD-FRFT 具有较强的抗噪性能，不仅使瞬时故障频率提取曲线更为平滑，而且更接近瞬时故障频率真实值，提高了瞬时故障特征频率的提取精度。

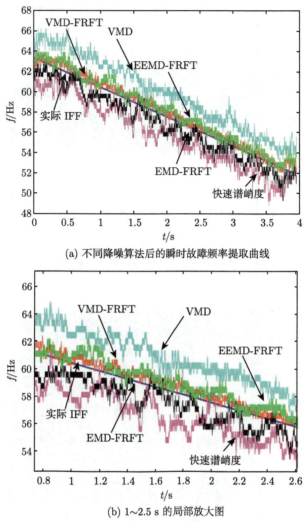

(a) 不同降噪算法后的瞬时故障频率提取曲线

(b) 1~2.5 s 的局部放大图

图 2-23　不同降噪算法后的瞬时故障频率提取曲线对比图

2.5　本章小结

　　本章对分数阶变分模态分解方法进行了研究，结合 VMD 和 FRFT 理论，列出了 VMD-FRFT 算法的定义和数学推导。并使用不同的仿真信号、匀加速内圈故障和匀减速外圈故障的铁路货车轮对轴承实测信号，对 VMD-FRFT 与其他算法进行了对比分析，并得到了如下结论。

　　(1) VMD-FRFT 对信号中心频率分布的非脆弱性。通过对比分析具有不同中心频率的 LFM 信号的模态分解结果图、图 2-5 曲线、图 2-6 曲线，可发现随着信号分量中心频率的靠近，VMD 方法对信号真实分量的中心频率估计和拟合精度降低，但 VMD-FRFT 方法的分解误差和中心频率估计误差变化不明显且都小于 VMD 的结果，从而验证了 VMD-FRFT 方法对多分量信号的中心频率分布是非脆弱的。

(2) VMD-FRFT 对模态分量个数 K 的低敏感性。在 K 过大时，VMD-FRFT 分解产生的多余分量幅值较小，且主要由真实分量分解时的泄漏信号和噪声信号合成，对分解出来的有效分量影响较小，避免了 VMD 算法中模态混叠的产生。

(3) VMD-FRFT 具有较强的噪声鲁棒性。利用 VMD-FRFT 算法对含有不同信噪比的仿真信号进行实验，结果表明，VMD-FRFT 算法在处理低信噪比信号时，中心频率估计误差和模态分量的平均绝对误差都较小，且随着信噪比的增加，两个误差值变化也不大。由此可见 VMD-FRFT 算法不仅对低信噪比信号有较好的分解效果，而且具有较强的噪声鲁棒性。

(4) VMD-FRFT 具有较强的实用性。通过对匀加速内圈故障和匀减速外圈故障的铁路货车轮对轴承实测信号的瞬时故障特征频率提取结果进行对比可看出，与 EMD-FRFT 和 EEMD-FRFT 相比，VMD-FRFT 可以减小边缘效应引起的误差。与 VMD 相比，VMD-FRFT 的降噪效果更好，从而提高了瞬时故障频率的估计精度。

第 3 章　匀变转速工况下的瞬时故障特征提取

3.1　引　　言

实际工况下，货车轮对轴承以变转速模式工作的形式更为广泛，且变转速工况下包含的有用信息比恒转速更加完备，在恒转速下无法识别的潜在故障往往在变转速下变得更加清晰明确，因此实现变转速下的货车轮对轴承故障特征提取就具有十分重要的意义。近年来，同步压缩变换作为一种时频分析算法被广泛应用于旋转机械振动信号时频分析中，为适应不同工况，其改进算法也得到越来越多学者的关注和研究。

同步压缩变换算法较适用于处理频率成分恒定的纯谐波信号，在分析时变信号时不仅存在时频模糊现象且对瞬时频率估计存在较大误差。考虑到匀变转速下轮对轴承振动信号呈现多分量、非平稳性和强噪声的特点，因此利用短时分数阶傅里叶变换代替同步压缩变换中的短时傅里叶变换，提出一种分数阶同步压缩变换时频分析方法。首先给出分数阶同步压缩变换算法的理论推导和主要性质；其次针对匀变转速工况下轴承振动信号多分量的特点，列出基于分数阶同步压缩变换的轮对轴承瞬时故障特征提取的主要步骤和算法的定量评价指标；最后通过不同调频率、不同信噪比的线性调频仿真信号、铁路货车轮对轴承实测振动信号，对分数阶同步压缩变换算法进行对比验证。结果表明，分数阶同步压缩变换不仅可以提高信号的瞬时故障特征频率估计精度和时频聚集性，而且具有较强的噪声鲁棒性。

3.2　同步压缩变换基本原理及局限性分析

3.2.1　同步压缩变换基本原理

同步压缩变换是将经过基于 STFT 算法处理得到的分散时频能量缩聚到真实瞬时频率处，提高信号的时频聚集性。对于信号 $x(t) \in L^2(R)$，其 STFT 的定义表达式为

$$X(t,\omega) = \int_{-\infty}^{+\infty} g(u-t) \cdot x(u) \cdot \mathrm{e}^{-\mathrm{j}\omega u} \mathrm{d}u \tag{3-1}$$

其中，$g(u)$ 为窗函数，并且为对称的实函数。根据帕塞瓦尔 (Parseval) 定理，式 (3-1) 可改写为

$$X(t,\omega) = \int_{-\infty}^{+\infty} x(u) \left(g(u-t)\mathrm{e}^{\mathrm{j}\omega u}\right)^* \mathrm{d}u = \int_{-\infty}^{+\infty} x(u) \cdot \left(g_\omega(u)\right)^* \mathrm{d}u$$

$$= \frac{1}{2\pi} \int_{-\infty}^{+\infty} \hat{x}(\xi) \cdot \left(\hat{g}_\omega(\xi)\right)^* \mathrm{d}\xi \tag{3-2}$$

其中，$g_\omega(u) = g(u-t) \cdot \mathrm{e}^{\mathrm{j}\omega u}$，$\hat{x}(\xi)$ 为 $x(u)$ 的傅里叶变换，$\hat{g}_\omega(\xi)$ 为 $g_\omega(u)$ 的傅里叶变换，$()^*$ 为复共轭运算，$\hat{g}_\omega(\xi)$ 表达式如下所示

$$\hat{g}_\omega(\xi) = \int_{-\infty}^{+\infty} g(u-t) \cdot \mathrm{e}^{\mathrm{j}\omega u} \cdot \mathrm{e}^{-\mathrm{j}\xi u} \mathrm{d}u \tag{3-3}$$

令式中 $u - t = t'$ 得

$$\hat{g}_\omega(\xi) = \int_{-\infty}^{+\infty} g(t') \cdot \mathrm{e}^{\mathrm{j}\omega(t+t')} \cdot \mathrm{e}^{-\mathrm{j}\xi(t+t')} \mathrm{d}t'$$

$$= \mathrm{e}^{\mathrm{j}t(\omega-\xi)} \cdot \int_{-\infty}^{+\infty} g(t') \cdot \mathrm{e}^{\mathrm{j}t'(\omega-\xi)} \mathrm{d}t' = \mathrm{e}^{\mathrm{j}t(\omega-\xi)} \cdot \hat{g}(\omega - \xi) \tag{3-4}$$

其中，$\hat{g}(\omega - \xi)$ 是 $g(u-t)$ 的傅里叶变换。

将式 (3-4) 代入式 (3-2) 中，得

$$X(t,\omega) = \frac{1}{2\pi} \int_{-\infty}^{+\infty} \hat{x}(\xi) \cdot \left(\mathrm{e}^{\mathrm{j}t(\omega-\xi)} \cdot \hat{g}(\omega - \xi)\right)^* \mathrm{d}\xi$$

$$= \frac{1}{2\pi} \int_{-\infty}^{+\infty} \hat{x}(\xi) \cdot \mathrm{e}^{-\mathrm{j}\omega t + \mathrm{j}\xi t} \cdot \hat{g}(\omega - \xi) \mathrm{d}\xi$$

$$= \mathrm{e}^{-\mathrm{j}\omega t} \cdot \frac{1}{2\pi} \cdot \int_{-\infty}^{+\infty} \hat{x}(\xi) \cdot \hat{g}(\omega - \xi) \cdot \mathrm{e}^{\mathrm{j}\xi t} \mathrm{d}\xi \tag{3-5}$$

若将 STFT 乘以移动算子 $\mathrm{e}^{\mathrm{j}\omega t}$，将得到改进的 STFT，如下式所示

$$X_\mathrm{e}(t,\omega) = \int_{-\infty}^{+\infty} x(u) \cdot g(u-t) \cdot \mathrm{e}^{-\mathrm{j}\omega(u-t)} \mathrm{d}u \tag{3-6}$$

将式 (3-6) 改写成与式 (3-5) 相对应的表达式，如下式所示

$$X_\mathrm{e}(t,\omega) = \frac{1}{2\pi} \cdot \int_{-\infty}^{+\infty} \hat{x}(\xi) \cdot \hat{g}(\omega - \xi) \cdot \mathrm{e}^{\mathrm{j}\xi t} \mathrm{d}\xi \tag{3-7}$$

若设信号为幅值为 A、频率为 f_0 的纯谐波，则

$$X(t) = A \cdot \mathrm{e}^{\mathrm{j} f_0 t} \tag{3-8}$$

信号傅里叶变换为

$$\hat{X}(\xi) = 2\pi A \cdot \delta(\xi - 2\pi f_0) \tag{3-9}$$

将式 (3-9) 代入式 (3-7) 中，得信号的 STFT 为

$$X_{\mathrm{e}}(t, \omega) = A \cdot \hat{g}(\omega - 2\pi f_0) \cdot \mathrm{e}^{\mathrm{j} 2\pi f_0 t} \tag{3-10}$$

同步压缩变换方法旨在将能量挤压在信号中心频率处。为获得短时傅里叶变换瞬时频率，求 $X_{\mathrm{e}}(t, \omega)$ 关于时间的导数

$$\partial_t X_{\mathrm{e}}(t, \omega) = \partial_t \left(A \cdot \hat{g}(\omega - 2\pi f_0) \cdot \mathrm{e}^{\mathrm{j} 2\pi f_0 t} \right)$$

$$= A \cdot \hat{g}(\omega - 2\pi f_0) \cdot \mathrm{e}^{\mathrm{j} 2\pi f_0 t} \cdot \mathrm{j} \cdot 2\pi f_0 = X_{\mathrm{e}}(t, \omega) \cdot \mathrm{j} \cdot 2\pi f_0 \tag{3-11}$$

通过式 (3-10) 和式 (3-11) 可得，当 $X_{\mathrm{e}} \neq 0$ 时，信号的瞬时频率 $f_0(t, \omega)$ 可表示为

$$f_0(t, \omega) = -\mathrm{j} \cdot \frac{\partial_t X_{\mathrm{e}}(t, \omega)}{X_{\mathrm{e}}(t, \omega)} \tag{3-12}$$

在数学中同步压缩变换算子可以写成 $\displaystyle\int_{-\infty}^{+\infty} \delta(\eta - f_0(t, \omega)) \mathrm{d}\omega$，则信号的同步压缩变换为

$$T_{\mathrm{s}}(t, \eta) = \int_{-\infty}^{+\infty} X_{\mathrm{e}}(t, \omega) \cdot \delta(\eta - f_0(t, \omega)) \mathrm{d}\omega \tag{3-13}$$

同步压缩变换是对基于 STFT 算法得到的信号时频能量分布进行压缩，提高时频聚集性，且根据得到的时频信号仍可还原到原信号。在频率方向上对基于式 (3-13) 得到的时频进行积分，则可对信号进行重构

$$X(t) = \frac{1}{2\pi g(0)} \cdot \int_{\{\eta, |\eta - \phi_k| < d_{\mathrm{s}}\}} T_{\mathrm{s}}(t, \eta) \mathrm{d}\eta \tag{3-14}$$

其中，$X(t)$ 为重构后信号，d_{s} 为积分区间，ϕ_k 是信号的瞬时频率估计，与式 (3-12) 的瞬时频率变量 $f_0(t, w)$ 表达一致。

3.2.2 同步压缩变换局限性分析

由式 (3-13) 可见，瞬时频率 $f_0(t, w)$ 的估计精度直接影响算法的最终结果。对同步压缩变换算法分析可知，使用式 (3-12) 可精确估计纯谐波信号的瞬时频率。但该算法在提取呈线性调频特征信号的瞬时频率时误差较大。在本部分中以线性调频信号 $x(t) = \exp\left(j2\pi\left(f_0 t + \frac{1}{2}\mu t^2\right)\right)$ 和高斯窗函数 $g(t) = \exp\left(-\frac{t^2}{2\sigma^2}\right)$($\sigma$ 为高斯窗函数的标准差) 为例，说明同步压缩变换算法对非纯谐波信号的瞬时频率估计存在的误差。则所设的 LFM 信号的 STFT 为

$$
\begin{aligned}
\text{STFT} &= \int_{-\infty}^{+\infty} \exp\left(j2\pi\left[f_0(\tau + t) + \frac{1}{2}\mu(\tau + t)^2\right]\right) \cdot \exp\left(-\frac{\tau^2}{2\sigma^2}\right) \cdot \exp(-j\omega\tau)\mathrm{d}\tau \\
&= \exp\left(j2\pi\left(f_0 t + \frac{1}{2}\mu t^2\right)\right) \int_{-\infty}^{+\infty} \exp(-(b_1\tau + a_1\tau^2))\mathrm{d}\tau
\end{aligned}
\tag{3-15}
$$

其中，$b_1 = -(j2\pi f_0 + j2\pi\mu t - j\omega)$，$a_1 = -\left(j\pi\mu - \frac{1}{2\sigma^2}\right)$，根据积分公式

$$
\int_{-\infty}^{+\infty} \mathrm{e}^{-(a\tau^2 + b\tau)}\mathrm{d}\tau = \sqrt{\frac{\pi}{a}}\mathrm{e}^{b^2/4a}
\tag{3-16}
$$

式 (3-15) 可化简为

$$
\text{STFT} = \sqrt{\frac{\pi}{a_1}}\exp\left(j2\pi\left(f_0 t + \frac{1}{2}\mu t^2\right) + b_1^2/4a_1\right)
\tag{3-17}
$$

因此

$$
\partial_t\text{STFT}(t, \omega) = \text{STFT} \cdot j \cdot 2\pi \cdot \left((f_0 + \mu t) + \frac{j\mu(2\pi f_0 + 2\pi\mu t - \omega)}{j\pi\mu - \frac{1}{2\sigma^2}}\right)
\tag{3-18}
$$

和

$$
-j\frac{\partial_t\text{STFT}}{2\pi\text{STFT}} = f_0(t, \omega) + \frac{j\mu(2\pi f_0 + 2\pi\mu t - \omega)}{j\pi\mu - \frac{1}{2\sigma^2}}
\tag{3-19}
$$

其中，$f_0(t, \omega) = f_0 + \mu t$。若再用式 (3-12) 估计真实瞬时频率必定引入误差 $\dfrac{j\mu(2\pi f_0 + 2\pi\mu t - \omega)}{j\pi\mu - \dfrac{1}{2\sigma^2}}$，且该误差是与调频率 μ 相关且是不可估计的。因此利用

式 (3-13) 计算线性调频信号的同步压缩变换将不再准确。为避免该问题的出现，增加了算法中瞬时频率的估计精度。在 3.3 节中将介绍基于短时分数阶傅里叶变换的同步压缩变换算法的工作原理并说明该方法是如何避免此问题的。

3.3 基于分数阶同步压缩变换的轮对轴承瞬时故障特征提取

3.3.1 分数阶同步压缩变换基本原理

1. 短时分数阶傅里叶变换

FRFT 的定义如式 (2-9) 所示，利用 FRFT 的特点，定义信号 $x(t)$ 的 α 阶短时分数阶傅里叶变换 (short-time fractional Fourier transform，STFRFT) 为

$$\text{STFRFT}_\alpha(t,u) = \int_{-\infty}^{\infty} x(\tau+t)g(\tau)K_\alpha(\tau+t,u)\mathrm{d}\tau \tag{3-20}$$

其中，$g(\cdot)$ 为窗函数。

2. 分数阶同步压缩变换原理

本书中以线性调频信号 $x(t) = \exp\left(\mathrm{j}2\pi\left(f_0 t + \dfrac{1}{2}\mu t^2\right)\right)$ 和高斯窗函数 $g(t) = \exp\left(-\dfrac{t^2}{2\sigma^2}\right)$($\sigma$ 为高斯窗函数的标准差) 为例，说明分数阶同步压缩变换 (fractional synchrosqueezing transform, FRSST) 算法工作原理。

信号 $x(t)$ 的 α 阶 STFRFT 为

$$
\begin{aligned}
&\text{STFRFT}_\alpha(t,u) \\
&= A_\alpha \int_{-\infty}^{+\infty} \left[\exp\left(\mathrm{j}2\pi\left(f_0(t+\tau) + \frac{1}{2}\mu(t+\tau)^2\right) \cdot \exp\left(-\frac{\tau^2}{2\sigma^2}\right.\right.\right. \\
&\quad \left.\left.\left. \cdot \exp(\mathrm{j}\pi((\tau+t)^2\cot\alpha + u^2\cot\alpha - 2u(\tau+t)\csc\alpha))\right)\mathrm{d}\tau\right] \\
&= A_\alpha \exp\left(\mathrm{j}2\pi\left(f_0 t + \frac{1}{2}\mu t^2\right) + \mathrm{j}\pi t^2\cot\alpha + \mathrm{j}\pi u^2\cot\alpha - \mathrm{j}2\pi ut\csc\alpha\right) \\
&\quad \cdot \int_{-\infty}^{+\infty} \left[\exp((\mathrm{j}2\pi f_0 + \mathrm{j}2\pi\mu t + \mathrm{j}2\pi t\cot\alpha - \mathrm{j}2\pi u\csc\alpha)\tau) \right. \\
&\quad \left. \cdot \exp\left(\left(\mathrm{j}\pi\mu + \mathrm{j}\pi\cot\alpha - \frac{1}{2\sigma^2}\right)\tau^2\right)\mathrm{d}\tau\right] \\
&= A_\alpha \exp\left(\mathrm{j}2\pi\left(f_0 t + \frac{1}{2}\mu t^2\right) + \mathrm{j}\pi t^2\cot\alpha + \mathrm{j}\pi u^2\cot\alpha - \mathrm{j}2\pi ut\csc\alpha\right)
\end{aligned}
$$

$$\cdot \int_{-\infty}^{+\infty} \exp(-(B\tau + A\tau^2))\mathrm{d}\tau \tag{3-21}$$

其中，$B = -(\mathrm{j}2\pi f_0 + \mathrm{j}2\pi\mu t + \mathrm{j}2\pi t \cot\alpha - \mathrm{j}2\pi u \csc\alpha)$，$A = -\left(\mathrm{j}\pi\mu + \mathrm{j}\pi \cot\alpha - \dfrac{1}{2\sigma^2}\right)$，$A_\alpha = \sqrt{1 - \mathrm{j}\cot\alpha}$。根据积分公式 (3-16)，式 (3-21) 可化简为

$$
\begin{aligned}
\mathrm{STFRFT}_\alpha(t, u) &= A_\alpha \exp\left(\mathrm{j}2\pi\left(f_0 t + \frac{1}{2}\mu t^2\right) + \mathrm{j}\pi t^2 \cot\alpha \right. \\
&\qquad \left. + \mathrm{j}\pi u^2 \cot\alpha - \mathrm{j}2\pi u t \csc\alpha\right) \cdot \sqrt{\frac{\pi}{A}} \cdot \exp(B^2/4A) \\
&= \sqrt{\frac{\pi}{A}} A_\alpha \exp\left(\mathrm{j}2\pi\left(f_0 t + \frac{1}{2}\mu t^2\right) + \mathrm{j}\pi t^2 \cot\alpha \right. \\
&\qquad \left. + \mathrm{j}\pi u^2 \cot\alpha - \mathrm{j}2\pi u t \csc\alpha + B^2/4A\right)
\end{aligned}
\tag{3-22}
$$

由式 (3-22) 可知，线性调频信号 $x(t)$ 经过 STFRFT 后，时频分布呈现以信号中心频率 $\omega = f_0 + \mu t$ 为中心的扩散分布。为提高 STFRFT 算法的时频能量聚集性，FRSST 算法以估计的瞬时频率为中心，将信号的时频分布进行压缩。因此利用式 (3-22) 对时间 t 求偏导可得到信号的瞬时频率，其偏导可表示为

$$
\begin{aligned}
\partial_t \mathrm{STFRFT}_\alpha(t, u) &= \partial_t \left(\sqrt{\frac{\pi}{A}} A_\alpha \exp\left(\mathrm{j}2\pi\left(f_0 t + \frac{1}{2}\mu t^2\right) + \mathrm{j}\pi t^2 \cot\alpha \right.\right. \\
&\qquad \left.\left. + \mathrm{j}\pi u^2 \cot\alpha - \mathrm{j}2\pi u t \csc\alpha + B^2/4A\right)\right) \\
&= \mathrm{STFRFT}_\alpha(t, u) \cdot \left(\mathrm{j}2\pi(f_0 + \mu t) + \mathrm{j}2\pi t \cot\alpha - \mathrm{j}2\pi u \csc\alpha \right. \\
&\qquad \left. + \frac{B}{2A}\frac{\partial B}{\partial t}\right) \\
&= \mathrm{STFRFT}_\alpha(t, u) \cdot \left(\mathrm{j}2\pi(f_0 + \mu t) + \mathrm{j}2\pi t \cot\alpha - \mathrm{j}2\pi u \csc\alpha \right. \\
&\qquad \left. - \frac{B}{2A}(\mathrm{j}2\pi\mu + \mathrm{j}2\pi \cot\alpha)\right)
\end{aligned}
\tag{3-23}
$$

在 α 为最优旋转角度时，根据参数估计公式 (2-13) 可得 $\mu = -\cot\alpha$，则式 (3-23) 可化简为

$$\partial_t \mathrm{STFRFT}_\alpha(t, u) = \mathrm{STFRFT}_\alpha(t, u) \cdot (\mathrm{j}2\pi(f_0 + \mu t) + \mathrm{j}2\pi t \cot\alpha - \mathrm{j}2\pi u \csc\alpha) \tag{3-24}$$

由 FRFT 的性质，得 $u = \omega \cos \alpha / 2\pi$，代入式 (3-24)，得到 STFRFT 在时频域 (t, ω) 的瞬时频率表达式

$$f(t, \omega) = f_0 + \mu t = -\mathrm{j}\frac{\partial_t \mathrm{STFRFT}_\alpha(t, \omega)}{2\pi \mathrm{STFRFT}_\alpha(t, \omega)} - t \cot \alpha + \frac{\omega \cot \alpha}{2\pi} \tag{3-25}$$

FRSST 算法通过对 STFRFT 进行压缩操作，将发散的时频能量缩聚至真实的瞬时频率处

$$\mathrm{FRSST}_x(t, \eta) = \int_{-\infty}^{\infty} \mathrm{STFRFT}_\alpha(t, \omega)\delta(\eta - f(t, \omega))\mathrm{d}\omega \tag{3-26}$$

　　FRSST 算法是把基于 STFRFT 算法得到的信号时频能量分布压缩到瞬时频率估计处，如式 (3-26) 所示，从而提高信号的时频能量聚集性。在频率方向上对基于式 (3-26) 得的时频能量分布进行积分，则可对原来信号进行重构为

$$X(t) = (2\pi g(0))^{-1} \cdot \int_{\{\eta, |\eta - \phi_k < \mathrm{d}_s\}|} \mathrm{FRSST}_x(t, \eta)\mathrm{d}\eta \tag{3-27}$$

其中，$X(t)$ 为重构后信号，ϕ_k 为瞬时频率估计，d_s 为积分区间。

3.3.2　分数阶同步压缩变换的优势

　　提出的 FRSST 算法相比传统的 SST 算法的优势主要体现在以下两个方面：一是提高瞬时频率的估计精度；二是提高算法的时频聚集性。在本节中主要通过理论推导说明 FRSST 相对 SST 的优势。

　　1. 分数阶同步压缩变换具有更高的瞬时频率估计精度

　　根据 3.2.2 节分析可知，SST 在处理线性调频信号时，对真实瞬时频率的估计值会引入误差 $\dfrac{\mathrm{j}\mu(2\pi f_0 + 2\pi \mu t - \omega)}{\mathrm{j}\pi\mu - \dfrac{1}{2\sigma^2}}$，且该误差是与调频率 μ 密切相关且不能估计的。因此 SST 算法对瞬时频率估计将会存在误差。而在 FRSST 算法中，利用 STFRFT 代替 SST 中的 STFT 并使用式 (3-25) 作为瞬时频率估计值，这样就避免了该估计误差的出现，提高了 FRSST 算法对信号瞬时频率的估计精度。

　　2. 分数阶同步压缩变换具有更好的时频聚集性

　　FRSST 和 SST 算法分别是对信号的 STFRFT 和 STFT 得到的时频分布能量进行压缩的，因此分析 FRSST 和 SST 两种算法的时频聚集性，可简化为分析其基时频变换方法 STFRFT 和 STFT 的时频聚集性即可。在本节中以线性调频

信号 $x(t) = \exp\left(\mathrm{j}2\pi\left(f_0 t + \frac{1}{2}\mu t^2\right)\right)$ 和高斯窗函数 $g(t) = \exp\left(-\frac{t^2}{2\sigma^2}\right)$ (σ 为高斯窗函数的标准差) 为例, 说明 STFT 和 STFRFT 的时频聚集性。

根据式 (3-17) 可得信号 $x(t)$ 的 STFT 为

$$
\begin{aligned}
\mathrm{STFT}(t,\omega) &= \sqrt{\frac{\pi}{\left(\dfrac{1}{2\sigma^2} - \mathrm{j}\pi\mu\right)}} \exp\left(\left(\mathrm{j}2\pi(f_0 t + \frac{1}{2}\mu t^2)\right) + \frac{-4\pi^2\left(\omega/2\pi - f_0 - \mu t\right)^2}{4\left(\dfrac{1}{2\sigma^2} - \mathrm{j}\pi\mu\right)}\right) \\
&= \sqrt{\frac{\pi}{\left(\dfrac{1}{2\sigma^2} - \mathrm{j}\pi\mu\right)}} \exp\left(\left(\mathrm{j}2\pi(f_0 t + \frac{1}{2}\mu t^2)\right) - \frac{j\pi^3\mu\left(\omega/2\pi - f_0 - \mu t\right)}{\dfrac{1}{4\sigma^4} + \pi^2\mu^2}\right.\\
&\qquad \left. - \frac{\pi^2\left(\omega/2\pi - f_0 - \mu t\right)^2 \dfrac{1}{2\sigma^2}}{\dfrac{1}{4\sigma^4} + \pi^2\mu^2}\right)
\end{aligned}
\tag{3-28}
$$

则求式 (3-28) 的模平方可得信号的能量谱, 则

$$
\begin{aligned}
|\mathrm{STFT}(t,\omega)|^2 &= \left|\frac{\pi}{\left(\dfrac{1}{2\sigma^2} - \mathrm{j}\pi\mu\right)}\right| \exp\left(-\frac{\pi^2\left(\omega/2\pi - f_0 - \mu t\right)^2 \dfrac{1}{2\sigma^2}}{\dfrac{1}{4\sigma^4} + \pi^2\mu^2}\right)^2 \\
&= \left|\frac{\pi}{\left(\dfrac{1}{2\sigma^2} - \mathrm{j}\pi\mu\right)}\right| \exp\left(-\frac{\left(\omega/2\pi - f_0 - \mu t\right)^2}{\dfrac{\sigma^2}{\pi^2}\left(\dfrac{1}{4\sigma^4} + \pi^2\mu^2\right)}\right) \\
&= \left|\frac{\pi}{\left(\dfrac{1}{2\sigma^2} - \mathrm{j}\pi\mu\right)}\right| \exp\left(-\frac{\left(\omega/2\pi - f_0 - \mu t\right)^2}{2\left(\sqrt{\left(\dfrac{1}{8\pi^2\sigma^2} + \dfrac{\sigma^2\mu^2}{2}\right)}\right)^2}\right)
\end{aligned}
\tag{3-29}
$$

由式 (3-29) 可知, $|\mathrm{STFT}(t,\omega)|^2$ 是一个高斯型函数, 它关于 $\omega = 2\pi(f_0 + \mu t)$ 对称, 且在对称处达到最大值。由此可得 $|\mathrm{STFT}(t,f)|^2$ 的宽度即信号的时频聚集性由下式决定

$$
W_{\mathrm{STFT}} = \sqrt{\left(\frac{1}{8\pi^2\sigma^2} + \frac{\sigma^2\mu^2}{2}\right)}
\tag{3-30}
$$

而根据式 (3-22) 信号 $x(t)$ 的 α 阶 STFRFT 为

$$
\begin{aligned}
\mathrm{STFRFT}_\alpha(t,u) &= \sqrt{\frac{\pi}{A}} A_\alpha \exp\left(\mathrm{j}2\pi\left(f_0 t + \frac{1}{2}\mu t^2 \right) + \mathrm{j}\pi t^2 \cot\alpha \right. \\
&\quad \left. + \mathrm{j}\pi u^2 \cot\alpha - \mathrm{j}2\pi ut \csc\alpha + B^2/4A \right) \\
&= \sqrt{\frac{\pi(1 - \mathrm{j}\cot\alpha)}{\dfrac{1}{2\sigma^2} - \mathrm{j}\pi\mu - \mathrm{j}\pi\cot\alpha}} \exp\left(\mathrm{j}2\pi\left(f_0 t + \frac{1}{2}\mu t^2 \right) \right. \\
&\quad + \mathrm{j}\pi t^2 \cot\alpha + \mathrm{j}\pi u^2 \cot\alpha - \mathrm{j}2\pi ut \csc\alpha \\
&\quad - \frac{\mathrm{j}\pi^3 (f_0 + \mu t + t\cot\alpha - u\csc\alpha)^2 (\mu + \cot\alpha)}{\dfrac{1}{4\sigma^4} + \pi^2 (\mu + \cot\alpha)^2} \\
&\quad \left. - \frac{\dfrac{\pi^2}{2\sigma^2}(f_0 + \mu t + t\cot\alpha - u\csc\alpha)^2}{\dfrac{1}{4\sigma^4} + \pi^2(\mu + \cot\alpha)^2} \right)
\end{aligned}
\tag{3-31}
$$

由 FRFT 性质，得 $u = \omega\cos\alpha/2\pi$，代入式 (3-31)，得到 STFRFT 在时频域 (t,ω) 的表达式并求模平方可得信号的能量谱，为

$$
\begin{aligned}
|\mathrm{STFRFT}_\alpha(t,\omega)|^2 &= \left| \frac{\pi(1 - \mathrm{j}\cot\alpha)}{\dfrac{1}{2\sigma^2} - \mathrm{j}\pi\mu - \mathrm{j}\pi\cot\alpha} \right| \\
&\quad \cdot \exp\left(-\frac{\dfrac{\pi^2}{2\sigma^2}\left(\omega/2\pi - f_0 - \mu t - t\cot\alpha\right)^2}{\dfrac{1}{4\sigma^4} + \pi^2\left(\cot\alpha + \mu\right)^2} \right)^2 \\
&= \left| \frac{\pi(1 - \mathrm{j}\cot\alpha)}{\dfrac{1}{2\sigma^2} - \mathrm{j}\pi\mu - \mathrm{j}\pi\cot\alpha} \right| \\
&\quad \cdot \exp\left(-\frac{\left(\omega/2\pi - f_0 - \mu t - t\cot\alpha\right)^2}{2\left(\sqrt{\left(\dfrac{1}{8\sigma^2\pi^2} + \dfrac{\sigma^2}{2}\left(\cot\alpha + \mu\right)^2\right)}\right)^2} \right)
\end{aligned}
\tag{3-32}
$$

由式 (3-32) 可知，$|\mathrm{STFRFT}_\alpha(t,\omega)|^2$ 是高斯型函数，它关于 $\omega = 2\pi(f_0 + \mu t + t\cot\alpha)$

对称，且在对称处达到最大值。$|\text{STFRFT}_\alpha(t,\omega)|^2$ 的宽度即信号的时频聚集性由下式决定。

$$W_{\text{STFRFT}} = \sqrt{\frac{1}{8\pi^2\sigma^2} + \frac{\sigma^2}{2}(\cot\alpha + \mu)^2} \tag{3-33}$$

可以看出，在 α 为最优旋转角度时，根据参数估计公式 (2-13) 可得 $\mu = -\cot\alpha$，则式 (3-33) 可化简为

$$W_{\text{STFRFT}} = \sqrt{\frac{1}{8\pi^2\sigma^2}} \tag{3-34}$$

比较式 (3-30) 和式 (3-34) 得 $\sqrt{\left(\frac{1}{8\pi^2\sigma^2} + \frac{\sigma^2\mu^2}{2}\right)} \geqslant \sqrt{\frac{1}{8\pi^2\sigma^2}}$，且只有 $\mu = 0$ 时取等号，则可说明采用相同窗函数及窗长时，STFT 的时频聚集性不高于 STFRFT；主要是 STFT 中的 $\frac{\sigma^2\mu^2}{2}$ 引起两种算法时频聚集性的不同，且随着调频率 μ 的增加，STFT 时频聚集性减弱，而 STFRFT 的时频聚集性则不受调频率的影响。由此可得以 STFRFT 为基时频变换的 FRSST 算法比以 STFT 为基时频变换的 SST 算法具有更好的时频聚集性。

3.3.3 基于分数阶同步压缩变换的轮对轴承瞬时故障特征提取

1. 基于分数阶同步压缩变换的轮对轴承瞬时故障特征提取步骤

轮对轴承信号中同时存在着不同强弱、不同频率的振动信号。基于 FRSST，依次提取振动信号的瞬时故障频率，流程图如图 3-1 所示，具体步骤如下。

(1) 在 (α, u) 分数域平面上，对被测信号进行二维峰值搜索并根据公式 (2-12) 和公式 (2-13) 得到最强信号分量的位置 $(\hat{\alpha}_{01}, \hat{u}_{01})$ 及并根据式 (2-13) 得到其相对应的参数估计值 $\{\hat{a}_{01}, \hat{\varphi}_{01}, \hat{f}_{01}, \hat{\mu}_{01}\}$。

(2) 计算多分量信号 $x(t) = s(t) + w(t)$，其中 $s(t)$ 为多分量信号，$w(t)$ 为噪声部分，$\hat{\alpha}_{01}$ 旋转角度的 STFRFT 表示

$$X_{\text{STFRFT}}^{\hat{\alpha}_{01}}(u) = S_{\text{STFRFT}}^{\hat{\alpha}_{01}}(u) + W_{\text{STFRFT}}^{\hat{\alpha}_{01}}(u) \tag{3-35}$$

其中，$S_{\text{STFRFT}}^{\hat{\alpha}_{01}}(u)$ 和 $W_{\text{STFRFT}}^{\hat{\alpha}_{01}}(u)$ 分别为多分量信号和噪声信号的 STFRFT。此时能量最大的分量在其瞬时频率周围集中分布，而余下分量和噪声在该旋转角度下能量分布发散。

(3) 通过式 (3-26) 得同步压缩变换后的时频能量分布 FRSST，并利用峰值搜索得到信号的瞬时频率脊线。

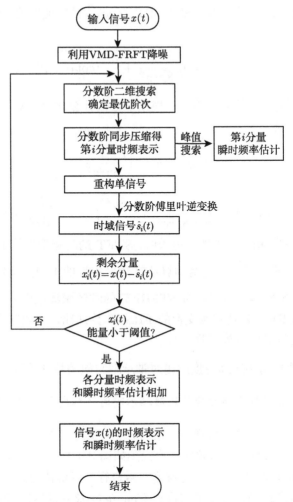

图 3-1　基于分数阶同步压缩变换的轮对轴承瞬时故障特征提取流程图

(4) 利用式 (3-27) 和分数阶傅里叶逆变换恢复该频率分量对应的时域信号 $s_i(t)$。

(5) 对余下的其他分量 $x'(t) = x(t) - s_i(t)$ 重复以上步骤，即可得到所有可检测信号分量的瞬时频率脊线和时域信号估计，直至剩余信号中所有的信号幅值均低于某一预定阈值。

2. 算法的评价指标

为了客观地分析算法的优势，在实验分析中主要引入 1 个时频聚集性指标和 1 个误差分析指标来表征算法的有效性：雷尼 (Renyi) 熵和瞬时故障频率估计误差。

(1) Renyi 熵准则

Renyi 熵可作为定量指标来评价时频算法的时频能量聚集性, Renyi 熵定义为

$$R_\beta = \frac{1}{1-\beta} \log_2 \int_{-\infty}^{\infty} \int_{-\infty}^{\infty} TF^\beta(t,\omega) \mathrm{d}t \mathrm{d}\omega \tag{3-36}$$

其中, $TF(t,\omega)$ 表示时频分布, $\beta = 3$。Renyi 熵越大, 表示时频能量聚集性越差, 也可表述为算法的时频分辨率越低。

(2) 瞬时故障频率估计误差

设真实瞬时频率为 $f(t)$, 瞬时故障频率估计值为 $\hat{f}(t)$, 利用两者之间的平均绝对误差 (如式 (3-37) 所示) 表征瞬时故障频率估计误差

$$\sigma = \frac{1}{m} \sum_{i=1}^{m} \left| \hat{f}(i) - f(i) \right| \tag{3-37}$$

其中, m 为采样点数。

3.4 仿真及实验验证

3.4.1 仿真信号验证

为验证变转速工况下 FRSST 提取瞬时故障频率的有效性, 基于含故障的轮对轴承振动信号的特点, 构造了该振动信号的数学模型。在轮对轴承运行过程中, 由故障引起的冲击响应会不断地激发轮对系统的共振, 冲击响应幅值会迅速衰减, 表现出调幅的特点。且在共振周期内, 前一段时间信号的瞬时故障频率与共振频率近似, 但随着共振的减弱, 瞬时故障频率接近零, 频率呈周期变化, 呈现出调频的特征。由此可见, 振动信号可看成以故障频率为调制频率, 以由故障引起的高频共振频率为载波频率的调幅信号, 生成故障轴承仿真信号为

$$x(t) = \sum_{i=1}^{I} A_i \exp(-\beta(t-t_i)) \sin(\omega(t-t_i)) u(t-t_i) \tag{3-38}$$

其中, A_i 为第 i 个冲击振幅, $A_i = 1 + \lambda t_i$; I 为冲击的数量; ω 是阻尼系数; β 是衰减系数; $u(t)$ 是单位阶跃函数; t_i 是第 i 个冲击出现时间, 公式为

$$\begin{cases} t_0 = 0 \\ t_1 = (1+\tau)/(f(t_0)) \\ t_i = (1+\tau)[1/f(t_0) + 1/f(t_1) + \cdots + 1/f(t_{i-1})], \quad i = 2, 3, \cdots, I \end{cases} \tag{3-39}$$

其中，τ 为每个冲击时间出现的误差；$f = \delta f_{\mathrm{r}}$ 为瞬时故障特征频率，δ 为故障系数，f_{r} 代表瞬时转频。仿真信号的各个参数如表 3-1 所示。

表 3-1　仿真参数

参数	数值
λ	0.5
β	700
ω	$3000 \times 2\pi$
δ	7.8
τ	0.01
信号时长/s	2
采样频率/Hz	20000

1. 分数阶同步压缩变换具有较强的时频分辨率和较高的瞬时故障频率估计精度

在本节中以匀加速信号为例说明 FRSST 算法的有效性，设瞬时转速为 $f_{\mathrm{r}} = 4t + 15$，得到的仿真振动信号如图 3-2 所示。

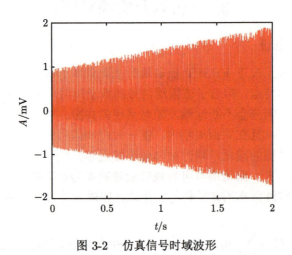

图 3-2　仿真信号时域波形

为了说明 FRSST 算法的有效性，在本节中分别利用 SST、参数化同步压缩变换 (parametric synchrosqueezing transform, PSST) 和 FRSST 对仿真信号进行时频分析，窗长参数取 0.1 (若文中不做特殊说明，取值不变)，三种方法得到的时频分布如图 3-3 所示，利用峰值搜索得到的 IFF 估计值和 IFF 真实值对比曲线如图 3-4 所示。通过图 3-4(b) 可知，FRSST 的 IFF 估计值围绕真实值上下波动，而基于 SST 和 PSST 的 IFF 估计值都小于真值且误差较大。并利用 3.3.3

节 2. 中的瞬时故障频率估计和 Renyi 熵为指标，定量分析 FRSST 算法的时频聚集性和瞬时频率精度，结果如表 3-2 所示。由表 3-2 的对比结果可得 SST 算法和 PSST 算法的 Renyi 熵和 IFF 估计误差都高于 FRSST 算法的，因此可知 FRSST 算法不仅提高了 IFF 的估计精度，还未降低信号时频分布的能量聚集性。

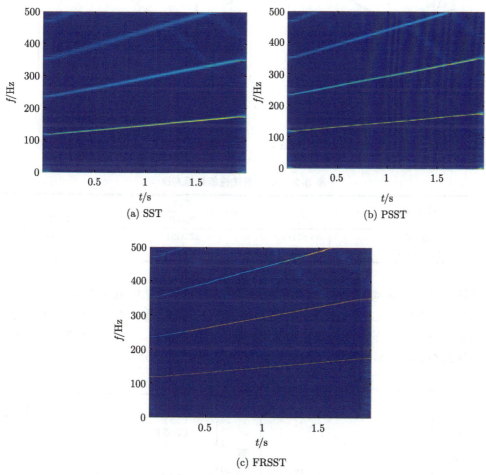

(a) SST

(b) PSST

(c) FRSST

图 3-3　匀变速仿真信号时频图

　　为进一步阐述 FRSST 算法适用于具有不同调频率 (加速度) 的匀变转速信号，令调频率以 2 为步长在 −20 ～ 30 变化范围内增加，得到 IFF 估计误差和 Renyi 熵随调频率的变化曲线，如图 3-5 所示。如图 3-5(a) 所示，调频率的绝对值越大，基于 SST 和 PSST 算法的 IFF 估计误差就越大，而基于 FRSST 算法的 IFF 估计误差变化不大且都小于这两种算法的值。该实验结果与 3.3.2 节 1. 中的理论分析结果一致。如图 3-5(b) 所示，调频率的绝对值越大，基于 SST 和 PSST

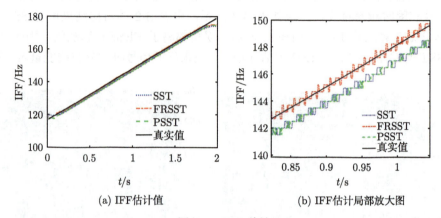

(a) IFF 估计值　　　　　　　　　　　　　(b) IFF 估计局部放大图

图 3-4　IFF 估计

表 3-2　不同算法性能指标对比

性能指标	算法		
	SST	PSST	FRSST
Renyi 熵	18.2311	17.3291	16.8096
IFF 估计误差/Hz	1.2565	1.0520	0.3827

算法的 Renyi 熵越大，时频聚集性越差，而 FRSST 算法的 Renyi 熵变化较小且都小于 SST 和 PSST 的结果，也就是说 FRSST 的时频聚集性高于这两种算法。这是因为 STFT 的时频聚集性随着调频率的增加而减弱，而 STFRFT 的时频聚集性则不受调频率的约束，这样与 3.3.2 节 2. 中的理论分析结果一致。

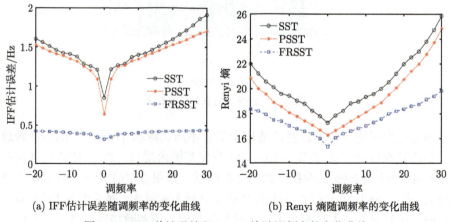

(a) IFF估计误差随调频率的变化曲线　　　(b) Renyi 熵随调频率的变化曲线

图 3-5　IFF 估计误差和 Renyi 熵随调频率的变化曲线

2. 分数阶同步压缩变换算法具有较强的噪声鲁棒性

为验证算法的噪声鲁棒性，对式 (3-38) 中的信号增加不同信噪比噪声，得到的噪声信号如下式所示

$$x_1(t) = x(t) + n(t) \tag{3-40}$$

其中，$x(t)$ 如式 (3-38) 所示且 $f_r = 4t + 15$，$n(t)$ 为高斯白噪声。仿真信号中加入的信噪比为 SNR $= -2$dB，得到的仿真信号如图 3-6 所示。基于 SST、PSST 和 FRSST 算法的时频能量分布如图 3-7 所示，IFF 估计曲线如图 3-8 所示。从图 3-7(a) 可知，IFF 的 2 倍频和 3 倍频都淹没在噪声中很难分辨出来；而图 3-7(b) 中受噪声的影响较小，但 3 倍频处也存在较大的噪声。而由图 3-7(c) 可见，FRSST 算法中 3 个倍频都能较好地识别出来，受噪声的影响较小。由图 3-8 可见 SST 和 PSST 算法中受噪声的影响较大，曲线中存在大量的冲击，而 FRSST 算法不仅提高了瞬时频率的估计精度，而且由于分数阶傅里叶变换的优势，使算法具有更好的抗噪性，因此图 3-8 中 FRSST 的瞬时频率估计曲线更加平滑。为了说明 FRSST 算法的抗噪性能，使信噪比以 1 dB 的步长在 $[-2, 10]$ (dB) 范围内增加形成不同的含噪信号并对其仿真，得到不同算法下 IFF 估计误差随信噪比变化的曲线，如图 3-9 所示。

如图 3-9 所示，随着信噪比的增加，FRSST 算法的 IFF 估计误差变化不大且都小于 SST 和 PSST 的值，由此可见 FRSST 算法的噪声鲁棒性较好。这是由于 SST 和 PSST 都是基于 STFT 得到的，而 STFT 算法本身抗噪性较差；而 FRSST 算法中使用 STFRFT 代替 STFT，充分利用了 STFRFT 的抗噪性，从而提高了算法的噪声鲁棒性。

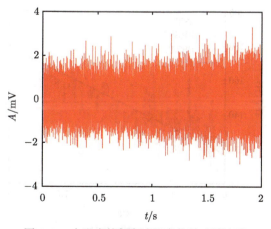

图 3-6　含噪声的匀变速仿真信号时域波形

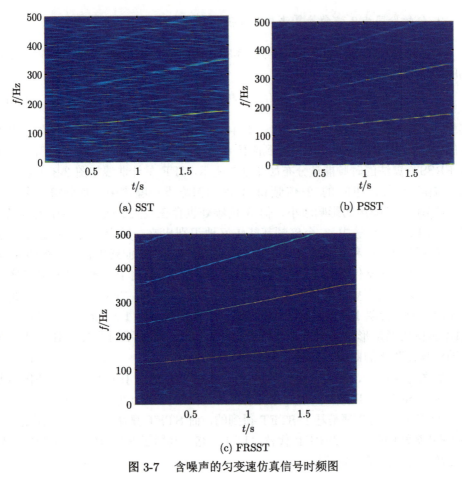

(a) SST

(b) PSST

(c) FRSST

图 3-7　含噪声的匀变速仿真信号时频图

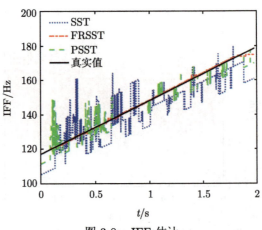

图 3-8　IFF 估计

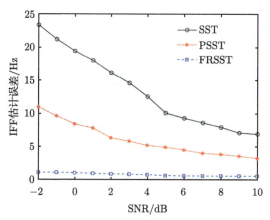

图 3-9　IFF 估计误差随信噪比变化曲线

3.4.2 实测信号验证

1. 含内圈故障的铁路货车轮对轴承瞬时故障特征频率提取

在本节中，我们将 FRSST 方法应用到实际铁路货车轮对轴承振动信号中，验证该方法的实用性和有效性。采用的实验装置如图 2-15 所示，轮对轴承参数如表 2-2 所示。在本节中通过对匀减速工况下轮对轴承含内圈故障的振动信号进行处理检测，验证 FRSST 方法的时频聚集性与 IFF 提取精度，本节中都是对利用 VMD-FRFT 算法降噪重构后的信号进行 FRSST 处理运算的。

实验中采样频率为 25600Hz，仿真时长为 4s。轮对轴承的振动信号时域波形如图 3-10 所示，IFF 实际值如图 3-11 所示。若 IFF 及其 2、3 倍频处的幅值较为突出，即可判断轴承出现故障。通过 SST、PSST 和 FRSST 算法得到时频图如图 3-12 所示。

通过图 3-12 对比可知，FRSST 算法相比 SST 算法和 PSST 算法不仅具有更好的时频聚集性，而且还能很好地提取出大于 3 的多倍故障频率。为进一步说明 FRSST 算法的 IFF 估计精度，基于峰值搜索算法得到的 IFF 估计值如图 3-13 所示。由图 3-13 所知，FRSST 的 IFF 估计精度更高，且振荡幅值更小，可见 FRSST 算法具有更好的抗噪性。为了对 3 种算法的实验结果进行定量对比分析，计算 Renyi 熵和 IFF 估计误差如表 3-3 所示。对表 3-3 分析可知，FRSST 算法的 Renyi 熵最小，因此基于 FRSST 算法的时频聚集性最高；FRSST 算法的 IFF 估计误差最小，比 PSST 算法降低 0.8930Hz，比 SST 算法降低 1.100Hz。综上所述，FRSST 算法不仅具有较高的时频聚集性和噪声鲁棒性，且对 IFF 的估计精度较高。

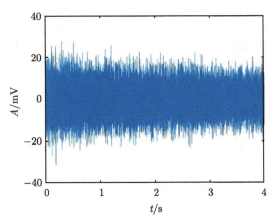

图 3-10　匀减速轮对轴承振动信号时域波形

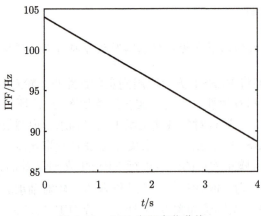

图 3-11　IFF 实际变化曲线

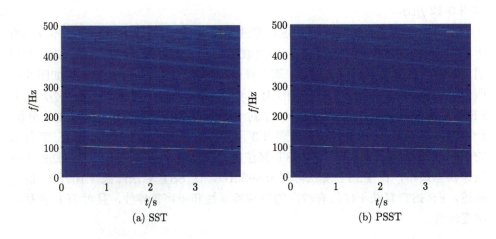

(a) SST　　　　　　　　　　　　　　(b) PSST

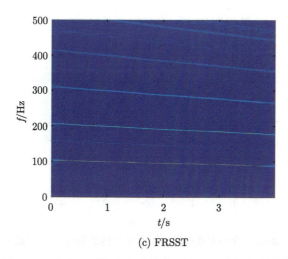

(c) FRSST

图 3-12　含内圈故障的匀减速轮对轴承振动信号时频图

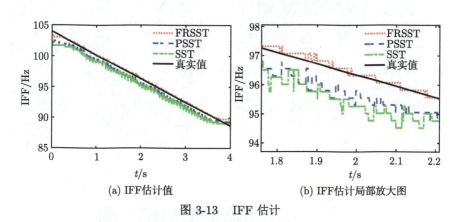

(a) IFF估计值　　　　　　　　　　　　　(b) IFF估计局部放大图

图 3-13　IFF 估计

表 3-3　不同算法性能指标对比

性能指标	算法		
	SST	PSST	FRSST
Renyi 熵	20.8148	19.3427	17.0745
IFF 估计误差/Hz	1.8547	1.6478	0.7548

2. 含外圈故障的铁路货车轮对轴承瞬时故障特征频率提取

在本节中，利用匀加速工况下含外圈故障的货车轮对轴承振动信号验证该方法的实用性和有效性。实验中采样频率为 25600Hz，采样时间为 5s。时域波形如图 3-14 所示，通过 SST、PSST 和 FRSST 算法得到时频图，如图 3-15 所示。通过图 3-15 可知，FRSST 算法相比 SST 算法和 PSST 算法不仅具有更好的

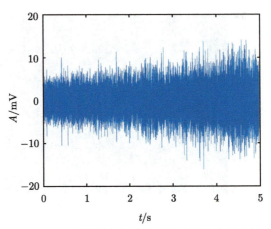

图 3-14　含外圈故障的匀加速轮对轴承振动信号时域波形

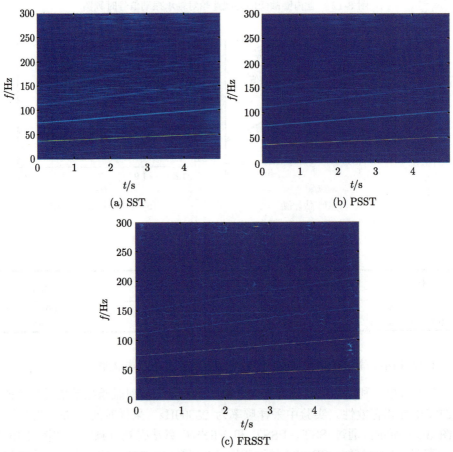

(a) SST

(b) PSST

(c) FRSST

图 3-15　含外圈故障的匀加速货车轮对轴承振动信号时频图

时频聚集性，而且还能很好地提取出大于 3 的多倍故障频率；对比图 3-15(a) 和 (b) 可以看出 PSST 算法相对 SST 算法提高了信号的时频聚集性，但是在 PSST 算法的时频图中，也存在较多的噪声，可见 PSST 算法对噪声也没有很好的抑制作用。为对比说明 3 种算法 IFF 估计精度，利用峰值搜索得到其 IFF 估计值如图 3-16 所示。

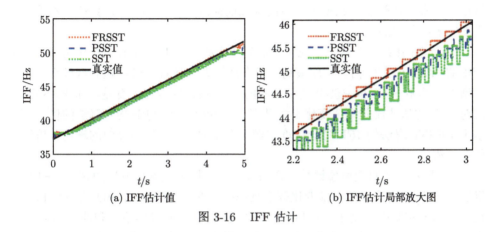

(a) IFF估计值   (b) IFF估计局部放大图

图 3-16　IFF 估计

由图 3-16 所知，FRSST 的 IFF 估计精度更高，且波动振幅更小，可见 FRSST 算法具有更好的抗噪性能；PSST 算法相比 SST 算法虽然提高了 IFF 的估计精度，但是 IFF 估计曲线毛刺还是较大，抗噪性并未得到较好的改善。对 3 种算法性能进行定量分析，Renyi 熵和 IFF 估计误差如表 3-4 所示。通过表 3-4 对比可知，FRSST 对 IFF 估计误差最小且时频聚集性最高。

表 3-4　不同算法性能指标对比

性能指标	算法		
	SST	PSST	FRSST
Renyi 熵	20.4125	19.2217	17.0125
IFF 估计误差/Hz	1.7885	1.5457	0.6639

3.5　本 章 小 结

考虑匀变转速工况下货车轮对轴承振动信号的多分量、线性调频和强噪声的特点，结合 STFRFT 和 SST 两种时频算法的优点，提出一种 FRSST 时频分析算法。首先给出了 FRSST 算法的理论推导和主要性质；其次针对轴承振动信号多分量的特点，给出 FRSST 的主要步骤和算法定量评价指标；最后通过不同调频率、不同信噪比的线性调频仿真信号、铁路货车轮对轴承实测振动信号，对 FRSST 算法与 SST 和 PSST 时频分析算法进行对比验证，并得到如下结论。

(1) 提高时频分布能量聚集性。FRSST 算法在仿真信号与实测信号验证中，与 SST 算法和 PSST 算法的时频分布对比可知，时频能量分布聚集性都得到了较大的提高。在仿真信号中调频率绝对值越大，SST 算法和 PSST 算法的 Renyi 熵越大，因此其时频聚集性越差。而 FRSST 算法的 Renyi 熵随着调频率绝对值的增加不仅变化幅值不大且都小于 SST 算法和 PSST 算法的值，这也是由于 STFT 算法时频聚集性随着调频率绝对值的增加而减弱，但 STFRFT 算法的不受调频率的影响所导致的。

(2) 提高 IFF 估计精度。在仿真信号和实测信号 IFF 估计分析中可知，基于 FRSST 算法的 IFF 估计精度最高。且在线性调频仿真信号中随着调频率绝对值的增加，基于 SST 和 PSST 两种算法的 IFF 估计精度逐渐变差，而 FRSST 算法对 IFF 的估计误差幅值变化不大且都小于 SST 算法和 PSST 算法的值，可见基于 FRSST 算法的 IFF 估计精度与调频率无关，该结果与文中的理论分析结果保持一致。

(3) 具有较强的噪声鲁棒性。在仿真信号应用中随着信噪比的减小，FRSST 算法对 IFF 的估计误差不仅变化较小且都小于 SST 算法和 PSST 算法的值。而在实测信号实验中，基于 FRSST 算法的 IFF 估计曲线中毛刺和冲击幅值更小，受噪声的影响更小。由此说明 FRSST 算法具有较强的抗噪性能，更适用于实际工程应用。这也是由 FRSST 算法中使用 STFRFT 代替 STFT，充分利用 STFRFT 的抗噪性所决定的。

第 4 章　转速波动工况下的瞬时故障特征提取

4.1　引　　言

在工程实际中，铁路货车行驶过程中转速通常会在一定范围内上下波动，这也就给铁路货车轮对轴承故障特征提取和故障诊断的方法带来更高要求。第 3 章针对匀变速工况下铁路货车轮对轴承瞬时故障特征提取问题，提出了 FRSST 算法，该算法不仅提高了瞬时故障频率的估计精度并且具有较强的噪声鲁棒性，但其预先假设轮对轴承在每个固定较小窗函数下转速近似匀变速，因此在处理转速波动且变化较快工况下的振动信号时瞬时故障频率估计精度低、时频聚集性差。为解决此问题，受自适应短时傅里叶变换算法的启发，并利用信号的局部特征，提出了一种自适应窗长分数阶同步压缩变换 (adaptive window length fractional synchrosqueezing transform, AWLFRSST) 算法，可以有效处理强噪声背景下的强时变信号，从而实现转速波动工况下铁路货车轮对轴承瞬时故障特征的高精度提取。

基于短时傅里叶变换的自适应窗长同步压缩变换 (adaptive window length synchrosqueezing transform, AWLSST) 是同步压缩变换的广义算法，不仅可提高 SST 算法的时频聚集性，而且可以减少 SST 算法提取非平稳信号时瞬时故障频率估计的误差。近年来，AWLSST 及其改进算法也得到越来越多学者的关注。但 AWLSST 算法只是对 SST 算法做了简单的改进，未从本质上解决 SST 算法的缺点，一方面，AWLSST 算法中依旧假设在较小窗函数下信号呈纯谐波信号，这必将带来快速变化信号瞬时故障频率的估计误差；另一方面，算法的抗噪性能并未得到有效提升。

综上所述，本章针对 AWLSST 和 FRSST 算法的优点及各自存在的不足，提出一种 AWLFRSST 算法，并重点对以下两个方面的内容进行研究分析：首先如何将自适应窗长函数引入到 FRSST 中，给出 AWLFRSST 算法的理论推导和计算步骤；其次是如何根据信号变化的局部特点完成最优时变窗长函数估计，从而在处理转速波动工况下的振动信号时，提高 FRSST 算法的时频能量分布聚集性和减少瞬时故障频率的估计误差。

4.2　基于自适应窗长分数阶同步压缩变换的轮对轴承瞬时故障特征提取

4.2.1　自适应窗长分数阶同步压缩变换基本原理

已知标准的高斯窗函数为 $g(t) = \exp\left(-\dfrac{t^2}{2\sigma^2}\right)$，则时变的高斯窗函数定义为 $g_\sigma(t) = \exp\left(-\dfrac{t^2}{2\sigma^2(t)}\right)$ $(\sigma(t) > 0)$。则对于线性调频信号 $x(t) = \exp\left(\mathrm{j}2\pi\left(f_0 t + \dfrac{1}{2}\mu t^2\right)\right)$ 的自适应窗长短时分数阶傅里叶变换定义为

$$
\begin{aligned}
\mathrm{STFRFT}_\alpha&(t, u, \sigma(t)) \\
&= A_\alpha \int_{-\infty}^{+\infty} \left[\exp\left(\mathrm{j}2\pi\left(f_0(t+\tau) + \frac{1}{2}\mu(t+\tau)^2\right)\right) \cdot \exp\left(-\frac{\tau^2}{2\sigma^2(t)}\right) \right. \\
&\quad \left. \cdot \exp(\mathrm{j}\pi((\tau+t)^2 \cot\alpha + u^2 \cot\alpha - 2u(\tau+t)\csc\alpha))\mathrm{d}\tau \right] \\
&= A_\alpha \exp\left(\mathrm{j}2\pi\left(f_0 t + \frac{1}{2}\mu t^2\right) + \mathrm{j}\pi t^2 \cot\alpha + \mathrm{j}\pi u^2 \cot\alpha - \mathrm{j}2\pi u t \csc\alpha\right) \\
&\quad \cdot \int_{-\infty}^{+\infty} \exp(-(B\tau + A\tau^2))\mathrm{d}\tau
\end{aligned}
\tag{4-1}
$$

其中

$$
B = -(\mathrm{j}2\pi f_0 + \mathrm{j}2\pi\mu t + \mathrm{j}2\pi t \cot\alpha - \mathrm{j}2\pi u \csc\alpha), \quad A = -\left(\mathrm{j}\pi\mu + \mathrm{j}\pi\cot\alpha - \frac{1}{2\sigma^2(t)}\right)
$$

根据积分公式 (3-16)，式 (4-1) 可化简为

$$
\begin{aligned}
\mathrm{STFRFT}_\alpha(t, u, \sigma(t)) &= A_\alpha \exp\left(\mathrm{j}2\pi\left(f_0 t + \frac{1}{2}\mu t^2\right) + \mathrm{j}\pi t^2 \cot\alpha \right. \\
&\quad \left. + \mathrm{j}\pi u^2 \cot\alpha - \mathrm{j}2\pi u t \csc\alpha\right) \cdot \sqrt{\frac{\pi}{A}} \cdot \exp(B^2/4A) \\
&= \sqrt{\frac{\pi}{A}} A_\alpha \exp\left(\mathrm{j}2\pi\left(f_0 t + \frac{1}{2}\mu t^2\right) + \mathrm{j}\pi t^2 \cot\alpha \right. \\
&\quad \left. + \mathrm{j}\pi u^2 \cot\alpha - \mathrm{j}2\pi u t \csc\alpha + B^2/4A\right)
\end{aligned}
\tag{4-2}
$$

与固定窗长的 FRSST 算法基本原理相似，为提高自适应窗长短时分数阶傅里叶变换结果的能量分布聚集性，估计每个点的瞬时频率。根据 $\mu = -\cot\alpha$，分别在式 (4-2) 两端对 t 求导得

$$\partial_t \text{STFRFT}_\alpha(t, u, \sigma(t)) = \text{STFRFT}_\alpha(t, u, \sigma(t))$$
$$\cdot \left(\frac{\sigma'(t)}{\sigma(t)} + \text{j}2\pi(f_0 + \mu t) + \text{j}2\pi t \cot\alpha - \text{j}2\pi u \csc\alpha \right) \quad (4\text{-}3)$$

自适应窗长短时分数阶傅里叶变换在时频域 (t, ω) 的瞬时频率表达式为

$$f(t, \omega, \sigma(t)) = f_0 + \mu t = -\text{j}\frac{\left(\dfrac{\partial_t \text{STFRFT}_\alpha(t, \omega, \sigma(t))}{\text{STFRFT}_\alpha(t, \omega, \sigma(t))} - \dfrac{\sigma'(t)}{\sigma(t)} \right)}{2\pi} - t \cot\alpha + \frac{\omega \cot\alpha}{2\pi}$$
$$(4\text{-}4)$$

则 AWLFRSST 可表示为

$$\text{AWLFRSST}_x(t, \eta, \sigma(t)) = \int_{-\infty}^{\infty} \text{STFRFT}_\alpha(t, \omega, \sigma(t)) \delta(\eta - f(t, \omega, \sigma(t))) \text{d}\omega$$
$$(4\text{-}5)$$

AWLFRSST 算法也能实现信号的重建，公式为

$$X(t) = \sigma(t) \cdot (2\pi g(0))^{-1} \cdot \int_{\{\eta, |\eta - \phi_k < d_s\}|} \text{AWLFRSST}_x(t, \eta, \sigma(t)) \text{d}\eta \quad (4\text{-}6)$$

其中，ϕ_k 为瞬时频率估计，d_s 为积分区间。

4.2.2 最优时变窗长估计

在 4.2.1 节提出了 AWLFRSST 的基础理论，而算法中如何获得时变窗长是算法的核心问题。根据式 (3-36) 的 Renyi 熵准则，本节通过对局部 Renyi 熵的值进行比较，完成时变窗长估计。对于信号 $x(t)$，时频分布为 $\text{TF}(t, \omega, \sigma(t))$，在时刻 t_i 的邻域内，局部 Renyi 熵定义为

$$R_{\beta, \xi}(t_i) = \frac{1}{1 - \beta} \log_2 \frac{\displaystyle\int_0^\infty \int_{t_i - \xi}^{t_i + \xi} |\text{TF}(t, \omega)|^{2\beta} \text{d}t\text{d}\omega}{\left(\displaystyle\int_0^\infty \int_{t_i - \xi}^{t_i + \xi} |\text{TF}(t, \omega)|^2 \text{d}t\text{d}\omega \right)^\beta} \quad (4\text{-}7)$$

其中，β 通常大于 2，在此取 $\beta = 3$；$\xi > 0$，其表示计算局部 Renyi 熵的持续时间，取 $\xi = 0.1$。在每个时刻 t_i，窗长参数在 $(0, 1)$ 区间内连续取值 $\{\sigma_m, m = 1, 2, \cdots, N\}$

且 $1 > \sigma_1 > \sigma_2 > \cdots > \sigma_N > 0$，$N$ 表示窗长参数取值的个数，$\Delta\sigma = \sigma_{m-1} - \sigma_m$ 表示采样步长。通过对比各个 σ_m 下局部 Renyi 熵来估计 t_i 时刻的最优窗长参数，即

$$\sigma_{t_i} = \underset{\sigma_m}{\arg\min} \{R_{\beta,\xi}(t_i, \sigma_m),\ m = 1, 2, \cdots, N\} \tag{4-8}$$

其中，σ_{t_i} 表示在 t_i 时刻的最优窗长，σ_m 表示遍历寻优时窗长大小的取值。

通过以上讨论，可知最优时变窗长函数 $\sigma(t)$ 的估计算法流程图如图 4-1 所示，实现步骤如下：

(1) 输入待分析信号 $x(t)$，采样时长为 T。初始化参数 $i=1$，在 t_i 时刻，根据公式 (4-7)，遍历窗长 σ，得到 Renyi 熵值集合 $\{R_{\beta,\xi}(t_i, \sigma_m), m = 1, 2, \cdots, N\}$；

(2) 根据公式 (4-8) 选取最小 Renyi 熵值对应的 σ_m 作为 t_i 时刻的最优窗长参数 σ_{t_i}；

(3) 重复步骤 (1) 和步骤 (2)，遍历计算所有时刻的最优窗长；

(4) 利用 5 次函数平滑拟合各个时刻的最优窗长参数，最终得到信号 $x(t)$ 对应下的最优窗长时变函数 $\sigma(t)$。

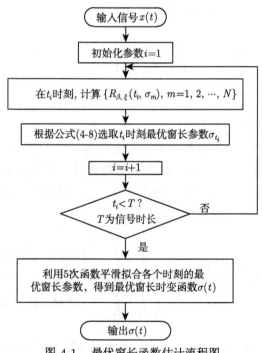

图 4-1　最优窗长函数估计流程图

4.3 仿真及实验验证

4.3.1 仿真信号验证

1. AWLFRSST 具有较强的时频分辨率和较高的瞬时故障频率估计精度

为了说明 AWLFRSST 算法对于转速波动下的振动信号具有较强的改善效果。在本节中选取的仿真信号如式 (3-38) 所示，仿真参数如表 3-1 所示。为模拟铁路货车行驶过程中转速波动的运行工况，选取瞬时转频为分段函数如下所示

$$f_{\mathrm{r}} = \begin{cases} 3t+5, & 0 \leqslant t < 0.5 \\ -2t+7.5, & 0.5 \leqslant t < 1 \\ 5t+0.5, & 1 \leqslant t < 1.5 \\ 8, & 1.5 \leqslant t < 2 \end{cases} \tag{4-9}$$

此转速波动下振动信号时域图如图 4-2 所示，利用 AWLFRSST、FRSST 和多重同步压缩变换 (multisynchrosqueezing transform, MSST) 分别对信号进行处理，得到时频分布如图 4-3 所示，然后对时频图进行峰值搜索得到振动信号的 IFF 估计，与 IFF 真实值对比曲线如图 4-4 所示。三种方法的 Renyi 熵和 IFF 估计误差定量对比结果如表 4-1 所示。

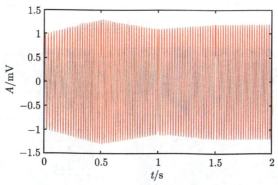

图 4-2　转速波动下仿真信号时域波形

通过图 4-3 可知，MSST 算法在第 3 倍频的提取中出现了时频模糊，而 FRSST 算法和 AWLFRSST 算法都能较为清晰地提取出 3 种倍频，但 FRSST 算法较 AWLFRSST 算法的时频分布能量较为发散。而通过图 4-4 可知 AWLFRSST 的 IFF 估计值在真实值附近浮动，而 MSST 算法和 FRSST 算法在转速波动处出现较大的误差，已经不能很好地对真实 IFF 进行拟合。但在转速波动拐点处，虽然 MSST 和 FRSST 的估计误差相当，但是在匀加速和匀减速运行工况下，FRSST

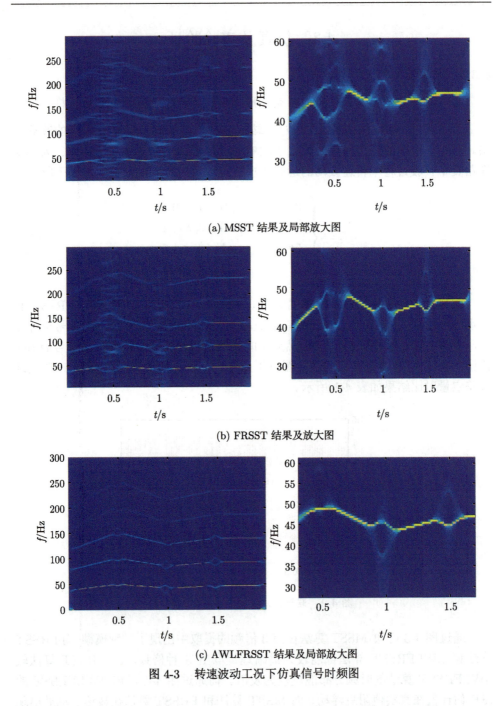

(a) MSST 结果及局部放大图

(b) FRSST 结果及放大图

(c) AWLFRSST 结果及局部放大图

图 4-3　转速波动工况下仿真信号时频图

算法的 IFF 估计精度明显优于 MSST 算法，与 AWLFRSST 算法精度相当，这也是由于 FRSST 算法中利用短时分数阶傅里叶变换代替短时傅里叶变换提升了算法的精度，与第 3 章的理论分析和实验结果一致。由表 4-1 定量对比可知 MSST 算法和 FRSST 算法的 Renyi 熵和 IFF 估计误差都高于 AWLFRSST 算法，AWLFRSST 算法相比 MSST 算法和 FRSST 算法的 IFF 估计误差分别减少了 1.3443Hz 和 0.5202Hz，而 Renyi 熵分别减少了 9.609% 和 2.766%，由此可见 AWLFRSST 算法中自适应窗长函数的引进对处理转速波动工况下的振动信号，一方面提高了信号时频能量分布的聚集性，另一方面提高了 IFF 的估计精度。

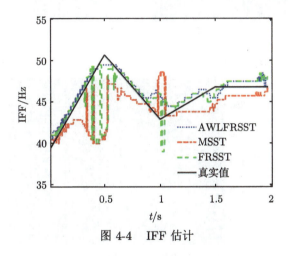

图 4-4　IFF 估计

表 4-1　不同算法性能指标对比

性能指标	算法		
	MSST	FRSST	AWLFRSST
Renyi 熵	19.4142	18.0478	17.5486
IFF 估计误差/Hz	2.1047	1.2806	0.7604

2. AWLFRSST 算法具有较强的噪声鲁棒性

为验证 AWLFRSST 算法的噪声鲁棒性，对式 (3-38) 中的信号增加不同信噪比噪声，得到的噪声信号如下式所示

$$x_2(t) = x(t) + n(t) \tag{4-10}$$

其中，$x(t)$ 如式 (3-38)，其中转速如式 (4-9) 所示，$n(t)$ 为高斯白噪声。把信噪比为 SNR $= -5$dB 的高斯白噪声加入到仿真信号中，基于 AWLFRSST、FRSST 和 MSST 算法得到的时频分布如图 4-5 所示，IFF 估计曲线如图 4-6 所示。

从图 4-5(a) 可知，瞬时频率的 3 倍频淹没在噪声中很难分辨出来；而图 4-5(b) 和 (c) 中，瞬时频率的 2 倍频和 3 倍频都能较好地识别出来，受噪声的影响较小。从图 4-6 也可以看出 MSST 算法受噪声的影响较大，曲线中存在大量的冲击。而

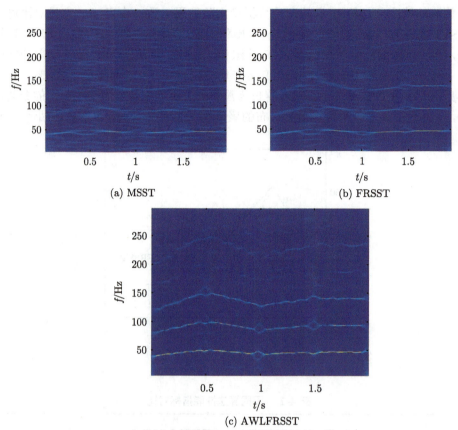

(a) MSST

(b) FRSST

(c) AWLFRSST

图 4-5 含噪声的转速波动下仿真信号时频图

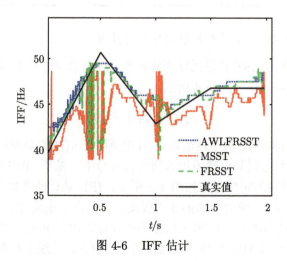

图 4-6 IFF 估计

基于 FRSST 算法和 AWLFRSST 算法的瞬时频率估计曲线较为平滑, 由此可见这两种算法都具有较强的抗噪性能, 但由于转速波动中拐点的存在, 所以 FRSST 的 IFF 估计精度低于 AWLFRSST 算法。为说明 AWLFRSST 算法的抗噪性能, 使信噪比以 1dB 的步长在 [−8, 5] (dB) 范围内增加形成不同的含噪信号并对其仿真, 得到 Renyi 熵和 IFF 估计误差与信噪比的关系曲线, 如图 4-7 所示。

如图 4-7(a) 所示, 随着信噪比的减小, AWLFRSST 算法的 IFF 估计精度变化不大且都高于 FRSST 算法和 MSST 算法的估计结果; 而通过图 4-7(b) 可知, AWLFRSST 算法不仅使信号时频分布的 Renyi 熵都小于 FRSST 算法和 MSST 算法, 而且随着信噪比的减小, AWLFRSST 算法的 Renyi 熵的变化不大, 由此可见 AWLFRSST 算法具有较强的抗噪性能, 较适用于微弱故障特征频率提取。

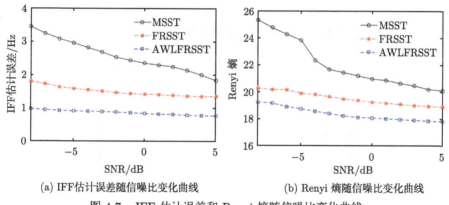

(a) IFF估计误差随信噪比变化曲线   (b) Renyi 熵随信噪比变化曲线

图 4-7   IFF 估计误差和 Renyi 熵随信噪比变化曲线

4.3.2 实测信号验证

1. 转速波动工况下含内圈故障的货车轮对轴承瞬时故障特征提取

对转速波动工况下铁路货车轮对轴承内圈故障信号进行分析, 实验装置如图 2-15 所示, 采样频率为 25600Hz, 采样时间为 6s, 其振动信号时域图如图 4-8 所示, IFF 实际变化曲线如图 4-9 所示, 基于 AWLFRSST、FRSST 和 MSST 算法的时频能量分布如图 4-10 所示, 该时频分布的 Renyi 熵如表 4-2 所示, 利用峰值搜索得到的 IFF 估计值如图 4-11 所示, 对应的 IFF 估计误差如表 4-2 所示。

从图 4-10 对比可知, 在转速波动拐点处基于 MSST 算法和 FRSST 算法的时频分布图中都出现了较大的波动, 而 AWLFRSST 算法中自适应窗长函数的选择使得 AWLFRSST 算法在该处也能较好地拟合振动信号的时频变化。且通过图 4-11 可见基于 AWLFRSST 算法的 IFF 估计曲线更接近真实值且毛刺幅值更

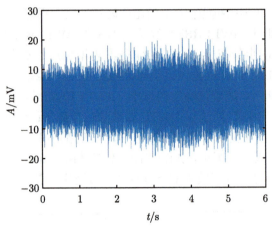

图 4-8　转速波动下轮对轴承振动信号时域波形

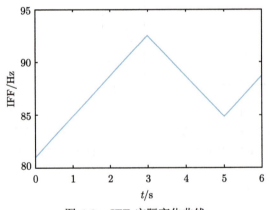

图 4-9　IFF 实际变化曲线

小，具有更好的抗噪性，而 MSST 和 FRSST 算法在转速变化拐点处 IFF 估计误差较大，这是因为窗长固定不变，不能根据信号进行自适应变化导致的结果，而在转速呈线性变化范围内，FRSST 算法的 IFF 估计误差明显小于 MSST 算法且 FRSST 算法的抗噪性能也优于 MSST 算法，这也是由于 FRSST 算法中使用 STFRFT 算法代替 STFT 算法，充分利用了 STFRFT 算法的抗噪性，从而提高了算法的噪声鲁棒性。而从表 4-2 的性能指标定量比较结果中也可以看出，AWLFRSST 算法的 Renyi 熵最小，具有较高的时频聚集性；AWLFRSST 算法的 IFF 估计误差最小，比 MSST 算法减少了 1.1529Hz，比 FRSST 算法减少了 0.2930Hz。由此可见，AWLFRSST 算法提高了转速波动工况下的振动信号的时频分布能量的聚集性和 IFF 的估计精度。

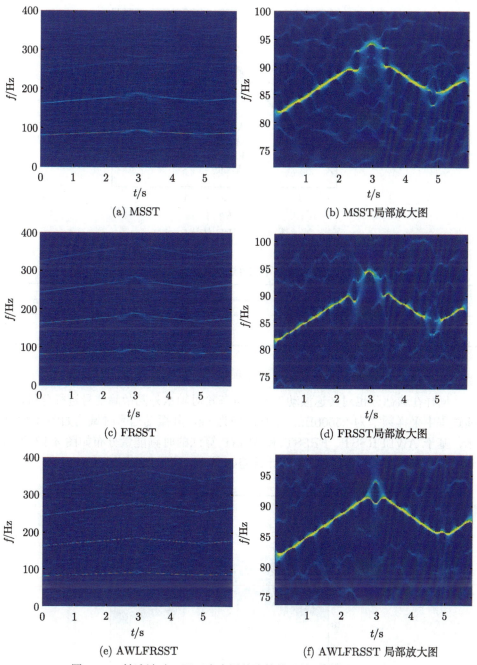

(a) MSST

(b) MSST局部放大图

(c) FRSST

(d) FRSST局部放大图

(e) AWLFRSST

(f) AWLFRSST 局部放大图

图 4-10 转速波动工况下含内圈故障的轮对轴承振动信号时频图

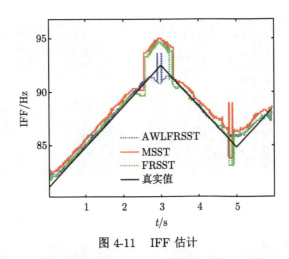

图 4-11　IFF 估计

表 4-2　不同算法性能指标对比

性能指标	算法		
	MSST	FRSST	AWLFRSST
Renyi 熵	21.3541	20.0154	17.7584
IFF 估计误差/Hz	2.3361	1.4762	1.1832

2. 转速波动工况下含外圈故障的货车轮对轴承瞬时故障特征提取

同样在该部分也对转速波动工况下货车轮对轴承外圈故障信号进行分析。实验过程中采样频率为 25600Hz，采样时间为 9s，其振动信号时域图如图 4-12 所示，基于 AWLFRSST、FRSST 和 MSST 算法的时频能量分布如图 4-13 所示，该时频分布的 Renyi 熵和 IFF 估计误差如表 4-3 所示。

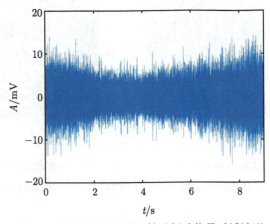

图 4-12　转速波动下轮对轴承振动信号时域波形

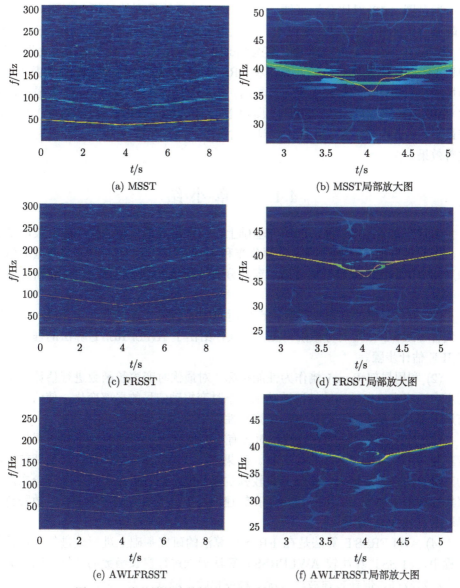

(a) MSST
(b) MSST局部放大图
(c) FRSST
(d) FRSST局部放大图
(e) AWLFRSST
(f) AWLFRSST局部放大图

图 4-13 含外圈故障的转速波动下轮对轴承振动信号时频图

表 4-3 不同算法性能指标对比

性能指标	算法		
	MSST	FRSST	AWLFRSST
Renyi 熵	20.8423	19.4874	17.3214
IFF 估计误差/Hz	2.1897	1.4781	0.8974

通过图 4-13 对比分析可知，基于 MSST 算法得到的时频分布图中，瞬时故障频率的 3 倍频被噪声所淹没，不能很好地识别出来，而基于 FRSST 算法和 AWLFRSST 算法的时频图中能较好地识别出 3 倍频。且在转速波动拐点处，AWLFRSST 算法相比 MSST 算法和 FRSST 算法，IFF 精度更高。且从表 4-3 中的性能指标定量比较结果中也可以看出，AWLFRSST 算法的 Renyi 熵最小，因此 AWLFRSST 算法有较高的时频聚集性，且 AWLFRSST 算法的 IFF 估计误差最小，由此可见，AWLFRSST 算法对转速波动工况下的 IFF 提取具有一定的改善效果。

4.4　本 章 小 结

本章在对 FRSST 算法的研究基础上，在铁路货车行驶过程中转速波动工况下，为获得振动信号高分辨率时频分布和 IFF 的精确估计，考虑该类振动信号的局部变化特性，提出一种自适应窗长分数阶同步压缩变换算法，主要研究结论如下。

(1) 引入时变的高斯窗函数构造自适应窗长短时分数阶傅里叶变换，并利用其代替 FRSST 中短时分数阶傅里叶变换，给出了 AWLFRSST 算法的理论推导和 IFF 估计步骤。

(2) 利用局部 Renyi 熵作为性能指标，对最优时变窗长函数进行估计。从而利用自适应窗口自动匹配转速波动工况下时变振动信号的局部变化，使信号在任何局部都具有最优的时频能量分布聚集性和 IFF 估计精度。

(3) 为验证该方法的有效性，对含有不同信噪比的转速波动下的仿真信号和货车轮对轴承故障信号进行了分析。结果表明，AWLFRSST 算法对处理转速波动工况下的强时变信号，不仅具有较强抗噪性能，而且提高了信号时频分布能量聚集性和 IFF 的估计精度。证明了在转速波动工况下该方法对轴承瞬时故障特征提取具有较强的实用性。

(4) AWLFRSST 算法是在 FRSST 算法的研究基础上进行改进的。在计算过程中，FRSST 算法较 AWLFRSST 算法无须进行窗长函数的计算，因此其实时性相对较高，但在转速波动工况下精度也随之降低。为了同时保障实际应用中 IFF 的提取精度和实时性，可将轮对轴承 IFF 的提取根据不同工况运用不同算法实现：将 FRSST 算法应用于匀变速工况下，这样可以在保障精度的基础上提高 IFF 的提取效率；而将 AWLFRSST 算法应用到转速波动工况下，避免了 FRSST 算法在该工况下 IFF 估计误差大而出现误诊的现象。

第 5 章　基于时间序列递归特性的故障特征提取

5.1　引　　言

高速列车轮对轴承系统是高速列车的关键部件之一，它的平稳运行是保障高速列车安全行驶的关键因素。一旦发生故障会对乘客的生命财产安全造成巨大威胁。故障诊断已经成为现代工业的重要组成部分之一。其本质是对采集到的信号进行分析，并通过故障特征对轮对轴承的健康状况进行评估。随着计算机性能、物联网和人工智能算法的发展，数据的获取与分析变得更加方便。故障诊断也因此逐渐向着自动化与智能化的方向进行研究。

深度学习模型在故障诊断领域已经取得了巨大成功，充分发挥其可以自动学习和拟合故障数据的故障特征的能力，实现了大数据和端到端形式的故障诊断，但其中仍然存在一些问题。首先从数据特性的角度分析，轴承振动信号是典型的非线性、非平稳信号，同时受运行工况影响还存在强噪声、强耦合干扰的问题，使得现有深度学习模型的故障诊断精度不足。其次从模型特性的角度分析，大部分深度学习模型不能显性地拟合数据的拓扑结构或样本间关系，而轴承振动样本间往往不是独立存在的。这些先验知识可以使模型在拟合样本自身特征的同时，考虑与具有拓扑关系样本的有效特征。通过对轴承信号间的关系进行分析，构造离散数学中的图嵌入，来表示样本之间的关系和结构。由于图的特殊性，传统的深度学习算法无法对其进行处理，或达不到提高性能的目的。因此，需要研究基于图神经网络的高速列车轮对轴承故障诊断方法。

虽然现有图神经网络 (GNN) 模型可以显性拟合样本间关系，并在一定程度上提高分类效果。但这些模型都没有针对轴承振动信号的特点来构造图样本，使得构造的图样本中边的含义不明确，可解释性不强。同时，现有的图注意力系数计算方法不能很好地反映轴承样本特征的重要性，分类效果欠佳。为了克服这些限制，本书提出加权 ε-递归网络来将轮对轴承振动信号构造为递归图。同时，提出了一种新的多核高斯函数对称图注意力机制 (multi-kernel Gaussian symmetric graph attention mechanism, MGS-GA) 来提高轮对轴承故障样本的注意力系数的精度。结合多头注意力机制，将多个 MGS-GA 的输出聚合为更有效的特征向量。在模型结构上提出图编码模块，以增强输入图样本的特征表示。通过将上述内容进行整合，并引入残差块，提出面向高速列车轮对轴承故障诊断的递归多头图注意力残

差网络 (recursive multi-head graph attention residual network, ResGANet)。通过实验验证了 ResGANet 的有效性,并与常用故障诊断方法进行了比较。结果表明,与其他模型相比,ResGANet 能够获得最佳的诊断性能和噪声鲁棒性,为后续任务提供有效的特征提取方法。

5.2　高速列车轮对轴承故障特征提取方法

5.2.1　振动信号递归图构建方法

图是一种可以描述样本间特定关系的数据结构。图的构建方法有很多种。与其他天生自带拓扑结构的数据不同,列车轮对轴承振动样本间没有直观的可用关系。因此需要找到一种可以描述振动信号样本间关系的算法来对振动信号进行处理。现有的面向振动信号的图构建方法大多仅考虑样本间的空间分布特性,这使得构造的图样本的物理意义不明确 [174]。考虑到振动信号是典型的非线性时间序列,而复杂网络分析方法可以分析出非线性时间序列中的隐藏结构,使得数据可以更快地应用于智能分析方法中。与传统算法相比,复杂网络可以反映轴承振动信号不同部分所表现出的动态之间的统计相互关系,从而量化单个时间序列的结构性质,这使得构造的图更具有可解释性 [175,176]。

ε-递归网络是基于相空间的时间序列复杂网络方法。它从几何角度出发研究序列在相空间中的递归性质 [177,178]。状态的递归是非线性时间系统的典型属性。递归是指信号在一段时间后再次变为接近之前时刻的某一状态。通过分析两个样本是否处于相同状态,可以确定它们是否为递归对。因此可以通过分析样本的递归来构造具有可解释性的递归图,同时,递归图可以可视化递归的过程。

定义轮对轴承的振动信号是具有 n 点的非线性时间序列 X。对序列 X 以相同的时间延时进行截取,获取 k 个具有 m 维的相空间向量集合 x,过程如下

$$x = \{x(t), x(t+\tau), \cdots, x(t+(m-1)\tau)\} \tag{5-1}$$

其中,τ 是时延,m 为截取的相空间向量的数量。信号通过时间延迟被划分为几个具有较短长度的独立样本。使用一组故障类型相同的样本来构建单个图样本。在消融实验中讨论了一张图的样本数量对诊断结果的影响。

递归图可以通过一个二维递归矩阵 $R_{i,j}$ 来表示具有 m 维相空间轨迹向量的递归性。通过计算两个矢量相空间的任何范数,获取两个矢量间的递归程度。参数 ε 是 ε-递归网络的预设定参数,作为递归图的阈值,计算得到的递归矩阵即可表示两个矢量是递归对或非递归对。递归矩阵的定义如公式 (5-2) 所示

$$R_{i,j} = \Theta\left(\varepsilon - \|x(t_i) - x(t_j)\|_2\right) \tag{5-2}$$

其中，$\|\cdot\|$ 表示两个向量的相空间范数。本书采用欧氏范数来计算递归矩阵。$\Theta(\cdot)$
为赫维赛德 (Heaviside) 方程，定义为 $\Theta(x) = \begin{cases} 0, & x < 0 \\ 1, & x \geqslant 0 \end{cases}$。若两个向量为递归
对，则 $R_{i,j}$ 为 1，反之为 0。

递归网络还需将递归矩阵转化为嵌入相空间中的伴随复杂网络的邻接矩阵
$\boldsymbol{A}$，计算如下

$$\boldsymbol{A} = \boldsymbol{R} - \boldsymbol{1}_N \tag{5-3}$$

其中，$\boldsymbol{1}_N$ 表示 N 维的单位矩阵。网络中采样的状态向量 $x(t_i)$ 可被理解为复杂
网络的顶点。一个递归图 G 由一个顶点集合 $V = \{v_1, v_2, \cdots, v_n\}$ 以及一个顶点
之间的边集合 $E = \{e_1, e_2, \cdots, e_m\}$ 组成。其中 v_i 表示顶点，e_i 表示边，n 和 m
分别表示顶点以及边的数量。因此一个递归图 G 可以表示为 $G(V, E)$ 的形式。递
归图如图 5-1 所示。

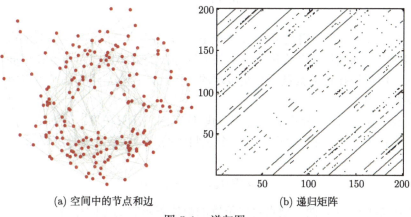

(a) 空间中的节点和边　　　　　　(b) 递归矩阵

图 5-1　递归图

从图 5-1(a) 中可以直接看到图的结构，它是由 ε-递归网络从时间序列转换
而来的。由于振动信号样本通常具有较高维度，其空间位置无法在二维准确绘制。
一种常见的做法是使用样本的邻接矩阵来绘制力定向图。绘图的主要思想是，每
个顶点之间都有排斥力，而每个边都有拉力。当整个系统达到平衡时，图中每条
边的长度将趋于相同。可以理解为，边越多的顶点由于拉力更大而出现在图的中
心，边越少的顶点由于排斥力更大而显示在图的外围。因此，图中两个顶点之间
的距离并不表示它们的空间位置的距离，而是为了凸显连接边的数量情况和连接
关系。

通过分析递归图的构建过程可以看出，ε 是最为关键的参数，它影响着图的
递归程度。但通常 ε 的取值大多依赖实践经验，且轴承振动信号容易受到采集时

转速、载荷等因素影响，使噪声、振幅等存在较大差异。不同递归图的最佳 ε 取值也不完全相同，无法保持图样本在参数设定上的一致性。不同的图设置相同的 ε 会导致一些图具有过多的边，而另一些图则具有过少的边。因此，本书受计算机网络节点连接方式的启发，提出一种基于边连接密度的 ε 取值的计算方法。通过设定边的连接密度，自适应地确定递归图的 ε 值。

首先计算所有相空间状态向量的欧氏范数，并获取其最大值 $v_{\max}$ 与最小值 $v_{\min}$，可以表示为

$$[v_{\max}, v_{\min}] = \left(\|x(t_i) - x(t_j)\|_2\right)_{i,j \in m} \tag{5-4}$$

递归图的边的连接密度，也就是递归率 (recurent rate, RR) 可以通过顶点和边的数量得到，计算如下

$$\text{RR} = \frac{1}{m(m-1)} \sum_{i,j=0}^{m} a_{i,j} \tag{5-5}$$

其中，a 表示递归图的递归矩阵 $\boldsymbol{A}$ 的元素，m 为图中节点的数量。RR 可以分析出递归图中边的数量占全连接情况下共可以存在的边比例。因为 ε 在空间范数的范围内，所以连接边的数量不会是极端的。因此，在构造递归图时可以将其连接密度保持一致。

以最大值 $v_{\max}$ 和最小值 $v_{\min}$ 作为取值范围，计算在设定值为 RR_{set} 时，递归图最为接近的 ε，并将它作为这一个递归图的统一参数，计算过程如公式 (5-6) 所示。

$$\varepsilon \sim |\text{RR}_{\text{set}} - \text{RR}| \approx 0 \tag{5-6}$$

在图 5-1(b) 中，两个顶点对应位置的数值表示它们之间是否存在边。黑色表示有连接，否则，它就是白色的。从矩阵中可以看出，顶点之间的每条边都是等价的。但是，顶点之间的相关程度不同。原始的递归图中保留了状态向量集合中递归对的信息。但是却没有包含递归对在计算过程中产生的丰富的相空间范数信息。图注意力机制网络可以自适应地拟合顶点信息以及顶点间信息。所以本书提出以状态向量集合的范数信息来对递归图进行加权。首先获取递归图相空间范数矩阵 L，计算如下

$$l_{i,j} = \|x(t_i) - x(t_j)\|_2 \tag{5-7}$$

其中，$l_{i,j}$ 表示相空间范数矩阵中的元素。将矩阵 $\boldsymbol{L}$ 归一化后与递归矩阵 $\boldsymbol{A}$ 对位相乘，得到加权递归图邻接矩阵 $\boldsymbol{Q}$，计算公式如下所示

$$\boldsymbol{Q} = \text{normalize}(\boldsymbol{L})\boldsymbol{A} \tag{5-8}$$

由于 $\boldsymbol{L}$ 和 $\boldsymbol{A}$ 都是对称矩阵，因此将两个矩阵相乘即可得到 $\boldsymbol{Q}$ 矩阵。加权后的递归图如图 5-2 所示。

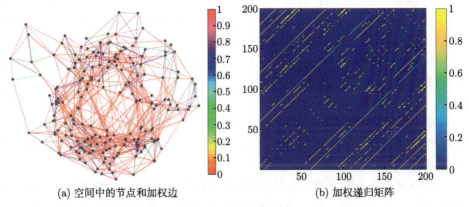

(a) 空间中的节点和加权边　　　　　(b) 加权递归矩阵

图 5-2　加权递归图

5.2.2　多核高斯函数对称图注意力机制

图神经网络是一类可以拟合样本间关系的深度学习方法。它通过获取图中节点的依赖关系来提高分类精度。现定义一个具有 n 个样本的递归图 $G(V,E)$。GNN 可以聚合自身特征和邻居节点特征，并输出每个顶点的分类结果。一个典型的 GNN 的前向传播过程通常为传播层与感知器之间的交替。定义 $\boldsymbol{H}$ 为中间隐含层的输出，$\boldsymbol{P}$ 为感知器矩阵，则第 t 层感知器的输出计算如下

$$\hat{\boldsymbol{H}}^{(t)} = \boldsymbol{P}\boldsymbol{H}^{(t)} \tag{5-9}$$

$\boldsymbol{P}$ 通常定义为 $\boldsymbol{P} = \boldsymbol{D}^{-1}\boldsymbol{A}$，其中 $\boldsymbol{D}$ 是图的度矩阵，其元素可以由邻接矩阵 $\boldsymbol{A}$ 计算为 $d_{ii} = \sum\limits_j a_{ij}$，其中 d_{ii} 为 $\boldsymbol{D}$ 的对角线元素，a_{ij} 为 $\boldsymbol{A}$ 中对应元素。将感知器嵌入到 GNN 中，并构建参数矩阵 $\boldsymbol{W}$，则 $t+1$ 层的输出计算如下

$$\boldsymbol{H}^{(t+1)} = \sigma\left(\boldsymbol{P}\boldsymbol{H}^{(t)}\boldsymbol{W}^{(t)}\right) \tag{5-10}$$

其中，参数矩阵 $\boldsymbol{W}$ 与邻接矩阵 $\boldsymbol{A}$ 具有相同的维度，$\sigma(\cdot)$ 为激活函数。通过嵌入多个图神经网络层，GNN 可以编码图数据中的不变属性。在此基础上，图卷积网络 (GCN) 是图神经网络的一个特例，GCN 具有结构简单的特点。其感知器 $\boldsymbol{P} = \hat{\boldsymbol{D}}^{-1/2}\hat{\boldsymbol{A}}\hat{\boldsymbol{D}}^{-1/2}$，其中，$\hat{\boldsymbol{A}} = \boldsymbol{A} + \boldsymbol{I}_n$，$\hat{d}_{ii} = \sum\limits_j \hat{a}_{ij}$。

注意力机制是深度学习中的一个重要概念。其关键点是对网络中的某些特征的重要程度进行分析，使网络可以对不同样本的拟合程度进行区别。从而更加注

意那些重要的样本，同时忽视次要的部分，也因此具有注意力机制的深度学习模型通常具有的参数少、速度快、拟合效果好等特点。原始的图卷积网络中使用保持不变的感知器来对图进行训练。训练过程中，中间隐含层输出特征的重要程度不会改变。图的注意力机制主要是针对不同边的重要程度进行自适应分析，这在真实的包含大量噪声的轮对轴承故障样本中是至关重要的。将注意力机制引入图神经网络，可以使网络学习到不同边的权重在训练过程中的变化，提高拟合效果。为了稳定自注意力机制的训练过程，本节引入多头注意力机制，进一步提高分类能力。

GNN 的多头注意力机制的过程分为三步，首先获取输出特征的注意力矩阵，然后对注意力矩阵与顶点特征进行拟合，最后采用多头注意力机制从多个通道对顶点进行分类。

考虑到递归图的对称性，本书没有采用 GAT[179] 的注意力矩阵构建方法。非对称的注意力矩阵会增加模型的运算时间，而浪费了递归图的对称特点。受注意力图神经网络 (AGNN)[180] 的启发，提出一种以特征空间分布距离作为衡量注意力大小的方法。提出高斯核加权的对称图注意力机制。顶点 v_i 与 v_j 的注意力系数定义为

$$e_{ij} = \text{distance}\,(v_i, v_j) \tag{5-11}$$

distance$(\cdot)$ 表示两个特征向量的任意空间距离度量。AGNN 中采用余弦相似度作为衡量指标。而余弦相似度 $\cos(a, b) = \dfrac{(a \cdot b)}{(|a||b|)}$ 可以看做两个向量内积的归一化，因此它是典型的内积空间计算方法。这将导致在轮对轴承受外界影响导致差异较大时，两个向量的余弦相似度会很大，在构建注意力矩阵时会导致偏向性过大。因此本书提出采用高斯核函数来替代余弦相似度，将两个向量的距离推广到再生希尔伯特空间，在计算分布距离时处于一个高维空间中。高斯核函数的计算如下

$$k(x_i, x_j) = \mathrm{e}^{-\frac{\|x_i - x_j\|^2}{2\sigma^2}} \tag{5-12}$$

其中，$\sigma > 0$，表示核函数的带宽。实际应用中，每组向量的高斯核函数产生的最小值与带宽有关。因此实际应用时采用多核算法来完成计算。首先设定一个带宽值作为起始值，并设定带宽间隔，获取 k 个带宽值。分别求得高斯核函数的值并求平均。计算如下

$$\text{MK-Gauss}(x_i, x_j) = \frac{1}{k} \sum_{i=1}^{k} \mathrm{e}^{-\frac{\|x_i - x_j\|^2}{2(\sigma + i*q)^2}} \tag{5-13}$$

其中，q 为带宽间隔。需要注意的是，只有存在边的递归对才会计算其注意力系

数。将各节点的注意力值进行归一化，构造为注意力矩阵 $\boldsymbol{\alpha}$。

$$\alpha_{ij} = \frac{e^{\text{MK-Gauss}(h_i, h_j)}}{\sum\limits_{j \in \mathcal{N}_i} e^{\text{MK-Gauss}(h_i, h_j)}} \tag{5-14}$$

在此基础上构造含有可训练参数的注意力感知器 $\boldsymbol{P}$，其定义为

$$P_{ij}^t = \frac{e^{\beta^{(t)}\text{MK-Gauss}(h_i^{(t)}, h_j^{(t)})}}{\sum\limits_{j \in \mathcal{N}_i} e^{\beta^{(t)}\text{MK-Gauss}(h_i^{(t)}, h_j^{(t)})}} \tag{5-15}$$

其中，$\beta^{(t)}$ 表示第 t 层的自适应系数，每一个感知器 $\boldsymbol{P}$ 共用一个系数，且是可训练的参数。考虑模型训练的稳定性问题，将其拓展为多头注意力机制。具体来说，K 个独立的注意力机制对输入的特征进行分析，然后将他们串联，其中 || 表示连接，得到的输出特征表示为

$$\boldsymbol{H}^{(t+1)} = \|_{k=1}^{K} \sigma \left(\boldsymbol{P}_k^{(t)} \boldsymbol{H}^{(t)} \boldsymbol{W}_k^{(t)} \right) \tag{5-16}$$

此时的输出为 K 个特征向量的连接，而不是单个特征向量。如果在多头注意力机制的最后一层如果采用连接的方式，则不适合后续分类。因此本书采用平均值作为输出，表示如公式 (5-17) 所示。

$$\boldsymbol{H}^{(\text{final})} = \frac{1}{K} \sum_{k=1}^{K} \sigma \left(\boldsymbol{P}_k^{(t)} \boldsymbol{H}^{(t)} \boldsymbol{W}_k^{(t)} \right) \tag{5-17}$$

多头注意力机制的聚合过程如图 5-3 所示。

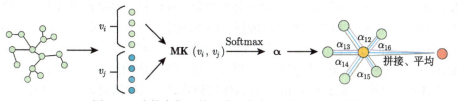

图 5-3　多核高斯函数对称注意力机制节点聚合过程

5.2.3 面向图注意机制的节点平均标准化层

构建好的图样本需要在上述图注意力网络中进行拟合和分类。但传统的图注意力网络在训练时存在过平滑、过拟合以及训练后期波动大的情况。本书进行相关研究时也出现了该情况，网络训练难度很大，验证集的拟合效果不够好。

随着训练的进行，训练集与验证集之间的准确率差距快速增大，这意味着模型产生了严重的过拟合问题。同时通过实验发现，利用现有的正则化技术无法改善这一问题。为了减小训练后期出现的波动，减小了学习率，但会导致网络的训练过程变慢。

大多数研究认为，图神经网络的过拟合和训练不稳定主要有两个原因。首先，从空间角度分析，图神经网络的每一层都是一阶相邻顶点的聚合。因此 k 层就对应 k 阶聚合。随着模型的深入，单个节点的信息很快就会覆盖整个特征输出。那么节点的特征就会趋于一致，从而导致过度平滑，给模型训练带来困难。其次，从节点特征来看，单个节点特征的方差会随着模型的深入而增大。方差的增大会增加模型梯度下降的难度，降低分类精度。

基于以上两点，我们首先考虑在特征空间中引入一些噪声，以改善过度平滑和过度拟合问题。现有的批量标准化 (batch normalization, BN) 层可以完成这一任务，其计算如下

$$H^{(l+1)} = W \frac{H^{(l)} - \hat{\mu}_{\mathrm{B}}}{\hat{\sigma}_{\mathrm{B}}} + b \tag{5-18}$$

通过公式可以看出，BN 层对输入的批处理特征进行了标准化处理，并添加了一些可训练的参数。通过 BN 层，可以对特征空间进行变形，并引入一些噪声。但是，BN 层的运算方式是对整个输出特征进行处理，而这不对单个顶点方差的增加进行处理。为了克服上述问题，我们提出一种基于单个图节点的平均标准化 (mean normalization, MeanNorm) 方法，其计算如下

$$\mathrm{MeanNorm}(\boldsymbol{H}^l) = \|_{i=1}^{n} \frac{\boldsymbol{H}_i^l - \mathrm{mean}(\boldsymbol{H}_i^l)}{\max(\boldsymbol{H}_i^l) - \min(\boldsymbol{H}_i^l)} \tag{5-19}$$

其中，$\boldsymbol{H}^l$ 表示第 l 层输出的样本特征，$\boldsymbol{H}_i^l$ 表示特征的第 i 个值。$\|$ 表示连接。MeanNorm 可以改变样本所在的空间分布映射，可以将一些噪声引入到特征空间中以防止过平滑和过拟合。此外，所提出的方法对每个顶点进行归一化，从而减少了单个节点的方差。从特征上看，提高了训练的稳定性和准确性。同时，所提MeanNorm 没有引入更多的参数，可以降低增加该层后的过拟合风险。

5.3.2 节讨论了 MeanNorm 层的具体实验效果。实验结果表明，加入 MeanNorm 层后，所提模型的训练稳定性和过拟合程度都有了很大提高。在单次训练时间增加不多的情况下，训练周期显著减少，同时由于训练稳定性的提高，训练结束时的精度也更为稳定。

为了获得更好的分类性能，本书采用了浅层结构。现有的故障诊断模型都使用 ReLU 作为激活函数。虽然 ReLU 可以有效降低深度网络中梯度消失的风险，但在浅层图神经网络中效果并不理想。因此，本书使用 Sigmoid 作为激活函数，

它可以增强聚合过程的非线性表示能力，改善训练效果，数学表达式如下

$$\text{Sigmoid}(H^l) = \frac{1}{1 + e^{-H^l}} \tag{5-20}$$

使用平均标准化层和 Sigmoid 的图注意力层的输出结果可表示为

$$H^{(l+1)} = \text{MeanNorm}\left(\text{Sigmoid}\left(P^{(t)}H^{(t)}W^{(t)}\right)\right) \tag{5-21}$$

在 5.3.6 节中的消融研究比较了 Sigmoid 激活函数的效果。可以看出，与其他激活函数相比，使用 Sigmoid 激活函数的网络可以达到更高的诊断精度。

5.2.4　递归多头图注意力残差网络

为了提高智能模型在应对复杂环境下，高速列车轮对轴承振动信号的分类精度。利用上述所提技术，构建轮对轴承故障诊断框架。递归多头图注意力残差网络如图 5-4 所示。从图中可以看出，框架主要分为四个部分，分别是构建加权递归图，图特征编码，特征拟合以及故障分类四个部分。通过调整 ε-递归网络的连接密度 RR 来构造具有相同连接密度的图样本。通过三层 MGS-GA 层拟合故障特征后，通过全连接层进行最终故障分类。

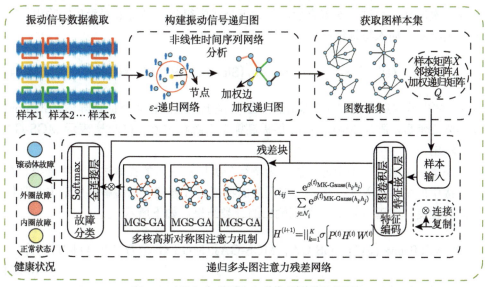

图 5-4　递归多头图注意力残差网络结构图

加权递归图采用 ε-递归网络进行运算，在本书中，RR 是决定图的连接密度的度量。RR 越大，图的边的规模就越大。RR 的值也影响着最终诊断结果的精度，

因此需要进行分析。获得特征矩阵 $\boldsymbol{X}$、邻接矩阵 $\boldsymbol{A}$ 以及加权递归矩阵 $\boldsymbol{Q}$。首先将分割后的样本进行 z-score 标准化，可以有效缩小 ε 的取值范围，提高运算效率，z-score 的计算如下

$$z\text{-score} = \frac{x - \mu}{\sigma} \tag{5-22}$$

其中，x 为样本值，μ 为数据的平均值，σ 为数据的标准差。

为了增强样本的特征表达并融合更多信息，本书提出图特征编码模块，利用全连接层 (fully connected layer, FC) 和图卷积层对获取到的递归图进行特征编码。首先样本矩阵 $\boldsymbol{X}$ 经过嵌入层进行编码，其输入与输出尺寸与输入样本长度相同。为了将输入特征完全利用，将编码后的样本与加权递归矩阵 $\boldsymbol{Q}$ 在图卷积层 (graph convolutional layer, GCL) 中进行融合，图卷积层的输入输出尺寸同样与输入样本长度相同。表示如下

$$\boldsymbol{H} = \text{GCL}\left(\left(\text{FC}\left(\boldsymbol{X}\right)\right), \boldsymbol{Q}\right) \tag{5-23}$$

采用三层提出的多头图注意力机制作为特征提取层。编码后的样本特征 $\boldsymbol{H} = \{\boldsymbol{h}_1, \boldsymbol{h}_2, \cdots, \boldsymbol{h}_N\}$ 作为输入。邻接矩阵 $\boldsymbol{A}$ 作为判断样本是否为递归对的依据。采用三通道图注意力机制对边的注意力系数进行运算。每经过一层都是对特征向量间的一次聚合。经过三次聚合后，从如下公式中得到提高特征表示后的输出。特征输出维度为输入特征维度的 9 倍，具体表示如下

$$\boldsymbol{H}^{(t+1)} = \big\|_{k=1}^{3} \text{MeanNorm}\left(\text{Sigmoid}\left(\boldsymbol{P}^{(t)}\boldsymbol{H}^{(t)}\boldsymbol{W}^{(t)}\right)\right) \tag{5-24}$$

其中，$\boldsymbol{P}^{(t)}$ 是注意力机制感受器矩阵，$\boldsymbol{H}^{(t)}$ 是上一层的输入特征矩阵，以 Sigmoid 作为激活函数，添加 MeanNorm 层提高模型训练稳定性，$\boldsymbol{H}^{(t+1)}$ 表示 MGS-GA 层的输出。

在本书中通过一个全连接层作为特征分类层对输入的样本进行最终分类。在全连接层前引入残差块，将特征编码后的特征进行连接，以缓解梯度消失和降低过拟合程度。利用 Softmax 得到输出的分类结果，如下所示

$$\boldsymbol{Y} = \text{Softmax}\left(\text{FC}\left(\text{MGS-GA}_3\left(\text{MGS-GA}_2\left(\text{MGS-GA}_1\left(\boldsymbol{H}^{\text{Input}}\right)\right)\right) \big\| \boldsymbol{H}^{\text{Res}}\right)\right) \tag{5-25}$$

其中，$\boldsymbol{Y}$ 表示样本的预测标签，FC($\cdot$) 表示全连接层。交叉熵损失由标签计算得出。提出的 ResGANet 高速列车轮对轴承故障诊断模型采用自适应矩阵估计 (adaptive moment estimation, Adam) 算法，作为反向传播的优化器。所提模型训练过程的伪代码表 5-1 所示。

表 5-1 ResGANet 训练过程伪代码

算法. 递归多头图注意力残差网络
输入: 振动样本集 X;
输出: 故障类型集合 Y;
1: 输入数据标准化: $z\text{-score} = \dfrac{x - \mu}{\sigma}$;
2: 利用加权 ε-递归网络构建图样本 $G(V, E)$;
3: 搭建递归多头图注意力残差网络模型;
4: for i in epochs do:
5:    编码输入样本 $H = \mathrm{GCL}\left(\left(\mathrm{FC}\left(X\right)\right), Q\right)$;
6:    特征正向传播
$$Y = \mathrm{Softmax}\left(\mathrm{FC}\left(\mathrm{MGS\text{-}GA}_3\left(\mathrm{MGS\text{-}GA}_2\left(\mathrm{MGS\text{-}GA}_1(H^{\mathrm{Input}})\right)\right)\right) \big\| H^{\mathrm{Res}}\right);$$
7:    计算损失值 $\mathrm{Loss} = -\sum Y \ln \hat{Y}$;
8:    利用 Adam 算法反向传播损失,更新模型参数;
9: end for;
10: 输出故障类型 Y

5.3 特征提取与诊断效果实验验证与分析

本节验证了所提递归多头图注意力残差网络在轮对轴承故障诊断中的有效性。以实验室采集的高速列车轮对轴承数据集作为输入样本,分析了其不同故障类型的准确率。同时为了分析本书所提模型的噪声鲁棒性,设计了混合有不同噪声程度的数据样本作为输入,观察其准确率变化情况。在消融研究中,对本网络中的一些关键参数和结构进行了分析来获得参数选择的参考和模块的内在机制。ResGANet 由 Python 3.8 编写。在 Windows10 操作系统下进行实验。深度学习框架采用 Pytorch 1.10。运行硬件为 Intel Xeon Gold 6148 CPU 和 RTX2080Ti GPU。

5.3.1 高速列车轮对轴承数据集描述

本书中,利用高速列车轮对轴承综合实验台采集列车轮对轴承振动数据,如图 5-5 所示。该实验台通过替换不同故障类型的轮对轴承来获取丰富的数据。运行工况中的转速、横向载荷、径向载荷等均可以通过相关装置进行模拟。

实验台的细节示意图如图 5-6 所示。实验台中共包含两个轴承:实验轴承和支撑轴承。支撑轴承主要是起保持系统平衡以及平稳运行的作用。轴向和径向加载器可以为故障轴承施加多种载荷。电机用来使轮对轴承旋转,转速可调。轴承振动信号由振动传感器获取,位置靠近实验轴承。

图 5-5　高速列车轮对轴承综合实验台

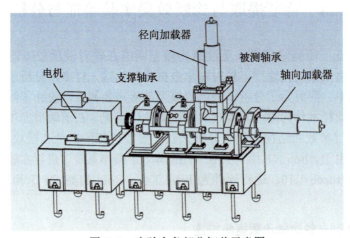

图 5-6　实验台各部分细节示意图

　　实验轮对轴承分为四种健康状况：内圈故障 (inner ring fault, IR)，外圈故障 (outer ring fault, OR)，滚动体故障 (rolling element fault, RE) 以及正常状态 (normal condition, NC)。四种健康状况的照片如图 5-7 所示。从图中可以看到不同轮对轴承不同部位存在不同程度的剥落故障。将上述四类轴承分别安装到实验台上采集他们的振动信号，对故障类型进行分析。

     (a) 内圈故障   (b) 外圈故障   (c) 滚动体故障   (d) 正常状态

图 5-7 实验用轮对轴承图片

为了充分验证所提方法的有效性和优越性，构建了两个信噪比样本集用于后续实验分析，如表 5-2 所示。

表 5-2 不同噪声等级下的样本集

数据集编号	运行速度 /(km/h)	噪声等级/dB	图的样本数量	用于训练的图的数量	用于测试的图的数量
数据集 1	150	无	200	40	10
数据集 2	150	−2	200	40	10
数据集 3	150	−5	200	40	10

轮对轴承振动信号的转速设定为 150km/h，静载 5t。采样频率设定为 12.8Hz。首先对采集到的信号进行 z-score 标准化。标准化后采用滑动窗口对振动信号进行无重叠截取，每个样本包含 1024 个数据点。每种健康状况共获得 2500 个样本。4 种健康状况的样本总数为 10000 个。随机选择每种健康状况的 80% 的样本 (共有 8000 个) 作为训练样本，剩余的 20%(2000 个样本) 作为测试集。划分完训练集和测试集后，采用改进 ε-递归网络构建递归图。

在实验中，随机选择 200 个样本来构建一个递归图。共构造 100 张递归图。所有递归图的连接密度设定为 0.1。图样本包含样本矩阵 $\boldsymbol{X}$、邻接矩阵 $\boldsymbol{A}$ 以及加权递归矩阵 $\boldsymbol{Q}$。最后选择 40 张图用于训练，10 张图用于测试。需要强调的是，递归图中的每个节点具有相同的健康状况，因为只有同一振动信号上的数据才能成为递归对。

5.3.2 模型稳定性分析

为了验证提出的平均标准化层在稳定训练过程、减少过拟合和提高训练速度方面的有效性。对构建加入 MeanNorm 层模型与未加入 MeanNorm 层的模型进行了对比分析。模型结构参数如表 5-3 所示。两个模型均采用三个图神经层，输出维度分别为 1200，600 和 300。

数据集 1 用于验证实验的训练。加权图通过本书提出的加权 ε-递归网络来构建加权递归图。训练集和测试集之间的准确率差异作为过拟合程度的度量。训练稳定性通过训练过程中的波动程度来评估。训练时间的指标是趋于平稳的训练次

数。训练一直进行到模型稳定为止。未加入 MeanNorm 层的模型的实验结果如图
5-8 所示。

表 5-3　模型结构参数

各层编号	各层名称	输出尺寸
1	Input	100×1024
2	编码层	100×1024
3	图卷积层	100×1024
4	MGS-GA 层	100×3072
5	MGS-GA 层	100×9216
6	MGS-GA 层	100×9216
7	全连接层	100×4

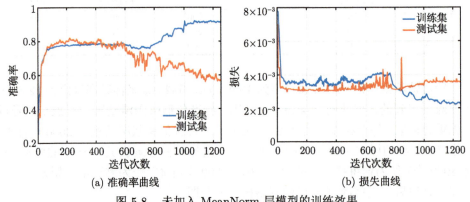

(a) 准确率曲线　　　　　　　　(b) 损失曲线

图 5-8　未加入 MeanNorm 层模型的训练效果

从图 5-8 中可以看出，未加入 MeanNorm 层的模型在经过 1000 次训练后
逐渐趋于稳定。每个批次的训练时间为 0.309s。其准确率和损失在训练过程中都
存在较为明显的波动，这对训练效果产生了极大的负面影响。在大约 600 次训练
后，出现了过拟合现象。训练集与测试集之间的准确率和损失的差距开始显著拉
大。所以该模型无法满足高精度诊断的要求。加入所提 MeanNorm 层的模型实验
结果如图 5-9 所示。

从结果可以看出，加入 MeanNorm 层后的模型的训练次数从 1000 次下降到
了约 350 次，可以快速拟合样本。同时，MeanNorm 层保证了训练过程中能够保
持较小的波动。训练集和测试集的准确率也都能达到较高的水平。在 MeanNorm
层和 Sigmoid 层的共同作用下，模型的过拟合现象明显减少。所提模型的性能大
大提高。

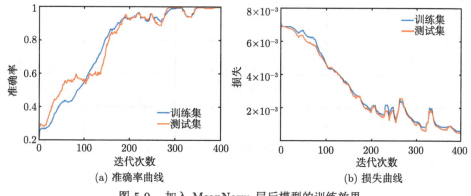

(a) 准确率曲线   (b) 损失曲线

图 5-9   加入 MeanNorm 层后模型的训练效果

5.3.3   模型参数选择

从序列样本构建图样本时，许多超参数会影响模型的训练效果。通过比较不同超参数组合下的诊断精度，选择合适的参数值。为了验证每个关键参数对实验结果的影响，针对多个关键超参数设计了参数比较实验。研究对象包括图注意力模型的深度、每个图中故障样本的数量以及递归图的连接密度 RR。在参数选择过程中采用了逐步优化策略。首先，为了分析模型的最佳深度，对不同深度的模型进行了对比实验。RR 被设置为 0.1，图样本的参数被设置为 (320,5)，表示每个图样本包含 320 个样本，共有 5 个递归图。实验结果如图 5-10 所示。

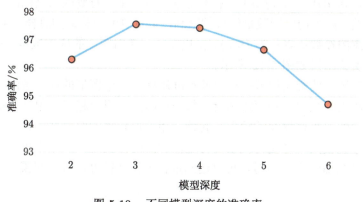

图 5-10   不同模型深度的准确率

从实验结果中可以看出，最佳层数为 3。由于可训练参数不足和样本较强的非线性，少于三层的模型没有足够的参数去学习样本的非线性表达，从而不能有效地拟合样本特征。此外，随着层数的增加到 4 层以上，模型的精度降低。大多数研究主要认为，随着模型深度的增加，图神经网络的输出节点的特征方差会变大，这会降低模型的训练精度和稳定性，并导致过拟合问题。

　　分析了模型深度后，将模型的深度固定为 3 层进行接下来的参数分析实验。RR 决定了递归图中边的数量。RR 越大，图中的边就越多，边的密度也就越高。但是如果 RR 过大，一些相关性相对较小的节点间也会有边。如果 RR 太小，图中节点之间的关系就无法完全表达。为此将图样本的参数同样设定为 (320,5) 进行实验，实验结果如图 5-11 所示。结果表明，当 RR 为 0.1 时，诊断准确率最高。表示了样本间合理的连接密度，为模型提供了合适的有用信息。避免了过大过小情况下的信息不足和噪声。

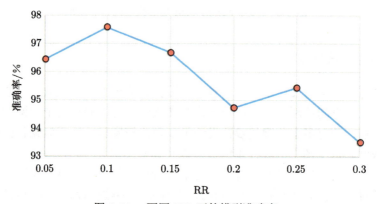

图 5-11　不同 RR 下的模型准确率

　　最后，将 RR 固定为 0.1，来研究每个图中样本的数量以及图的规模对诊断精度的影响。由于构成图数量组合的限制，实验中用于验证的总样本数约为 2000个。递归图的参数值表示为 (p,q)。p 代表每个递归图中的样本数量，q 代表递归图的数。实验结果如图 5-12 所示。

　　图的参数主要影响模型的稳定性和准确性。单个图形的样本数越多，模型的训练难度越大，从而影响训练精度。每个故障的图形数越多，单次训练的样本数就越少，导致训练过程波动较大。此外，相关性较大的两个样本被划分到不同图形中的概率也较大，这使得模型的稳定性和准确性变差。从结果可以看出，当图形参数选择在 200 个左右时，可以达到最佳的诊断精度，这说明模型可以顺利进行训练。

5.3.4　对比实验与分析

　　为了验证所提方法在诊断精度上的有效性和优越性，构建了一个旋转机械故障诊断常用的深度学习大小核卷积神经网络 (WDCNN)[136] 进行对比。它根据

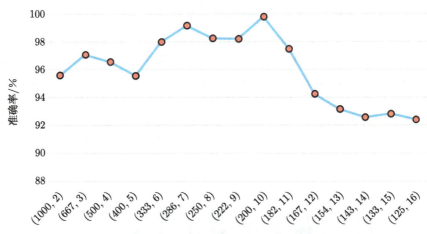

图 5-12　不同图参数下的模型准确率

振动信号的特点，在第一层采用大尺度卷积核进行特征提取来保留冲击特征，后面的层采用小尺度卷积层进行深度特征提取。同时选择了 4 个常用图神经网络进行了对比，分别是图神经网络 (GNN)[181]、图卷积网络 (GCN)[182]、图注意力网络 (GAT)[179] 以及简化图卷积网络 (simplified graph convolutional network, SGCN)[183]。为保持一致性，所有图神经网络均采用三个图神经层进行搭建。

在训练过程中，数据集 1 中归一化后的样本被用作 WDCNN 的输入。为了验证 WDCNN 在相同样本量下的实验效果，实验分为两种方式进行。首先，以每幅图的样本量，即 200 个样本，作为批量训练数量，其次，用与 200 个样本长度相同的大样本进行实验。两个实验都使用了总长度相同的样本。两个实验分别标记为 WDCNN(1) 和 WDCNN(2)。

构造的加权递归图作为图卷积网络类模型的输入。所有模型均进行 100 次训练。反向传播的优化器采用 Adam 算法。初始学习率设定为 0.004。每个模型分别进行 5 次实验以验证模型的稳定性。实验结果以最高准确率、最低准确率、平均准确率作为评价指标，实验结果如表 5-4 所示。

表 5-4　七种对比模型的故障诊断结果

模型名称	最高准确率/%	最低准确率/%	平均准确率/%	标准差
WDCNN(1)	91.2	83.3	87.6	2.97
WDCNN(2)	89.0	85.5	86.8	1.21
GNN	84.2	81.7	83.4	0.92
GCN	89.1	81.4	86.2	3.15
SGCN	99.6	84.3	90.7	5.26
GAT	96.9	94.2	95.7	1.03
ResGANet	99.3	98.9	99.1	0.13

从结果中可以看出，无论从准确率还是从稳定性上看，所提 ResGANet 均优于其他 5 种模型。五次训练的准确率如图 5-13 所示。ResGANet 在五次测试中的准确率分别为 99.3%、99.2%、99.1%、98.9% 和 99.1%，平均准确率为 99.1%，标准差为 0.13。表明该方法能够准确诊断列车轮对轴承故障部位，同时具有优秀的稳定性。值得注意的是，SGCN 的最高准确率是所有模型中最高的，但其标准差高达 5.26，且训练过程十分不稳定，训练时间较长，不适用于轮对轴承故障诊断领域。WDCNN 两种训练方法的准确率相差不大，说明稳定性较好，但诊断准确率不够高。

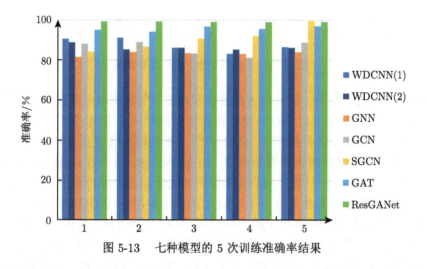

图 5-13　七种模型的 5 次训练准确率结果

在表 5-4 中可以看出，GAT 模型的准确率整体高于其他模型，表明注意力机制对具有较高噪声成分的轮对轴承振动信号有更好的特征提取能力。但 GAT 的训练过程并不十分稳定。训练的准确性总是随着训练的进展而出现很大的波动。虽然五次训练的结果差别不大，但对最终的诊断精度还是有很大影响。此外，GAT 的过拟合程度较高，也会降低诊断精度。而 ResGANet 相比 GAT 可以获取递归图的空间分布信息。同时 ResGANet 的注意力系数采用了多核高斯函数，使注意力矩阵数值更为合理与均匀。在模型设计中采用 Sigmoid 激活函数可以在相空间中引入一些噪声，从而抑制 ResGANet 的过拟合度。

同时分析了每个模型的训练参数量和训练所需时间，给是否适合于工业应用提供参考。各模型所含参数和平均训练时间如表 5-5 所示。从表中可以看出，ResGANet 的参数为 1.06M，训练时间为 487s。虽然其训练时间相对较长，并没有与其他模型发生过大的区别，但其性能提升还是非常可观的。而且训练时间仍然在可以接受的范围之内，能够满足工业故障诊断的需要。

表 5-5　7 种对比模型所需训练时间

模型名称	WDCNN(1)	WDCNN(2)	GNN	GCN	SGCN	GAT	ResGANet
参数数量/($\times10^6$)	1.93	1.93	0.79	0.82	0.25	0.84	1.06
训练时间/s	260	314	246	252	183	375	487

　　为了验证 ResGANet 在不同训练集数下的准确率，我们设计了 5 组对比实验。使用与上述相同的数据集。训练与测试的比例分别为 90:10、80:20、70:30、60:40 和 50:50，并用 7 个模型进行比较，每个模型训练 5 次，取准确率的最大值作为最终诊断准确率。实验结果如图 5-14 所示。从结果可以看出，所有模型的诊断准确率都随着训练样本数的减少而降低。所提 ResGANet 在 90:10 时的准确率为 99.4%，在 50:50 时的准确率为 96.1%。相比其他模型的准确率更高。结果表明，当样本量减少时，ResGANet 仍能保持较高的诊断准确率。

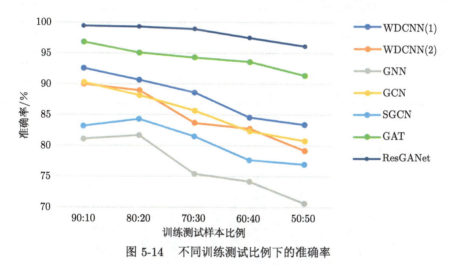

图 5-14　不同训练测试比例下的准确率

5.3.5　模型的噪声鲁棒性实验

　　在实际运行过程中，高速列车的轮对轴承运行工况往往比较恶劣，这使得轮对轴承的振动信号往往存在大量噪声。而许多模型对噪声十分敏感，会使得诊断准确率明显降低。为了验证所提模型在强噪声干扰下的诊断性能，建立了两个具有不同信噪比的数据集。信噪比的计算公式如下

$$SNR = 10\lg\frac{P_s}{P_n}$$

式中，P_s 是指原始信号的有效功率。这里采用原始轮对轴承振动作为原始信号。P_n 表示高斯白噪声的有效功率。两个数据集的信噪比分别为 −2dB 和 −5dB。采

用 7 种模型进行对比,模型的训练稳定性以 5 次实验的标准差进行评估。两个数据集的实验结果如表 5-6 所示。5 次实验的准确率情况如图 5-15 和图 5-16 所示,为进一步分析实验结果,所提 ResGANet 的可视图与混淆矩阵分别如图 5-17 和图 5-18 所示。

表 5-6　对比模型在两种强噪声数据集下的准确率

数据集编号	模型名称	最大准确率/%	最小准确率/%	平均准确率/%	标准差
	WDCNN(1)	87.3	79.2	82.8	2.64
	WDCNN(2)	86.5	83.5	85.3	1.06
	GNN	86.2	77.9	80.9	2.58
数据集 2	GCN	86.5	81.7	84.2	3.01
	SGCN	90.7	86.6	88.2	1.40
	GAT	95.7	94.1	95.0	0.62
	ResGANet	99.3	98.7	99.0	0.22
	WDCNN(1)	78.3	66.2	71.5	3.94
	WDCNN(2)	76.5	71.0	73.1	3.44
	GNN	80.2	72.2	78.3	1.58
数据集 3	GCN	81.6	75.4	78.2	2.21
	SGCN	82.7	72.6	77.0	4.15
	GAT	91.6	88.7	90.3	0.98
	ResGANet	97.2	96.4	96.8	0.34

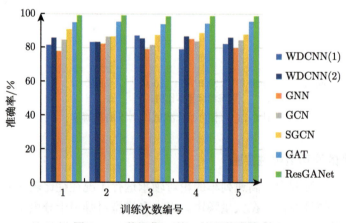

图 5-15　数据集 2 的 5 次训练准确率

从实验结果可以看出,所有模型在学习添加噪声后样本时准确率都受到了不同程度的影响。数据集 3 的准确率远低于数据集 2。但从图 5-15 和图 5-16 中可以看出,所提 ResGANet 可以保持较高的诊断精度和稳定性。ResGANet 对两个数据的平均准确率分别是 99.0% 和 96.8%。从表 5-6 中可以看出,ResGANet 在数据添加了 −2dB 的噪声后准确率没有受到很大影响。添加 −5dB 噪声后,模型

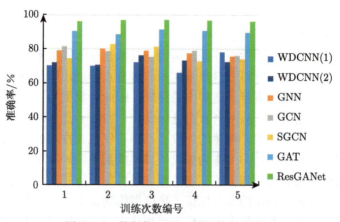

图 5-16 数据集 3 的 5 次训练准确率

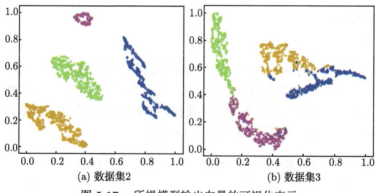

图 5-17 所提模型输出向量的可视化表示

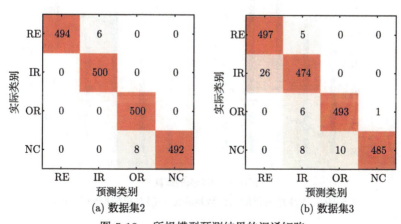

图 5-18 所提模型预测结果的混淆矩阵

的准确率下降了 2.2%。但与其他模型相比下降幅度较小，且准确率尚在可以应用于轮对轴承故障诊断的范围之内。ResGANet 在这两个数据集上的出色能力证明了所提方法具有很好的噪声鲁棒性。

ResGANet 的高噪声适应性能，是由于其拟合样本间关系的能力较强。由于其在拟合样本时可以同时拟合自身特征和邻居节点特征，因此在节点聚合运算时可以对其中的无关噪声进行一定程度的抑制。因此，我们为了使所提模型能够获取和拟合更多有效信息，从两个方面进行设计。加权 ε-递归网络可以获得更丰富的轴承振动信号先验知识。构建的加权递推图不仅包含样本的故障特征，还包含样本之间的递归关系，递归度作为加权值被集成到递归矩阵中。在多头图注意残差网络中提出了图编码层和多核高斯多图注意机制，以提高对上述信息的拟合能力。残差机制和 Sigmoid 的引入保证了模型训练的稳定性，减少了过拟合。同时，ResGANet 在这两个数据集上的出色表现也从主观上证明了所提出的方法具有良好的噪声鲁棒性。

5.3.6   消融研究

1. 模型结构参数选择

在本实验中考虑了两个场景，即使用特征编码层和不使用特征编码层。同时，为了探究图注意力机制的头的数量的影响，我们将 MGS-GA 层的头的数量由 1 个增加到 10 个。同时为了公平比较，我们将递归图的连接密度 RR 设定为 0.1，数据长度设定为 1024。实验结果如图 5-19 所示。

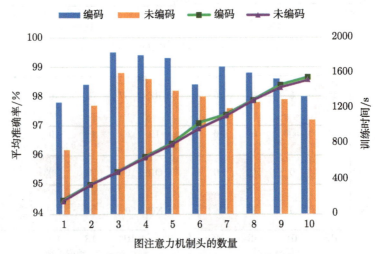

图 5-19   图注意力机制头的数量和编码层对模型准确率的影响

从图中可以看出，随着 MGS-GA 层的头的数量的增加，模型的性能先上升后趋于平稳。当头的数量过大时性能会有一定波动。另外，没有特征编码层的准确率明显低于有特征编码层的准确率。同时，还可以观察到随着头的数量的增加，训练时间线性增加。没有特征编码层的训练时间总体比有特征编码层的短，但不明显。

以上实验结果表明，特征编码层可以有效提高样本的特征表达能力，融合更多样本信息，为后续 MGS-GA 层的特征拟合提供更加清晰的故障特征。虽然去除特征编码层可以减少一定的训练时间，但是与添加特征编码层后提高的训练精度相比影响还是太小。因此建议在训练时添加特征编码层。MGS-GA 层不同头可以关注训练时不同的样本特征，因此头数量的增加可以提高训练时的精度。但随着准确率接近 100%，不同头之间拟合的特征逐渐趋于一致。不同头之间拟合的信息会出现冗余，这会影响最终分类效果，且每增加一个头，训练成本都会成倍增加。因此建议 MGS-GA 层的头的数量选择 3~5 个。

2. 模型模块选择

为了分析所提故障诊断模型各部分对模型的作用以及对分类精度的影响，我们对模型进行了消融研究。在这个实验中，分析了 MeanNorm 层的有无和激活方式对模型诊断效果的影响。利用数据集 1 对不同组合的模型进行精度分析。每种结构训练 5 次以消除随机性。不同结构的精度如表 5-7 所示。

表 5-7 不同模型结构的精度对比

模型结构	准确率/%
无权图 + ReLU	72.7
加权图 + ReLU	75.3
加权图 + Sigmoid	87.4
加权图 + MeanNorm + ReLU	97.3
加权图 + MeanNorm + Sigmoid	99.4

从对比中可以发现，利用 Sigmoid 替代 ReLU 作为激活函数后，准确率可以达到 87.4%。依靠其更高的非线性程度，准确率相较普通图神经网络有了很大提升。仅加入 MeanNorm 的模型可以把准确率进一步提升。在其作用下可以令模型的训练更加稳定，过拟合程度更低。在 Sigmoid 和 MeanNorm 的共同作用下，模型的精度达到最高。

5.4 本章小结

本章在对高速列车轮对轴承振动信号特性分析和图神经网络缺陷分析的基础上，提出了基于递归多头图注意力残差网络的高速列车轮对轴承故障诊断。给出了加权递归图的构造过程、MGS-GA 的原理与相关公式以及 ResGANet 的模型结构和诊断过程。实验证明,所提模型能够显著提高高速列车轮对轴承故障诊断精度。具体结论如下。

(1) 加权 ε-递归网络可以有效丰富样本间关系信息,使模型获取更多先验知识,模型精度也能达到更高。

(2) 多核高斯函数对称图注意力机制能够有效对图样本进行特征提取,利用高斯核函数提高了注意力值的准确率。

(3) MeanNorm 层可以很好地降低模型训练过程中的过拟合程度,大幅提高模型的训练稳定性。

(4) ResGANet 具有较强的噪声鲁棒性,在处理具有较强噪声的数据集时仍能保持较高的故障诊断精度。

第 6 章　振动信号的数据增强与修复

6.1　引　　言

第 5 章从样本自身特性出发，考虑高速列车轮对轴承振动信号具有非线性、非平稳、强噪声和强耦合的问题，通过引入样本间关系作为先验知识，进行高精度特征提取。但是从列车运行工况角度出发，高速列车在运行时路段不同，设计时速通常存在差别。然而收集的多转速数据集很难保证是充足且均衡的，这会使模型诊断产生严重的分类偏向问题。但在工程实践中收集到的故障样本通常不够充足，且各部件之间的易损程度也不同，导致各类故障样本间的数量也存在差异。而且轮对轴承的运行工况往往存在差异。从第 5 章的分析可知，工况的变化也会严重影响模型的诊断精度，其中转速的变化影响较大。同时，由于信号传输过程中存在的一些干扰，收集到的样本中往往存在一些缺失数据点，也严重影响着轮对轴承数据集中的样本质量[184-186]。因此，需要对多转速下列车轮对轴承故障样本的数据增强与数据修复进行研究。

针对轮对轴承的数据增强和数据修复在多转速下存在的问题，本章提出基于图转速分类器生成对抗网络 (graph speed classifier GAN, GSCGAN) 的高速列车轮对轴承多转速数据增强与数据修复方法。在所提方法中，引入加权多头图注意力机制用于鉴别器与分类器的特征提取，通过获取轮对轴承振动信号的样本间关系，丰富模型拟合过程的先验知识。构建图转速分类器生成对抗网络，将网络中的鉴别器与分类器分离，平衡了鉴别器和分类器在训练过程中的矛盾，提高样本生成质量和分类效果。引入转速分类器，并设计了针对转速分类问题的损失函数，来指导生成器获取不同转速下的样本特征。提出基于预训练生成器的数据修复方法，用于数据点缺失情况下的样本修复。通过设置转速和故障类型，使修复过程更具针对性，提高了样本修复效果，为后续转速自适应诊断任务提供充足的样本支撑。

6.2　生成对抗网络基本原理

为了解决高速列车轮对故障样本数量有限且不平衡的问题，考虑对故障样本集进行数据增强和数据修复。生成对抗网络 (generative adversarial network, GAN) 作为生成模型中的有效方法之一，其可以在没有标签信息的情况下学习并生成与实际样本相似的新样本。但标准 GAN 每次仅能对单一类型的样本进行学习和生成,无法同时生成多种指定类型的样本。基于此,辅助分类器 GAN(auxiliary classifier GAN, ACGAN)[118,187] 被用来有监督地生成多模式的高质量样本。它将标签信息加入到噪声中,来指导生成器生成指定故障类型的样本。并通过鉴别器识别样本的真实性和类型。但基于 ACGAN 的方法还存在一些问题,首先,AC-GAN 的鉴别任务和分类任务共用一个鉴别器,而鉴别任务和分类任务之间存在较大的差异。过强的鉴别器会使生成器模式崩塌。但分类器需要尽可能准确分类。因此,共用鉴别器会导致生成样本的空间分布较为分散。其次,ACGAN 的鉴别器仅考虑样本自身特征,而没有考虑样本间关系,在生成样本质量较差时会导致分类效果不佳。最后,ACGAN 不能考虑多种工况的情况。在存在多种转速样本的情况下,无法生成指定转速的样本。

在数据恢复技术方面,传统方法主要通过数据插值、回归和填充等序列方法对样本缺失部分进行修复。但是这些方法通常需要求解较高维度的方程来满足数据插值和拟合的需要,修复效率较低,难以满足大量修复的需要。现阶段的轴承振动信号修复主要利用压缩感知技术进行处理,其可以利用小于奈奎斯特 (Nyquist) 样本点数的测量值来对样本进行稀疏重构,由于其采样率低,所以信号恢复精度较好。但这类方法通常只适用于点数缺少较少的情况,对于连续较长点数缺失的修复效果较差,难以满足大量修复的需要。基于深度学习的样本修复方法由于其自动化的拟合特性正在广泛应用于图像以及其他数据修复领域,但将其应用于轮对轴承故障样本方面还存在一些问题。首先,轮对轴承振动信号相较其他类型样本具有更加丰富的类型和工况,仅靠以上单一模式的模型难以修复,需要考虑多模式的情况。其次,对于非线性时间序列的修复,其目的是更好地利用修复后的现有样本进行故障诊断,因此一些用于图片修复效果的主观指标可能会不适用。

6.2.1　经典生成对抗网络

经典的生成对抗网络是通过构建两个训练模块并分别设计损失函数,使它们在训练中相互对抗的一种生成模型。在训练过程中,模型本身不需要标记的数据作为引导,它可以自动学习输入样本的内在特征。经典的生成对抗网络中包含一个用于生成以假乱真样本的生成器和一个高精度鉴别真伪的鉴别器。生成器从输入样本中学习其空间分布特征,并利用输入的随机噪声的独立分布特性,生成具有特定特征的样本。判别器则通过学习真实样本和伪样本的特征来尽可能分辨出样本的真伪。因此在训练过程中,通过设计的损失函数,使生成器生成的样本尽可能地接近真实样本来迷惑鉴别器,而鉴别器需要不断训练来提高鉴别伪样本的能力。二者在对抗训练中不断提高各自的性能,最终得到需要的高性能生成器。

从原理角度分析,首先给定数据分布 P_{data},希望设计生成器,使得生成器所

产生的数据分布 P 尽可能接近 P_{data}。为了学习相应的数据分布，首先随机初始化一个噪声分布 $P_z(z)$，然后将随机噪声作为生成器 G 的输入，输出生成伪样本 x，利用噪声的随机分布特性保证样本的多样性；判别器 D 判断 x 是来自输入样本的特征空间还是生成样本的特征空间。训练过程中判别器 D 需要最大化准确率，而生成器 G 需要最小化 D 的准确率，以此形成对抗训练。在两者的对抗训练过程中不断优化各自参数，直到两者达到平衡。二者按照极小化极大估值函数 $V(G,D)$ 进行博弈的过程如下

$$\min_G \max_D V(G,D) = \mathbb{E}_{x \sim p_{\text{data}}(x)}[\ln D(x)] + \mathbb{E}_{z \sim p_z(z)}[\ln(1 - D(G(z)))] \tag{6-1}$$

基本的 GAN 存在许多问题。在训练过程中，无法通过单一策略找到稳定收敛的全局最优解。同时，如果生成器相较判别器学习速度过快，那么可能会产生模式崩塌，即生成器由于无法摆脱局部最优解导致生成的样本完全相同。相反，如果判别器学习速度过快，将会导致生成器的损失值过大，这意味着在高维空间中无论哪个方向的梯度都接近于 0，使生成器无法有效训练。

6.2.2 辅助分类器生成对抗网络

ACGAN 是一种监督学习的 GAN 变种。其与 GAN 的结构基本相同，均包含生成器 G 和鉴别器 D。生成器 G 通过学习数据的空间分布来生成与训练样本相似的数据。判别器来计算数据是真实样本的概率，并将输入的样本分类为真实样本和虚假样本。在训练时，生成器需要不断拟合真实样本特征，来生成能够欺骗鉴别器的假样本。使假样本的空间分布尽可能地与真实样本接近。相反，鉴别器需要尽量减少对样本的误判，从样本集中区分出假样本，并以损失值的形式指导生成器。

不同的是，ACGAN 能够将标签信息带入到生成器与鉴别器中进行训练，从而达到生成指定标签样本的目的。GAN 与 ACGAN 的结构如图 6-1 所示。从图中可以得知，ACGAN 将鉴别器构造成了一种多任务分类的结构，使其不仅可以辨别样本的真伪，也可以区分样本的类别。

ACGAN 的生成器也可以接收标签信息。在输入的随机噪声的头部，嵌入标签的独热编码。通过对抗性训练，使生成器可以学习到对应标签的样本特征。鉴别器会分别计算出真伪损失 L_S 和分类损失 L_C，即

$$L_S = E_r[\ln P(s = s_r | x)] + E_f[\ln P(s = s_f | G(a, c_f))] \tag{6-2}$$

$$L_C = E_r[-\ln P(c = c_r | x)] + E_f[-\ln P(c = c_f | G(a, c_f))] \tag{6-3}$$

其中，L_S 用来衡量鉴别器正确区分样本来源的损失，L_C 用来衡量鉴别器正确区分样本类型的损失，E_r 表示真实样本 x 来自于真实样本分布的期望，E_f 表示生

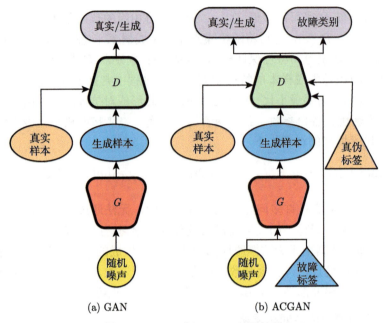

(a) GAN   (b) ACGAN

图 6-1 GAN 与 ACGAN 的结构

成样本 $G(a, c_f)$ 来自于生成样本分布的期望。其中 a 表示噪声，c_r、c_f 表示真实样本 x 和生成样本 $G(a, c_f)$ 的标签。在对抗性训练时，鉴别器的目标是最大化 $L_S + L_C$，而生成器的目标是最大化 $L_S - L_C$。通过上述训练过程，最终得到可以生成指定类别样本的高性能生成器。

6.3　基于图转速分类器生成对抗网络的数据增强与数据修复

6.3.1　模型结构

基本的 ACGAN 由生成器和鉴别器构成。其中鉴别器采用了多任务学习的结构，具有同时进行分类和判断来源的能力。但是在训练过程中，鉴别任务和分类任务的目标并不相同。鉴别器有时无须设计得过于强大，以此来平衡生成器的性能。但分类器却需要尽可能准确。共用鉴别器时，类别错误和来源错误都会直接影响生成样本的质量。同时，现有用于轮对轴承故障诊断的模型通常没有考虑工况信息。而转速又是影响故障诊断精度最重要的因素之一。因此，综合以上因素，提出了图转速分类器生成对抗网络用于生成不同转速工况下的轮对轴承振动信号样本。

所提 GSCGAN 的结构如图 6-2 所示。可以观察到，模型中主要由基于 CNN 的生成器和基于 ResGANet 的鉴别器、故障分类器和转速分类器构成。GSCGAN

将鉴别任务和分类任务分离，来提高不同任务的可控性。引入转速分类器来对模型转速标签进行识别，以此来生成特定转速的样本。利用 ResGANet 对样本和样本间关系进行拟合，提高任务的分类精度。模型详细的参数配置信息如表 6-1 所示。

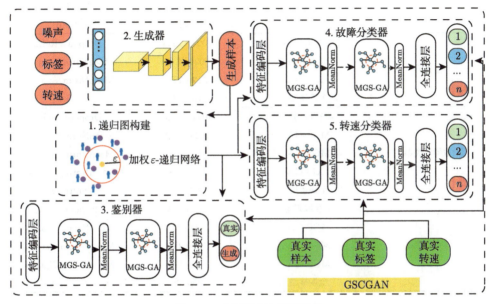

图 6-2　GSCGAN 模型结构

在训练时，需要首先将样本进行归一化，并通过加权 ε-递归网络构造为图。每个样本都带有故障类别标签和转速标签。不同分类任务通过各自的 ResGANet 进行特征提取与分类。不同分类器的结构稍有不同。为了加快 ResGANet 的训练速度和稳定性，MeanNorm 和 Sigmoid 添加在了每一层图注意力层后。生成器由全连接层和一维卷积神经网络构成。每个卷积层后面添加了 BN 层来加快收敛速度，避免过拟合。生成器和鉴别器采用瓦瑟斯坦 (Wasserstein) 距离作为损失函数，因此其输出没有经过 Sigmod 函数。它们的优化器也采用均方根传播 (root mean square propagation, RMSprop) 方法进行训练。而两个分类器的输出层采用了 Softmax 函数，并采用 Adam 算法进行优化。

表 6-1 GSCGAN 详细结构参数

网络名称	层名称	参数设置	运算/激活函数
生成器	全连接层	1024×1024	BN/ReLu
	1D 逆卷积层	3×128	BN/ReLu
	1D 逆卷积层	3×64	BN/ReLu
	1D 逆卷积层	3×32	BN/ReLu
	1D 逆卷积层	32×16	Tahn
鉴别器	特征编码层	1024×1024	Dropout/ReLu
	MGS-GA	1024×512	MeanNorm/Sigmoid
	MGS-GA	512×128	MeanNorm/Sigmoid
	全连接层	128×2	无
故障分类器	特征编码层	1024×1024	Dropout/ReLu
	MGS-GA	1024×512	MeanNorm/Sigmoid
	MGS-GA	512×256	MeanNorm/Sigmoid
	MGS-GA	256×128	MeanNorm/Sigmoid
	全连接层	256×2	Softmax
转速分类器	特征编码层	1024×1024	Dropout/ReLu
	MGS-GA	1024×512	MeanNorm/Sigmoid
	MGS-GA	512×256	MeanNorm/Sigmoid
	MGS-GA	256×128	MeanNorm/Sigmoid
	全连接层	256×2	Softmax

6.3.2 训练及优化过程

传统的 ACGAN 直接采用交叉熵来计算损失值。为了避免模式崩塌等问题,所提 GSCGAN 采用 Wasserstein 距离代替 JS(Jensen-Shannon) 散度。Wasserstein 距离可以在两个分布在高维中不重叠时, 提供有意义的梯度。其计算公式如下

$$W\left(P_r, P_g\right) = \inf_{\gamma \sim \Pi(P_r, P_g)} \mathbb{E}_{(x,y)\sim\gamma}[\|x - y\|] \tag{6-4}$$

其中, $\Pi(P_r, P_g)$ 是 P_r 和 P_g 组合起来的联合分布集合。对于每个可能的联合分布 γ, 都可以从采样 $(x,y) \sim \gamma$ 中得到一个真实样本 x 与生成样本 y, 并计算这对样本的距离 $\|x - y\|$。因此可以计算该联合分布 γ 下样本对距离的期望 $\mathbb{E}_{(x,g)\sim\gamma}[\|x - g\|]$, 并在所有可能的联合分布中对这个期望取下确界。GSCGAN 的训练伪代码如表 6-2 所示。

表 6-2　　GSCGAN 的训练伪代码

算法. GSCGAN
输入: 带标签的图样本 $X = \{(x_i, y_i, s_i)\}$;
1: 初始化模型参数;
2: for $i = 1$ to N do:
3:　for $j = 1$ to 5 do:
4:　　抽取一批真实样本 $\{x\}$, 构造具有标签信息的噪声 $\{a, y, s\}$;
5:　　计算 $G(a, c_f, s_f)$;
6:　　$L_D = E_r[D(x)] - E_f[D(G(a, c_f, s_f))]$;
7:　　$\theta_D \leftarrow \text{RMSProp}(L_D)$;
8:　end for;
9:　抽取一批真实样本 $\{x, y, s\}$, 构造具有标签信息的噪声 $\{a, y, s\}$;
10:　计算 $G(a, c_f, s_f)$;
11:　$L_C^r = E_r[-\ln P(c = c_r \lvert x)]$; $L_C^f = E_f[-\ln P(c = c_f \lvert G(a, c_f, s_f))]$;
12:　$L_S^r = E_r[-\ln P(s = s_r \lvert x)]$; $L_S^f = E_f[-\ln P(s = s_f \lvert G(a, c_f, s_f))]$;
13:　$L_G = E_f[D(G(a, c_f, s_f))] + L_C^f + L_S^f$;
14:　$\theta_C \leftarrow \text{Adam}(L_C)$; $\theta_S \leftarrow \text{Adam}(L_S)$;
15:　$\theta_G \leftarrow \text{RMSProp}(L_G)$;
16: end for.

从上述损失函数计算过程中可以发现, 在实际过程中下确界无法求解。因此通过将网络权重参数限定在一定范围内来近似计算 Wasserstein 距离。GSCGAN 的损失函数如公式 (6-5)∼ 公式 (6-12) 所示。

$$L_C^r = E_r[-\ln P(c = c_r \lvert x)] \tag{6-5}$$

$$L_C^f = E_f[-\ln P(c = c_f \lvert G(a, c_f, s_f))] \tag{6-6}$$

$$L_S^r = E_r[-\log P(s = s_r \lvert x)] \tag{6-7}$$

$$L_S^f = E_f[-\ln P(s = s_f \lvert G(a, c_f, s_f))] \tag{6-8}$$

$$L_C = L_C^r + L_C^f \tag{6-9}$$

$$L_S = L_S^r + L_S^f \tag{6-10}$$

$$L_D = E_r[D(x)] - E_f[D(G(a, c_f, s_f))] \tag{6-11}$$

$$L_G = E_f[D(G(a, c_f, s_f))] + L_C^f + L_S^f \tag{6-12}$$

其中, L_D、L_G、L_C、L_S 分别为鉴别器 D、生成器 G、故障分类器 C 和转速分类器 S 的损失函数。L_C^r、L_C^f 分别为故障分类器对真实样本和生成的指定故障类型样本的损失。L_S^r、L_S^f 分别为转速分类器对真实样本和生成的指定转速样本的损失。通过这两部分的损失使分类器学习到两种来源下的概率分布。为了令生成器学习到故障类别和转速信息, 在生成器的损失函数 L_G 中添加了两个分类器分别计算生成样本的生成损失，来指导生成器进行训练。设计损失函数后，需要根据对应的损失对 GSCGAN 进行迭代训练。

从伪代码和图 6-2 中可以看出，训练可以分为三个部分。首先需要将采集到的高速列车轮对轴承振动信号用滑窗的方式进行裁切，并通过加权 ε-递归网络构造为递归图。将样本分为训练集和测试集，用于训练和两个分类器的测试。利用噪声构建同等长度的输入数据，并利用独热编码在样本的头部为尾部分别指定生成的故障类型和转速类型，构造的噪声如图 6-3 所示。其次将样本和标签送入 GSCGAN 中进行训练和迭代。最后获得可以生成指定故障类型和转速的生成器和高精度的故障分类器。

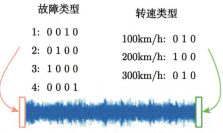

故障类型

1: 0 0 1 0
2: 0 1 0 0
3: 1 0 0 0
4: 0 0 0 1

转速类型

100km/h: 0 1 0
200km/h: 1 0 0
300km/h: 0 1 0

图 6-3　包含故障类型和转速类型的噪声

6.3.3　基于预训练生成器的样本修复方法

受到加速度传感器和网络传输过程的影响，采集到的列车轮对轴承故障样本中通常存在一些包含缺失点的数据。为了能够充分利用这些样本，通常会采用算法对其进行修复。但是传统的算法是基于统计学来完成的，没有对样本的固有特征进行学习。同时，由于没有考虑修复样本的故障类型和运行工况，修复的效果通常达不到理想状态。因此，提出一种基于预训练生成器的样本修复方法。并考虑待修复样本的故障标签和转速标签，来对缺失点故障样本进行有效修复。

样本的修复过程如图 6-4 所示。从图中可以看出，利用生成器学习到的多种故障类型和工况的特征，对缺失样本 v_m 进行高精度修复。修复后的样本为 v_g。首先将待修复的样本进行归一化，并在其开头和结尾加入其故障类型和转速标签。然后将样本放入生成器中进行反复迭代，直到输出样本的损失趋于平稳。需要注意的是，每次迭代后的输入，均为上一次的输出。为了能够直观描述生成样本与实际样本之间的差距，模型学习到的映射关系为 $v_m \longrightarrow v_g$，即从部分遮挡的振动信号还原为完整信号。由于 v_m 和 v_g 之间存在确定性关系，所以设计的损失函数如下

$$L(v_g, v_m) = \frac{1}{N} \sum_{i=1}^{N} \left| \mathrm{mask}_0(v_g^i) - v_m^i \right| \tag{6-13}$$

其中，N 表示样本点的数量；$\mathrm{mask}_0(\cdot)$ 表示对修补部分的遮挡，并将其值设为 0。通过 $L(v_g, v_m)$ 可计算得到生成的样本与待补充的样本之间在已知部分的差距，并以此为目标对生成器进行训练。最终模型利用已知部分和预训练得到的故障和转速特征，生成修复后的样本。

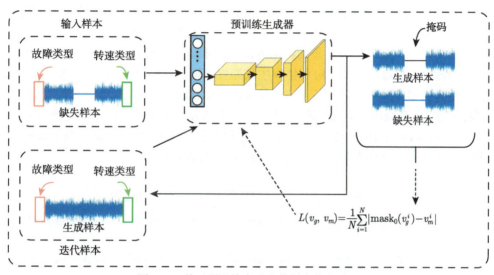

$$L(v_g, v_m) = \frac{1}{N}\sum_{i=1}^{N}|\mathrm{mask}_0(v_g^i) - v_m^i|$$

图 6-4 基于预训练生成器的样本修复过程

所提 GSCGAN 的整体训练、优化、生成和修复过程如图 6-5 所示。

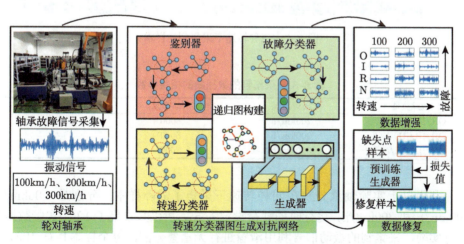

图 6-5 GSCGAN 的整体训练、优先、生成和修复过程

6.4   数据增强与数据修复实验验证及分析

6.4.1   高速列车轮对轴承实验数据集

与第 5 章相同,高速列车轮对轴承数据集主要采集自高速列车轮对轴承综合实验台。实验台主体主要由驱动电机、轴向加载装置、径向加载装置、支撑轴承以及实验轴承构成。实验采集的样本为故障轴承运行中的振动信号。当轮对轴承发生故障时,故障点会与接触部位发生周期性接触,导致轴承振动信号发生改变。加速度传感器安装在被测轴承上方,灵敏度为 $2.505\mathrm{mV/(m \cdot s^2)}$。实验时,信号的采样频率为 12.8kHz。用于实验的轴承主要包括 4 种健康状况,分别是内圈故障 (IR)、外圈故障 (OR)、滚动体故障 (RE) 以及正常状态 (NC)。采集到的数据如图 6-6 所示。高速列车轮对轴承样本的细节如表 6-3 所示。

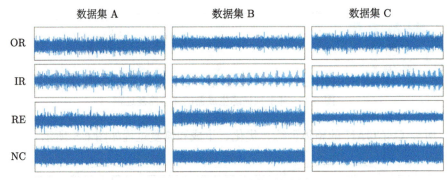

图 6-6   三种转速下采集到的样本

表 6-3   采集到的数据集的相关参数

故障类型	转速工况	样本数量	数据集编号
OR/IR/RE/NC	100km/h	8000	A
OR/IR/RE/NC	200km/h	8000	B
OR/IR/RE/NC	300km/h	8000	C

利用以上实验轴承分别在四种转速下采集了故障样本,分别是 100km/h、200km/h 和 300km/h,运行时的载荷设定为 5t,所以共收集了 12 个实验数据来进行实验。采集到的振动信号利用滑窗进行无重叠分割,每个样本具有 1024 个数据点,每个实验数据分别获取 2000 个样本。12 种样本的示意图如图 6-6 所示。所以 12 个实验数据共获得 24000 个样本。将这些样本利用加权 ε-递归网络构造递归图,每个递归图随机选择 200 个样本,因此共可构造 120 个递归图。需要注

意的是，递归图中的样本要来自同一个实验数据，即它们的故障类型和转速相同。其中，96 个递归图用于训练，24 个递归图用于两个分类器的测试。

在本节中，所提方法由 Python 3.7 编写。深度学习模型框架采用 Pytorch 1.3。用于训练的计算机平台为 Intel Xeon Gold 6148 CPU，内存为 16GB RAM，Cuda 处理器为 RTX2080Ti GPU，具有 4GB 内存。

6.4.2 轮对轴承多转速故障样本生成与故障诊断

为了模拟高速列车轮对轴承样本缺乏的场景，并验证所提 GSCGAN 的性能，设计实验使用上述样本对其进行了测试。对模型训练 30000 次，使四部分的精度达到平稳。

图 6-7 给出了四部分模块的训练过程。模型的训练稳定性主要体现在训练过程中各模块的损失波动程度。从图中可以看出，在训练过程中，所提 GSCGAN 的训练稳定性较好，四个组件的训练之间相互配合，很快达到了稳定状态，维持到了训练完成。生成器的损失与另外三个分类器的损失之间具有对应关系，能够在三个分类器的指导下，对样本的工况、故障类型进行特征拟合，学习到具体工况和故障下的特有特征，实现同时对多个工况和故障类型的学习和拟合，为后续故障样本生成和修复提供特征支撑。

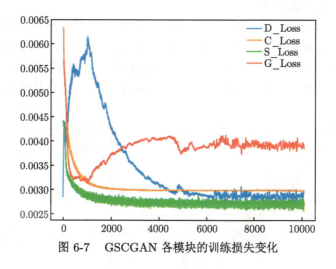

图 6-7   GSCGAN 各模块的训练损失变化

许多生成对抗网络在生成样本时会产生模式崩塌的问题，即生成的样本是相同的，以此来欺骗鉴别器。通过直观展示即可分辨是否产生模式崩塌。GSCGAN 生成的样本如图 6-8 所示，从图中可以看出，生成的样本具有多样性，且生成的样本在时域上与真实样本较为接近，没有出现模式崩塌的情况。

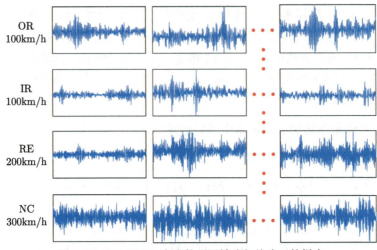

图 6-8 GSCGAN 生成的不同转速与故障下的样本

　　用真实样本的测试集和生成样本分别对故障分类器与转速分类器进行测试，模型分类精度的混淆矩阵如图 6-9 所示。从图中可以看出，故障分类器在真实样本和测试样本下的分类精度为 98.3% 和 99.5%；转速分类器的精度为 97.4% 和 97.7%。两个分类器的分类精度都较高，因此说明其具有指导生成器生成特定故障类型和转速样本的能力。

　　为了进一步验证所提模型的性能和优越性，本书与经典 ACGAN[55] 和 WGAN-GP(Wasserstein GAN with gradient penalty)[185] 进行了对比。其中，AC-GAN 是一种广泛应用于具有标签的样本生成模型，它基于卷积神经网络进行构建。WGAN-GP 是一种典型的基于 Wasserstein 距离的生成对抗网络，包含一个鉴

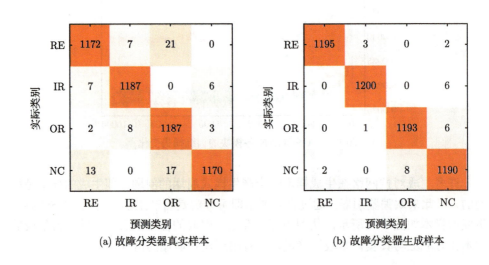

(a) 故障分类器真实样本　　　　(b) 故障分类器生成样本

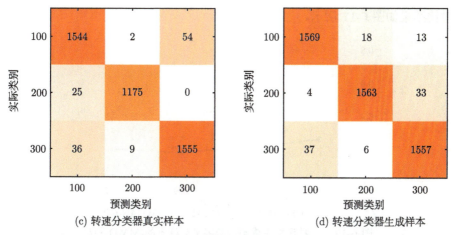

(c) 转速分类器真实样本　　　　(d) 转速分类器生成样本

图 6-9　故障分类器和转速分类器对真实样本和生成样本的分类精度

别器和一个生成器, 它同样基于卷积神经网络进行构建。为了能够使这两个模型进行训练, ACGAN 采用未构造图之前的样本进行训练。训练样本带有故障类别标签。WGAN-GP 同样采用未构造图前的样本进行训练, 但不具有标签。对比的指标主要包括生成样本的最大平均差异, 混合样本集在传统模型下的诊断精度以及所用样本的空间分布聚集性。

样本的最大均值差异是从样本空间分布距离的角度来衡量生成样本与真实样本的相似程度的指标, 其定义为

$$
\mathrm{MMD}(X, Y) = \left\| \sum_{i=1}^{n_1} \phi(x_i) - \sum_{j=1}^{n_2} \phi(y_i) \right\|_H^2
$$

$$
= \frac{1}{m(m-1)} \sum_{i \neq j}^{m} k(x_i, x_j) + \frac{1}{n(n-1)} \sum_{i \neq j}^{n} k(y_i, y_j)
$$

$$
- \frac{2}{mn} \sum_{i,j=1}^{m,n} k(x_i, y_j) \tag{6-14}
$$

其中, $\phi(\cdot)$ 表示向量的高维映射。从公式中可知, MMD(maximum mean discrepanc) 距离是将向量映射到再生希尔伯特空间中, 衡量两个分布相似程度的方法。由此可知, 真实样本与生成样本间的 MMD 距离越小, 表示生成的样本在空间分布上越接近真实样本。由于对比模型不具有转速分类能力, 需要将对比模型在不同转速下进行多次训练。每种故障类型和每种转速分别选取了 5 个随机的真实样本和随机的生成样本进行对比。每种生成模型共计算了 12 个 MMD 距离。针对不同故障类型样本的 MMD 距离对比结果如图 6-10 所示。针对转速的 MMD 距

离对比结果如图 6-11 所示。

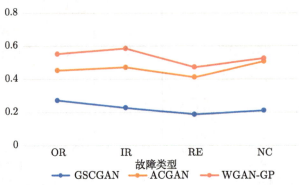

图 6-10 三种模型生成不同故障类型样本的 MMD 距离

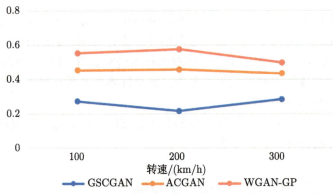

图 6-11 三种模型生成的不同转速类型样本的 MMD 距离

从图 6-10 中可以看出所提 GSCGAN 的 MMD 距离在每一种故障类型和转速工况下均为最小，分别是 (0.2716,0.2268,0.1874,0.2106) 和 (0.2716,0.2156, 0.2835)。说明 GSCGAN 的生成样本与实际样本的总体空间分布更为接近。在 MMD 的评价指标下，生成样本与实际样本更为相似。对比模型生成的样本比所提模型的空间分布差异更大，但各个故障类型和转速工况下的 MMD 距离差异不大，由此可知 MMD 距离的大小主要受模型性能的影响。由于缺乏对样本间关系的获取，ACGAN 和 WGAN-GP 无法在训练期间准确地为生器提供足够的先验知识。它使生成的样本和实际样本之间的距离在再生希尔伯特空间中更大。同时，两种算法都无法根据速度条件生成所需的样本，需要分多次训练才能完成诊断任务，所以在训练时间上所提 GSCGAN 也有很大优势。然而从图 6-11 中可以看出，一个模型的不同故障类型和速度条件之间的 MMD 距离差异很小。因此 MMD 距离的大小主要受模型性能的影响。

为了能够验证生成样本在样本不充足时对数据集的补充效果，采用两种形式的轴承故障诊断模型对混合数据集进行了分析，分别是基于卷积神经网络的 WD-CNN 和基于图神经网络的 ResGANet。首先使用充足的真实训练样本对两个模型进行训练记录其诊断精度，并在每种转速下进行分别训练。再使用上述三个生成模型生成的样本与真实样本按照 1:1 混合进行训练，两次训练的总样本数量一致，实验结果如图 6-12 所示。

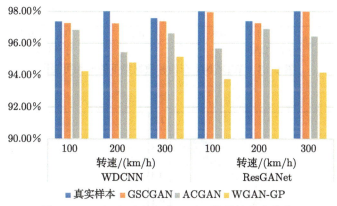

图 6-12　不同混合数据集下对比模型的分类精度

从图中可以看出，采用 GSCGAN 进行补充的数据集在两个模型下的诊断精度与真实数据集下的相差很小。无论在哪种转速工况下，均能达到较为理想的分类精度。相应地，另外两种对比模型的诊断精度均有不同程度的下降，表明生成的样本不能为诊断模型提供有效的故障特征，在不同转速下的分类结果相差不大，再次验证了生成模型的效果主要受到了生成模型的性能影响。

为了能够可视化地评估生成样本与实际样本的二维特征分布差异，采用 t-SNE 算法对两个诊断模型提取到的样本特征进行了可视化处理。以转速为 100km/h 的运行工况为例，结果如图 6-13 和图 6-14 所示。从图中可以看出，所提

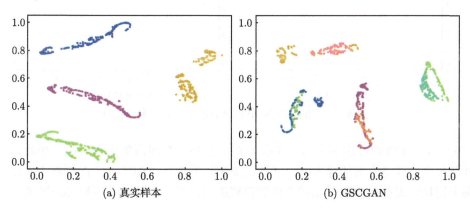

(a) 真实样本　　　　　　　　　　　　　(b) GSCGAN

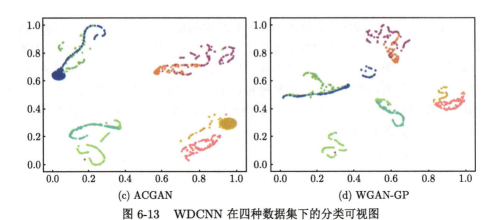

(c) ACGAN　　　　　　　　　　　(d) WGAN-GP

图 6-13　WDCNN 在四种数据集下的分类可视图

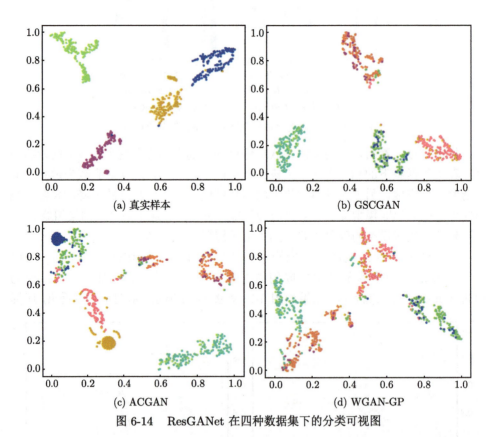

(a) 真实样本　　　　　　　　　　　(b) GSCGAN

(c) ACGAN　　　　　　　　　　　(d) WGAN-GP

图 6-14　ResGANet 在四种数据集下的分类可视图

GSCGAN 生成的样本基本与真实样本在二维特征空间内集中在一起。相反，另外两种生成模型生成的样本的可视图结果则较为混乱。ACGAN 的样本中出现了两个团块，说明其出现了比较严重的模式崩塌。进一步证实了所提 GSCGAN 生成的样本与真实样本更加接近。可以一次性对多个运行转速下的实验数据集进行有效补充。

6.4.3 样本修复质量对比与评估

为了验证所提基于 GSCGAN 预训练生成器的样本修复效果,利用删除片段的方式设计了多组缺失信号进行实验。样本缺失率是影响最终修复效果的关键因素之一,样本的缺失率是指缺失点的数量占样本全部点数量的比值,用于修复的样本也设计了不同的缺失率用于对比,所以本书设计了不同故障类型、转速工况和缺失率的样本进行了实验,实验数据集的细节如表 6-4 所示。

表 6-4 用于修复的样本集相关参数

故障类型	转速工况	样本数量	缺失率
OR/IR/RE/NC	100km/h	500	20%、30%、40%、50%
OR/IR/RE/NC	200km/h	500	20%、30%、40%、50%
OR/IR/RE/NC	300km/h	500	20%、30%、40%、50%

选择了较为常用的两种传统方法,分别为测量矩阵 (measurement matrix, MM) 以及 k 近邻算法 (kNN)。MM 可以将信号与测量矩阵相乘生成一组测量值,然后利用逆测量矩阵法来重建原始信号。kNN 是基于距离度量来确定一个样本与其最近节点的相似性的算法。kNN 查找与具有缺失值的样本在其他特征上相似的那些样本,并使用这些相似样本的特征值来填充缺失值。同时,两种基于 GAN 的方法也用来进行对比,分别为 ACGAN 和 WGAN-GP。它们的生成器也采用与 GSCGAN 相同的方法来进行样本修复。在测试时,MM 和 kNN 分别选择对应的故障类型和转速工况进行修复测试。基于 GAN 的模型则用预训练模型进行测试。GSCGAN 在修复之前需要将待修复样本中加入故障和转速信息。以外圈故障在转速 100km/h 下缺失率为 20% 的样本为例,修复后的样本如图 6-15 所示。

从图中可以看出,每种方法均可以将已有部分进行拟合,并对中间部分进行填补。从时域角度看,除 kNN 方法外,其他所有方法在时域上均能进行较好的修复,其中,GSCGAN 在直观上更加接近实际样本。在进行故障诊断时,单一点对整个样本的影响往往是较小的,因此应从整体角度对修复后的样本的统计特性进行分析。为了能够更加精准地评价修复效果,本书还从其他统计指标上,对修复性能进行了研究。

(1) 均方根 (root mean square, RMS)。一个样本的均方根主要用来测量信号的振幅和平均功率。修复样本越接近实际样本,则修复效果越好。其定义为

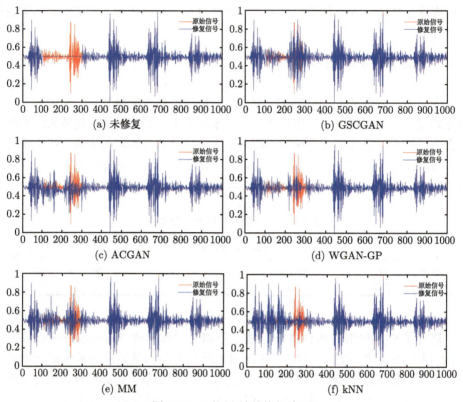

图 6-15　不同方法的修复效果

$$\mathrm{RMS} = \sqrt{\frac{1}{n} \sum_{i=1}^{n} x_i^2} \tag{6-15}$$

其中，x_i 是样本第 i 离散点的振幅，n 为样本 x 的样本点数量。

(2) 峰度 (kurtosis, K)。峰度通常用来分析和衡量离群点相较样本整体的程度。其受突变信号和冲击信号的影响较大，因此对于轴承振动信号的变化较为敏感，因此修复样本与实际样本越接近，修复效果越好。其定义为

$$K = \frac{\dfrac{1}{n} \sum_{i=1}^{n} (x_i - \bar{x})^4}{\dfrac{1}{n} \left(\sum_{i=1}^{n} (x_i - \bar{x})^2 \right)^2} \tag{6-16}$$

其中，$\bar{x}$ 表示样本 x 的平均振幅。K 表示样本 x 的峰度。

(3) 相对误差 (relative error, RE)。相对误差是能够直接衡量样本修复程度的指标之一。它通过计算修复样本与实际样本之间点对点的差异，来获得修复样本的修复精度。相对误差越小，表示修复的样本效果越好。其定义为

$$\text{RE} = \frac{\|x_{\text{repair}} - x\|_2}{\|x\|_2} \tag{6-17}$$

其中，x_{repair} 表示修复后的样本。RE 越小表示修复算法对样本的重构越成功。

利用不同故障类型和转速的样本对对比模型进行测试。RMS 和 K 的结果以柱状图的形式给出，如图 6-16 所示。未删除片段前的样本为真实样本，真实样本的输出值作为 1，对其他数据按比例进行计算。重点测试对应指标下与实际样本的接近程度。采用缺失率为 40%、转速为 100km/h 的样本进行训练。

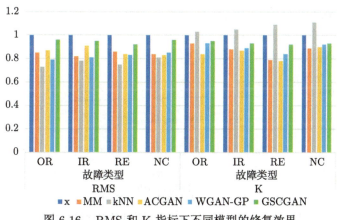

图 6-16　RMS 和 K 指标下不同模型的修复效果

从图中可以看出，修复样本的 RMS 和 K 均出现了不同的变化，说明修复后的样本与原样本间均存在一定差距。但从数据上看，所提 GSCGAN 的数据在不同故障类型下最接近 1，说明其修复效果更好。综合两个指标，kNN 的修复效果最差，这与时域中的直观感受相同。kNN 的修复主要采用近邻拼接的方法，从而导致修复质量不高。ACGAN 可以进行故障分类，在对比方法中的修复效果相对较好。然而由于 ACGAN 不能以多种速度学习样本特征，因此它在修复方面并不高效。但 ACGAN 的 K 值出现了比原始样本更高的情况，说明其修复的样本点中，更倾向于高频冲击，这可能会影响其用于故障诊断的效果。

对不同缺失率下的相对误差进行了测试，分析不同缺失率下，相对误差的变化趋势。训练采用的样本故障类型为外圈故障样本，转速选择为 100km/h。同时，测试了不同转速下的相对误差变化情况，分析转速对样本修复效果的影响。训练样本的缺失率为 40%，故障类型为外圈故障。测试结果分别如图 6-17 和图 6-18 所示。

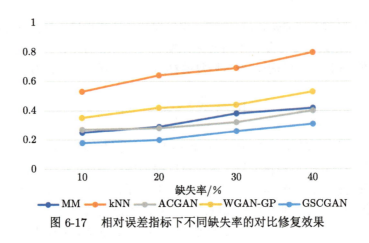

图 6-17　相对误差指标下不同缺失率的对比修复效果

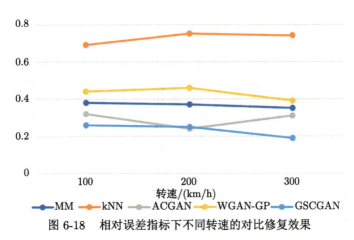

图 6-18　相对误差指标下不同转速的对比修复效果

对于不同缺失率的故障样本，从相对误差中可以看出，缺失率越高，样本修复的效果越差。说明缺失的样本点越多，修复算法可获得的原始信息就越少，修复的误差也就越大。但所提 GSCGAN 能够在缺失率达到 50% 的情况下，仍能保持较低的相对误差，且受缺失率的影响也更小。说明模型充分学习到了轴承样本的有效特征，在生成样本时仅需很小一部分原始信息即可获得很好的效果。kNN 的相对误差最大，且受缺失率的影响也很大。ACGAN 的相对误差也较小，但其受缺失率的影响较大，不能很好地完成修复任务。

在不同转速下的修复实验中可以看出，不同转速对修复任务的影响较小。每种算法都学习到了对应转速下的有效信息。因此，转速的变化对修复的效果影响有限。影响相对误差的最主要因素还是获取有效信息的好坏。与其他对比模型不同的是，所提 GSCGAN 仅需要一次训练就能达到在所有转速下取得更小的相对误差。这相对其他模型，在修复样本的多样性上、训练方便程度上有很大优势。

6.5 本章小结

本章主要提出了 GSCGAN，来生成并修复多种转速工况下的高速列车轮对轴承故障样本，通过引入独立的转速分类器使生成器可以同时学习样本的故障信息和转速信息，并基于预训练生成器对缺失点样本进行修复，具体结论如下。

(1) 所提 GSCGAN 能够有效获取训练样本的故障特征和转速信息，生成指定故障类型和转速的样本。

(2) GSCGAN 的生成样本与真实样本之间有更小的高维空间分布差异，说明其生成样本的质量更好，且在不同故障类型和转速下均能获得很好的效果。

(3) 常用的故障诊断模型在生成样本与实际样本混合构建的数据集下，能够获得与真实数据集相接近的故障诊断精度。

(4) 基于预训练生成器的样本修复方法能够有效对样本进行修复，并在多个指标下进行了验证，提高了真实样本的利用率。

第 7 章　基于数据融合的转速自适应特征提取

7.1　引　　言

第 6 章主要研究了当高速列车轮对轴承样本集存在数据不平衡和数据点缺失时，通过图转速分类器生成对抗网络来对模型进行多故障和多转速下的数据增强和数据修复。利用补充后的数据集和数据融合模型可以提高故障诊断的精度。但是如何高效利用采集到的多模态样本，提高多转速工况下的故障诊断效果仍需研究。在列车启动、停止、经过山洞等情形时也会使轮对轴承处于不同的转速。转速的变化会使故障点的振动频率发生变化，而对实际采集的数据进行人工标记是一项较为耗时的任务，因此收集到的样本集中每种故障样本之间都存在一定的转速差异。这些差异会加大深度模型拟合特征时的难度，并对诊断效果造成较大影响。

因此，将轮对轴承的转速信息融入深度学习模型中，为振动信号提供对应的转速信息是当前的主要研究方法。现阶段处理多种转速下轴承故障诊断的方法主要分为两阶段方法和一阶段方法 [188,189]。两阶段方法是通过信号处理方法，使用转速对振动信号进行重采样，利用深度学习方法自动拟合和融合两种信号的特征，更加智能化。

因此本章考虑采用振动–转速数据融合的方式对具有多种转速的样本集进行诊断。针对现有数据融合故障诊断方法存在的局限性，提出一种转速自适应图注意力网络 (speed adaptive graph attention network, SAGANet) 来实现高精度的多转速工况下的故障诊断。首先通过两个统一深度的卷积神经网络对轴承振动信号和键相信号进行特征编码和信息融合。其次建立图构建网络从融合的特征中寻找样本结构的特征关系，并以此构建图邻接矩阵。最后利用所提 ResGANet 对振动信号和键相信号的特征矩阵和样本间关系进行拟合。以此来捕获多转速样本中的不同转速下的故障特征和空间联系，实现转速自适应的故障诊断。通过实验验证了所提模型的有效性和转速自适应能力，并设计了消融实验，对转速自适应过程中的内在作用机理进行了解释，为后续实际工况下的故障诊断提供基础模型。

7.2 振动–转速数据融合理论

在实现数据融合的过程中有三类信息在实现转速自适应的过程中会起到关键作用，即故障信息、转速信息和数据结构信息，如图 7-1 所示。在振动–转速数据融合中，振动信号是故障信息的主要提供方，它能保证模型可以获取到充足的轴承故障点冲击信息。转速信息通常是利用转速计获取轴承的键相信号，它是轮对轴承转动时通过激光测速传感器获取的周期脉冲，从而帮助分类器获取更加清晰的故障特征。数据结构信息是指样本间的数据分布和几何数据结构，它可以有效增强样本间的联系，同时保留在原始空间中的数据属性，从而提高网络对转速变化中间过程的拟合效果。以上三种信息在数据融合时可以相互补充，提高拟合效果。然而，现有的诊断方法仅考虑了前两种类型的信息，没有将数据结构信息进行有效建模并集成到深度网络模型中。

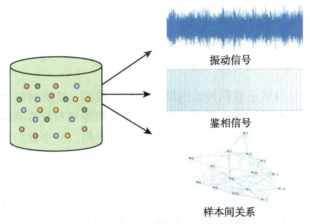

图 7-1　数据融合的三类关键信息

为了保证构造的模型可以实现端到端的多转速高速列车轮对轴承故障诊断，需要将转速信息作为模型的输入。键相信号通常是能够直接收集的转速信息，由转速计获取，键相信号和其对应的转速信息如图 7-2 所示。5 点采样法可以将键相信号转化为转速信号，通过计算键相信号 5 个上升沿去计算对应的转频。由于这是一个计算平均的算法，所以存在一定的信息丢失。考虑到深度学习可以自动拟合复杂样本，本节直接采用键相信号作为输入。

7.2.1　振动–转速数据特征编码与特征提取

由于振动信号和键相信号是两类完全不同的信号，因此其时域特征存在较大差异，需要将其进行统一形式的编码，再对编码后的特征进行特征提取与诊断。

考虑到这两类信号均是典型的时间序列。因此选择利用多尺度一维卷积神经网络 (one-dimensional convolutional neural network, 1DCNN) 的方法对轴承振动信号和键相信号分别进行特征编码和特征提取。

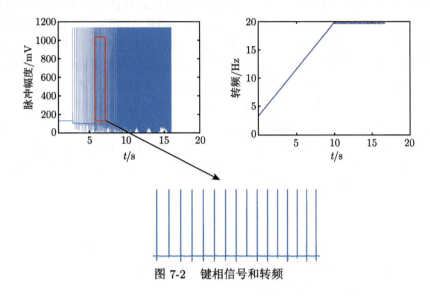

图 7-2　键相信号和转频

一维卷积神经网络是卷积神经网络的一维化模型，能够对时间序列通过卷积操作进行初步特征编码和特征提取。同样具有局部连接和权值共享的特点。在语音处理、自然语言处理等任务中具有较好的使用效果。一个典型的一维卷积神经网络主要包括两个部分：卷积层和池化层。

(1) 卷积层是对输入特征进行卷积操作的模块，它由许多卷积和偏置单元构成。与卷积神经网络不同的是，一维卷积层是通过将卷积核进行移位滑窗的方式来对输入特征进行卷积运算的，可以理解为一维卷积核是在对输入特征进行滤波。同时进行卷积时的权值共享可以在实现较少训练参数的情况下保持较高的特征提取效率。一维卷积神经核的卷积运算过程如图 7-3 所示。

一维卷积核通过滑窗对输入特征进行卷积运算，假设输入特征的维度是 N，卷积滑窗的维度是 M，共有 K 个卷积核对输入特征进行提取，滑动过程一次移动一位数据，则输出的特征维度为 $(K, N-M+1)$，即 K 个维度为 $N-M+1$ 长度的特征向量。一维卷积过程的计算如下

$$y_i^{l+1} = W_i^l * X_k^l + b_i^l \tag{7-1}$$

其中，W_i^l 和 b_i^l 是第 l 层第 i 个卷积核滤波器的权重和偏差，X_k^l 表示第 k 个输入特征，$1 \leqslant k \leqslant K$，$y_i^{l+1}$ 表示该卷积核输出的特征向量。通过这个一维卷积核对输入特征进行运算，即可得到下一层的输入特征。

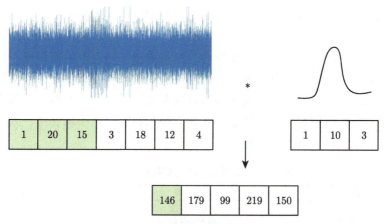

图 7-3 一维卷积神经核的移位运算过程

(2) 池化层是用来对输出特征进行降采样的一种手段，通常设置在卷积层之后。由于卷积层中通常会设置较多卷积核，因此输出的特征通常较大，不利于模型的快速运算。与此同时，池化操作通过取最大值、最小值或平均值会给特征空间造成一定变形，在特征中引入一定噪声，从而降低网络的过拟合程度。在 1DCNN 中，通常采用一维最大池化的方式对一维卷积层的输出特征进行处理，其运算过程如图 7-4 所示。

146	179	99	219	150
111	82	67	134	203
89	124	157	206	73
213	74	86	68	79

一维最大池化 →

179	219	150
111	134	203
124	206	73
213	86	79

图 7-4 一维最大池化运算过程

从图中可以看出，对于一个输入特征 X_i^l，根据设定的池化长度 d 可以平均划分为 p 个区域。一维最大池化操作对每一个输出特征的选定特征区域求最大值，并以此作为输出。对于结尾部分长度不够的区域，需要进行补零处理，然后再进行输出。具体运算过程如下

$$y_t^i = \max_{1 \leqslant t \leqslant p} x_t^i \tag{7-2}$$

其中，x_t^i 表示输入的第 i 个特征的第 t 个区域。y_t^i 表示该区域求一维最大池化后

的输出。通过对以上过程的反复运算，即可得到最终一维最大池化层降采样后的输出特征。

通过对卷积层和池化层的交错堆叠，即可搭建不同深度的多尺度一维卷积神经网络模型。为了能够将高速列车轮对轴承振动信号和键相信号分别进行特征编码和初步的特征提取，设计了两个通道对这两类信号分别进行拟合。每个通道设计了四层一维卷积层和一维池化层，其训练参数和窗口大小均保持一致。两个通道具体的训练参数如表 7-1 所示。

表 7-1　单通道一维卷积神经网络参数

层数编号	各层类型	卷积核参数/池化参数
1	一维卷积层	$1\times6,64$
2	最大池化层	$2,2$
3	一维卷积层	$16\times32,3$
4	最大池化层	$2,2$
5	一维卷积层	$32\times64,3$
6	最大池化层	$2,2$
7	一维卷积层	$64\times128,3$
8	最大池化层	$2,2$

表 7-1 中一维卷积层的参数表示为 $(A\times B,C)$ 的形式，其中 A 为输入维度，B 为输出维度，C 为卷积核尺寸。通过以上参数可以计算得到卷积核的尺度和滑窗移动的数据点个数。从表 7-1 中可以观察到，第一层的卷积核尺寸最大为 64，后面卷积核的尺寸为 3。由于轴承振动信号中的故障信息在时域中是以冲击为主要特征的，因此为了能够为后续卷积层提供更多的故障信息，第一层设计为大尺度卷积核，以提高卷积后特征中包含故障冲击成分的概率，然后再在后续深层卷积核中进行精细化的特征提取工作。

7.2.2　振动–转速数据融合与自注意力机制

高速列车轮对轴承振动信号和键相信号分别进行特征提取后，需要对其进行数据融合以满足模型转速自适应的需要。本章提出一种基于自注意力机制 (self-attention mechanism, SAM) 和全局平均池化 (global average pooling, GAP) 的高速列车轮对轴承振动–转速数据融合方法。可以划分为三个部分，分别是特征向量的穿插拼接、自注意力机制的处理和全局平均池化数据融合。

(1) 特征向量的穿插拼接。在进行数据融合之前，需要先将两个通道输出的特征进行组合。假设训练时一个批次的样本数量为 O，一个样本最终输出的特征向量数量为 R，一个特征的最终维度为 D，则一个通道的最终输出特征维度为 (O,R,D)。现将两个通道相互对应的振动信号与键相信号的输出特征进行穿插拼接组合，增加批次维度的数值度，则组合后的特征维度为 $(O,2R,D)$，表示拟合特征穿插后的输出。组合出的特征矩阵如图 7-5 所示。

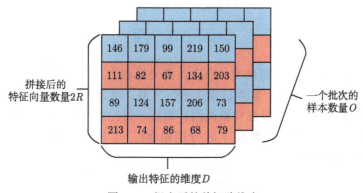

拼接后的
特征向量数量2R

一个批次的
样本数量O

输出特征的维度D

图 7-5 组合后的整矩阵维度

图中蓝色表示振动信号的特征,红色表示键相信号的特征。可以看出穿插组合后特征向量的数量增加了一倍。组合后的特征向量在后续将会被一起操作和运算。

(2) 自注意力机制的处理。为了提高组合后特征中的有效信息,采用自注意力机制的方法对模型中的有用信息进行加权,获取更好的特征提取效果。自注意力机制的主要思想是在处理序列信号时,每个输出特征均可以与其他特征建立联系,通过计算特征之间的相对重要性来捕捉样本之间的依赖关系。通过计算特征自身与其他元素之间的相似度,将这些相似度归一化为注意力权重,然后将每个元素与注意力权重进行加权求和,得到自注意力机制的输出。通过分析可以看出,与图注意力机制不同,面向特征的注意力机制表示样本自身在特征集合中的重要程度,而不是样本间关系的重要程度。

在计算时,对每个样本的特征向量分别进行处理。为了实现上述注意力机制的效果,需要对组合后的特征矩阵分别乘以三个参数矩阵 $\boldsymbol{W}^q$、$\boldsymbol{W}^k$ 和 $\boldsymbol{W}^v$,来获取中间矩阵 $\boldsymbol{Q}$、$\boldsymbol{K}$ 和 $\boldsymbol{V}$。$\boldsymbol{Q}$ 表示查询 (query),用来计算当前向量和其他向量的联系。$\boldsymbol{K}$ 表示关键词 (key),包含有效的关键信息,用来和 $\boldsymbol{Q}$ 进行匹配。$\boldsymbol{V}$ 表示值 (value),用来存储特征向量自身的关键信息。

每个特征矩阵中的向量分开计算的过程可以表示为

$$q^i = \boldsymbol{W}^q \times a^i \tag{7-3}$$

$$k^i = \boldsymbol{W}^k \times a^i \tag{7-4}$$

$$v^i = \boldsymbol{W}^v \times a^i \tag{7-5}$$

其中,a^i 表示第 i 个特征向量,q^i、k^i 和 v^i 分别表示第 i 个特征向量对应的值。也可以通过矩阵乘法直接计算得到相应矩阵。从公式中可以看出,参数矩阵 $\boldsymbol{W}^q$、$\boldsymbol{W}^k$ 和 $\boldsymbol{W}^v$ 对于每个特征向量是共享的,也就是 $\boldsymbol{Q}$、$\boldsymbol{K}$ 和 $\boldsymbol{V}$ 矩阵也是共享的。

　　为了获取不同特征向量之间的关联，需要利用待测向量的 q^i 与其他向量的 k^i 进行匹配。在自注意力机制中的计算过程如下

$$\alpha_{i,j} = q^i \cdot k^j / \sqrt{d} \tag{7-6}$$

其中，d 表示 q 和 k 的矩阵维度，在自注意力机制中二者的维度是一样的，目的是防止点乘后的结果较大，影响注意力的区分度。计算得到的 $\alpha_{i,j}$ 即为特征向量两两之间的注意力值。将特征向量两两计算后，将注意力进行归一化操作，得到注意力系数 $\tilde{\alpha}_{i,j}$。将注意力系数与 v^i 分别相乘相加，即可得到自注意力机制的输出 y^i，计算过程如下

$$y^i = \sum_j \alpha_{i,j} v^j \tag{7-7}$$

　　重复以上过程，通过计算每一个特征向量对应的输出，即可得到经过自注意力机制运算后的特征值。这一过程可以理解为，通过计算矩阵 Q 和矩阵 K 之间的相关性得到注意力矩阵，然后将其与值矩阵 V 相乘，即可得到经过注意力加权的输出特征，自注意力机制的输出特征维度与输入特征相同，即 $(O, 2R, D)$。自注意力机制的计算过程示意图如图 7-6 所示，处理后的特征如图 7-7 所示。

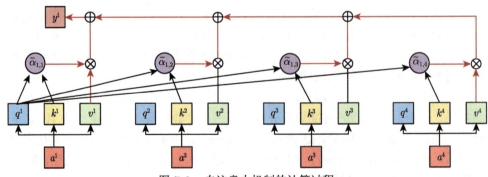

图 7-6　自注意力机制的计算过程

　　(3) 全局平均池化数据融合。自注意力机制输出的特征向量将重要的信息进行了放大，冗余的信息进行了忽视。为了达到振动–转速数据融合的目的，利用全局平均池化的方式对特征矩阵进行处理。全局平均池化是深度学习中一种特征压缩的手段。它的主要思想是对一个样本的输出特征在对应维度上做平均，也就是每个样本最终仅输出一个特征向量。利用这种思想，实现对振动–转速特征的数据融合，并实现对特征的最终编码。全局平均池化振动–转速数据融合的运算过程示意图如图 7-8 所示。

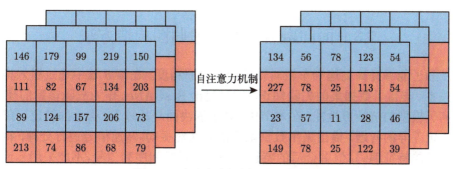

图 7-7　自注意力机制处理后的特征

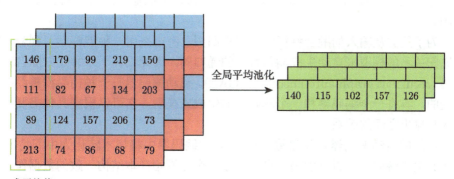

图 7-8　全局平均池化振动–转速数据融合示意图

从图中可以看出，对于一个输入特征 x_i^l，全局平均池化会将对应维度的数据特征求取平均值，并以此作为压缩后的特征来进行输出。每个样本分别求取各自的特征向量，最终得到该批次样本的输出特征。全局平均池化的计算过程定义为

$$y^{l+1}(k) = \frac{1}{n}\sum_{i=1}^{n} x_i^l(k) \tag{7-8}$$

其中，$x_i^l(k)$ 表示第 l 层输出的第 i 个特征向量中的第 k 个维度，$y^{l+1}(k)$ 表示 GAP 后第 $l+1$ 层第 k 个维度的输出值。GAP 在进行数据融合的同时，可以有效地减少训练参数，通过压缩特征将输入特征的维度大幅降低，减少后续模型的输入参数，从而提高训练速率和诊断效率。同时由于压缩了部分特征，也降低了模型的过拟合程度。

通过计算可知，GAP 运算之后得到的振动–转速数据融合特征维度为 (O,D)，通过设计一维卷积神经网络的模型参数，可以使输出的特征维度 D 与输入样本的数据长度保持一致，从而利用以上过程完成对振动–转速信号的数据融合与特征编码。

7.3　面向融合特征的递归图构造方法

为了能够提高高速列车轮对轴承故障诊断精度，在第 5 章中通过引入样本间关系，丰富了数据集的先验知识。同时提出 ResGANet 作为故障诊断的模型，提高了模型的抗噪声性能。在本节中，为了解决同一故障下，样本的转速可能存在一定差异的问题，提出采用数据融合的方法对振动–转速信号进行处理，得到融合后的特征编码。但融合后的特征编码已不是时间序列信号，不能采用 ε-递归网络计算样本间关系，因此需要设计一种面向融合特征的递归图构造方法。为解决这一问题，提出了一种递归图自动编码器，来从输入的融合特征中获取递归图。

为了能够从输入的融合特征中获取递归图，考虑采用一种能够学习到输入特征递归关系的模型来自动生成输入特征的递归图，因此设计了一种递归图自动编码器 (recurrent graph auto-encoder, RGAE)。自动编码器是一种由卷积神经网络构造的，具有一个编码器和一个解码器的生成式模型，它可以根据具体需要设计输入与输出之间的关系。

传统的自动编码器首先将输入样本 x 在编码器中将样本转化为中间特征 z，并将其输入解码器中进行解码，最终生成一个与原始样本结构一致的数据作为输出。为了保证输出精度，需要让模型的输入与输出之间具有一定的制约关系，即输出数据要与输入数据尽可能相同，则自动编码器的损失函数为

$$\text{MSE} = \frac{1}{n} \sum_{i=1}^{n} (x_i - \widehat{x_i})^2 \tag{7-9}$$

其中，MSE 表示均方误差 (mean squared error)，x_i 表示输入的样本点，$\widehat{x_i}$ 表示输出的样本点。自动编码器的损失就是输入与输出对应点位的实际误差。

基于自动编码器提出一种递归图自动编码器。在传统自动编码器的基础上，将编码器构造成为与数据融合的分支网络具有相同网络结构的模型，以此来获取与特征编码模型相同的输出特征。编码器的输入与最终模型具有相同的数量，一个批次的 n 个样本矩阵为 X。解码器利用反卷积层设计一个能够输出维度为 $n \times n$ 递归图 $\widehat{A}$ 的模块。利用 ε-递归网络对 X 计算加权邻接矩阵 A，并与解码器的输出 $\widehat{A}$ 进行损失计算，并反向传播误差进行训练，最终实现输入批次的样本，即可自动得到该批次样本的递归图。递归图自动编码器的结构如图 7-9 所示。

从图 7-9 中可以看出，通过输入振动信号样本，并利用实际的递归图训练模型，使解码器能够学习到中间层输入特征所包含的递归性，并生成对应的

递归图。编码器的结构与数据融合模块的单个通道的参数设置保持一致，并同样采用自注意力机制和全局平均池化对输出的特征进行处理，来保证编码器的输出特征与融合特征的一致性。因此，将训练好的 RGAE 的解码器训练参数进行冻结，作为图构造层 (graph construction layer, GCL) 将其放入特征融合模块后。以融合后的特征作为解码器的输入，即可得到融合特征的递归图。

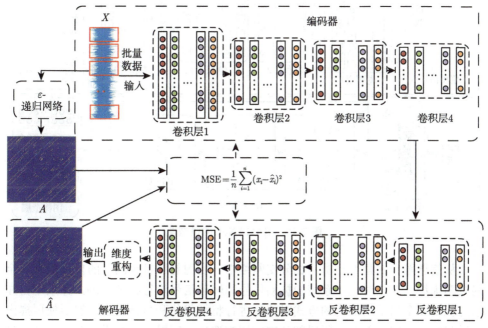

图 7-9 递归图自动编码器的结构

7.4 转速自适应图注意力网络

本节详细说明了提出的转速自适应图注意力网络的基本结构和训练方法。SAGANet 的模型结构图如图 7-10 所示。从图中可以看出，其主要分为三个部分，第一个部分为振动信号和键相信号的分支网络，用来对输入数据进行特征提取、编码与数据融合。第二个部分为图构造层，用来对输入的批量融合特征构造加权递归图。第三个部分为由 ResGANet 构造的骨干网络，用于对输入的特征矩阵 X 与邻接矩阵 A 进行样本自身及样本间关系的聚合，并输出每个样本的故障类型。

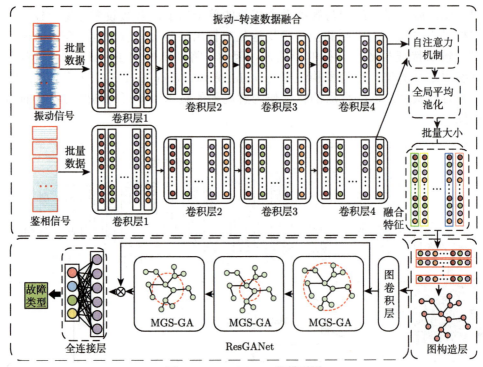

图 7-10　SAGANet 的模型图

　　从信息融合的角度分析。在分支网络中，利用卷积神经网络的自动拟合和全局共享优势，对轮对轴承系统的振动信号和转速信号进行特征编码，并采用自注意力机制和全局平均池化的方式对特征进行特征优化和特征融合。然后使用提出的递归图自动编码器的解码器部分构成图构造层，对融合特征进行节点关系信息分析，获取加权递归图。最后在提出的图注意力网络中实现对三类数据信息的有效融合，提高了模型的转速自适应能力。

　　需要注意的是，分支网络的卷积层中的激活函数选择 ReLU，并添加 BN 层对输出特征进行处理，提高模型训练速度。图构造层的参数是冻结的，在进行误差的反向传播时不进行参数更新。ResGANet 保留图卷积层来构造残差模块。MGS-GA 中同样采用 MeanNorm 和 Sigmoid 进行处理，以提高模型训练效果。最终学习到的节点特征将会被作为全连接层的输入来进行节点的分类，并通过 Softmax 得到故障类型。通过计算交叉熵 (cross entropy, CE) 损失计算标签与预测值之间的差距，交叉熵损失表示为

$$\mathrm{CE} = -\sum_{i=1}^{C} y_i \ln\left(p_c\right) \tag{7-10}$$

其中，C 是类别的数量，y_i 是节点集的标签，p_c 是预测可能为类别 c 的概率。利用 Adam 算法对 SAGANet 的训练参数进行更新。SAGANet 算法流程如图 7-11 所示。

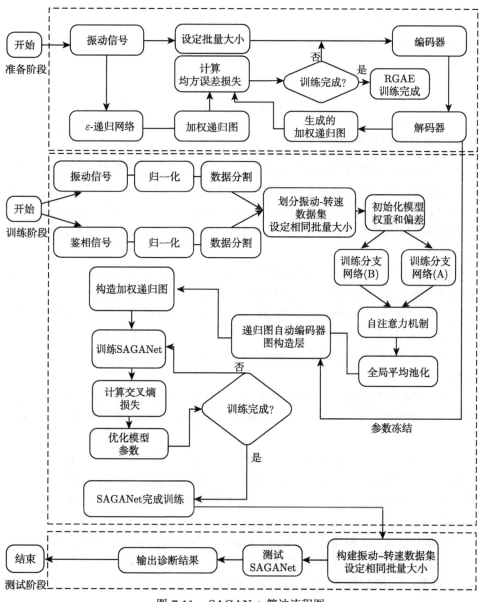

图 7-11 SAGANet 算法流程图

从图 7-11 中可以看出，模型的训练主要分为三个阶段，第一个阶段是针对

RGAE 的预备训练, 用来得到能够通过融合特征生成递归图的模型, 并将训练好的解码器的参数进行冻结, 用于主干网络中构成图构造层。第二个阶段是振动–转速数据融合网络和图注意力机制网络的数据处理与模型训练, 通过迭代得到能够高精度对数据集进行故障分类的模型。第三个阶段是对所得到的模型进行测试, 通过构造的测试集获取模型在新数据下的实际诊断效果。需要注意的是, 这三部分训练的过程中设定的批量大小要保持一致, 使数据融合模块输出层的维度保持不变。

7.5　多转速工况故障诊断实验验证与分析

7.5.1　多转速数据集获取

为了验证所提转速自适应图注意力网络在多转速工况下轮对轴承系统故障诊断的有效性, 本节给出了多个方面的相关实验分析。本书采用与第 5 章相同的高速列车轮对轴承综合实验台获取多个转速下的数据。通过更换不同故障的轴承可以获取多种故障的样本。通过调节电机转速使高速列车轮对轴承在不同时速下的运行工况。

实验采集了四类典型轮对轴承状态的故障信号, 分别是内圈故障 (IR)、外圈故障 (OR)、滚动体故障 (RE) 以及正常状态 (NC)。共采集了时速在 50km/h、100km/h、150km/h、200km/h 和 300km/h 下的故障样本。数据的采样频率是 12.8kHz, 单个样本的数据点为 1024 个。为了能丰富样本集。本章采用第 6 章所提数据增强与数据修复方法对数据集中的不平衡数据和缺失点数据进行补充。

为了能够观察数据的准确率情况, 将整个数据样本点的前 70% 作为训练集, 最后 30% 作为测试集。各部分集合在各自的部分截取样本, 测试集样本不进行数据增强操作。

数据集中同时包含获取到的振动信号和与之对应的键相信号, 将振动信号与键相信号共同构造为一个高速列车轮对轴承实验数据集。为了验证所提模型的抗噪声性能, 同样构造了两个具有不同信噪比的数据集用于后续实验分析, 如表 7-2 所示。

所提 SAGANet 网络由 Python 3.8 编写。在 Windows 10 操作系统下进行实验与测试。Pytorch 1.10 作为机器学习框架。训练用服务器由两块 Nvidia GTX 2080 GPU, Intel 10980 CPU, 32GB 内存以及 10TB 存储构成。

表 7-2　不同噪声等级下的样本集

数据集编号	噪声等级/dB	样本数量	训练样本数量	测试样本数量	转速类型/(km/h)
数据集 A	无	8000	5600	2400	50/100/150/200/300
数据集 B	−2	8000	5600	2400	50/100/150/200/300
数据集 C	−5	8000	5600	2400	50/100/150/200/300

7.5.2　模型训练过程分析

为了能够直观分析模型的训练过程，讨论多转速故障样本在不同模型训练过程中的损失变化情况，利用数据集 A 对六个模型进行了对比实验分析。六个模型按照阶段数量分为三种，第一种为没有数据融合方法的模型，对比对象为 WDCNN，直接利用数据集中的振动信号对其进行训练和测试。第二种为两阶段方法的模型，首先通过数据分析算法对振动信号和键相信号进行预处理，得到融合后的实验样本，再通过深度模型进行故障诊断，实验对象是阶比跟踪 (orders ratio tracking, OT)-1DCNN[190]，可以通过键相信号对振动进行角域重采样得到平稳的振动信号。第三种为具有振动–转速数据融合能力的端到端模型，分别为自动转速适应神经网络 (automatic speed adaption neural network，ASANN)[56] 和基于 1DCNN 的数据融合 (1DCNN based data fusion, 1DCNN BDF)[191]，前者对振动信号在卷积神经网络中进行特征提取，对键相信号在多层感知机中进行特征提取，并采用全连接的方式进行数据融合，后者采用卷积神经网络对振动信号和键相信号进行特征提取，采用全连接的方式进行数据融合。两阶段模型的 CNN 均有 5 层以保证准确率。

通过模型训练中的损失变化情况可以分析出模型的准确程度。损失函数是衡量网络模型预测值与真实值之间差距的一种方法，通常采用交叉熵的方式进行计算。损失值越小，预测值与真实值之间的差距也就越小。通过分析损失函数值的大小即可得到训练后的网络模型性能的好坏。通过记录训练样本在 100 次迭代过程中的损失值，可得到每种模型的损失值变化曲线，如图 7-12 所示。

从图 7-12 中可以看出，随着迭代次数的增加，所有算法的损失值均呈现下降趋势。其中，SAGANet 在经过 20 次迭代后损失值减小到较低水平，约 60 次后损失值逐渐稳定在 0.01，可见本章所提模型在增加了振动–转速融合机制后，对于变转速故障样本具有较强的拟合能力。WDCNN 在训练过程中受多转速故障特征的变化产生了波动较大的问题，最终损失值逐渐稳定在 0.58，拟合能力不足，但仍有下降趋势。OT-1DCNN 由于具有平稳信号的能力，能够达到较好的训练效果，但训练过程已趋于平稳，最终诊断效果不理想。两类数据融合模型在训练过程中，损失值有较大波动，影响最终诊断效果。

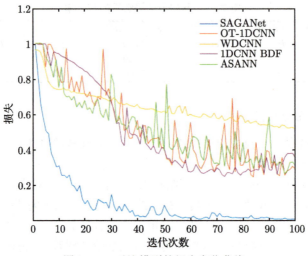

图 7-12　对比模型的损失变化曲线

7.5.3　对比实验与分析

　　为了验证所提模型的有效性以及转速自适应能力，同样利用以上模型进行准确率分析。在实验时，WDCNN 模型仅采用振动信号作为输入。其余模型均采用振动和转速两种信号完成训练。初始学习率为 0.001，采用的优化器为 Adam。每次训练直到模型训练稳定，并训练 5 次评估训练结果的随机性和稳定性。最终的实验结果由最高准确率、最低准确率以及标准差组成，实验结果如表 7-3 所示。对比模型的 5 次训练的实验结果如图 7-13 所示。

表 7-3　对比模型的诊断精度

模型名称	最高准确率/%	最低准确率/%	平均准确率/%	标准差
WDCNN	80.2	66.1	72.5	5.14
OT-1DCNN	95.4	86.2	88.9	3.39
ASANN	88.2	85.3	87.1	1.61
1DCNN BDF	93.6	88.5	90.5	2.14
SAGANet	99.8	98.5	99.2	0.55

　　从实验结果中我们可以明显看出 SAGANet 相较其他诊断模型在多转速工况下的轮对轴承故障诊断任务中具有更高的精度。SAGANet 的准确率最高时为99.8%，最低时为 98.5%，5 次训练的平均准确率为 99.2%，可以看出其训练稳定性也相比其他算法具有优势。从表 7-3 中也可以看出 WDCNN 模型在仅获取振动信号的情况下无法精确完成变转速故障诊断任务。两阶段的故障诊断模型中，由于没能克服噪声干扰，第一阶段转化的信号质量不高，影响了后续

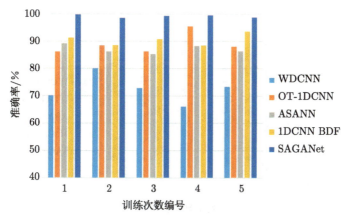

图 7-13　　多转速工况下对比模型的 5 次实验结果

的诊断任务。而两类数据融合方法仅能融合振动信息与转速信息，无法进一步
拟合样本间关系，同时没有足够的训练稳定性支撑高准确率，导致平均准确率
不高。

7.5.4　不同噪声下的鲁棒性测试

在实际运行中，高速列车轮对轴承的运行环境恶劣，采集到的振动信号中往往
含有较高成分的噪声，导致模型的诊断性能下降。为了验证所提模型在强噪声信
号下的鲁棒性，建立了另外两个添加噪声的数据集。数据集 B 的信噪比为 −2dB，
数据集 C 的信噪比为 −5dB。

同样对以上模型进行对比。采用五次训练来评估模型的训练稳定性。实现结
果如表 7-4 所示。每种模型的 5 次训练结果分别如图 7-14 和图 7-15 所示。

表 7-4　　不同噪声强度下的实验结果

数据集	模型名称	最大准确率/%	最小准确率/%	平均准确率/%	标准差
数据集 B	WDCNN	73.6	65.2	70.1	3.03
	OT-1DCNN	86.2	82.3	84.7	1.43
	ASANN	89.3	83.4	85.8	2.19
	1DCNN BDF	83.2	81.0	82.4	0.89
	SAGANet	97.8	96.2	97.1	0.58
数据集 C	WDCNN	72.2	67.3	70.2	2.02
	OT-1DCNN	84.0	82.7	83.3	0.69
	ASANN	88.7	84.3	86.6	2.01
	1DCNN BDF	85.4	81.5	83.7	1.52
	SAGANet	96.5	95.7	96.2	0.35

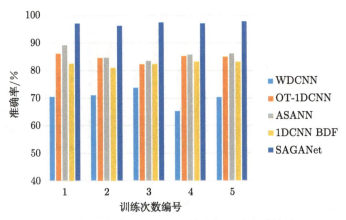

图 7-14　数据集 B 下对比模型的 5 次实验结果

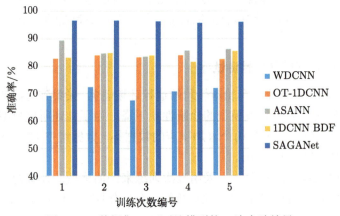

图 7-15　数据集 C 下对比模型的 5 次实验结果

　　从表 7-4 中可知，在两个数据集下所有诊断模型的准确率均产生了一定程度下降。SAGANet 的两个数据集的平均准确率分别为 97.1% 和 96.2%。受可获得信息量的影响，WDCNN 的稳定性产生了较大程度的下降。两阶段方法和数据融合算法由于抗噪性能较差导致准确率下降较大。SAGANet 在以上两个数据集上的出色表现，说明了 SAGANet 在抵抗噪声干扰方面具有较好的鲁棒性。SAGANet最后一层输出的特征向量的可视图如图 7-16 所示，输出预测故障类型的混淆矩阵如图 7-17 所示。

　　从图 7-16 和图 7-17 中可以看出，所提算法在有一定噪声干扰的数据集下仍能保持较高的诊断精度和较好的聚集性。受噪声干扰的影响，一部分样本的诊断产生了偏差，但大部分仍能进行正确的故障分类。每个聚集团块相对集中，没有出现团块间的过度混叠。从混淆矩阵中可以看出，大部分的诊断结果能够保持正确，仅出现了一小部分的错误分类，且出现错误的类型相对集中，表明错误分类的故障特征与实际故障类型具有一定相似性，诊断难度有所增加。

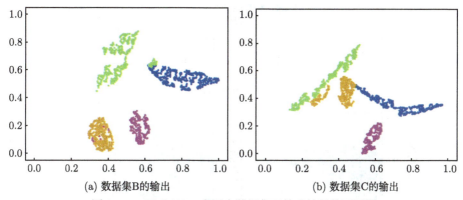

(a) 数据集B的输出   (b) 数据集C的输出

图 7-16   SAGANet 在两个数据集下输出结果的可视图

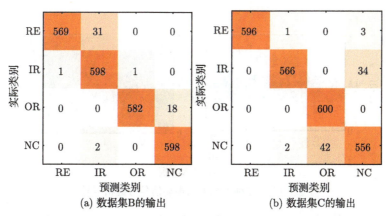

(a) 数据集B的输出   (b) 数据集C的输出

图 7-17   SAGANet 在两个数据集下输出结果的混淆矩阵

7.5.5 转速自适应能力分析

为了研究多转速下 SAGANet 的转速自适应能力，采用变转速工况下的数据对模型进行测试。实验共采集了三类高速列车轮对轴承运行模式下的轴承数据，分别是加速实验模拟列车起步工况，减速实验模拟列车刹停工况，载荷变化实验模拟列车载荷波动运行工况。图 7-18 展示了采集到的部分归一化后的数据。

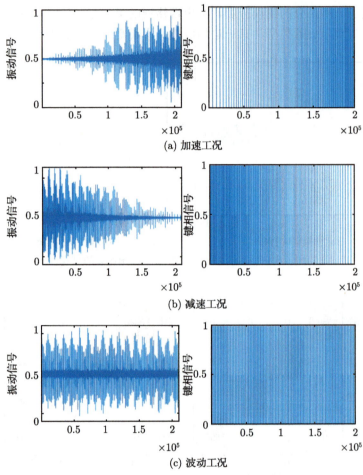

图 7-18   三种工况下的振动信号与键相信号

与平稳转速下的数据不同,变转速下的轴承转速是连续变化的,在截取的 1024 点的样本中,虽然可以近似看做转速不变,但仍然存在一定波动。因此更加考验模型的转速自适应能力。将上述数据进行分割,并利用相同的方法构造三类变转速实验数据集,数据集具体参数如表 7-5 所示。

表 7-5   不同转速工况下的样本集

数据集编号	样本数量	训练样本数量	测试样本数量	运行工况
数据集 D	10000	8000	2000	加速工况
数据集 E	10000	8000	2000	减速工况
数据集 F	10000	8000	2000	波动工况

并利用以上数据集分别对以上三种转速变化情况的样本进行验证,通过 5 次

实验取平均值以消除随机误差，以最终诊断准确率来反映各个模型的转速自适应能力，实验结果如表 7-6 所示。对比模型的最终诊断对比如图 7-19 所示。

表 7-6　不同转速工况下的实验结果

数据集	模型名称	最大准确率/%	最小准确率/%	平均准确率/%	标准差
数据集 D	WDCNN	74.3	68.6	71.3	3.01
	OT-1DCNN	85.3	82.3	83.6	1.21
	ASANN	84.4	82.1	83.2	1.34
	1DCNN BDF	85.2	81.0	84.2	1.59
	SAGANet	97.6	96.8	97.1	0.57
数据集 E	WDCNN	71.6	65.3	70.2	3.16
	OT-1DCNN	87.2	84.5	85.4	2.21
	ASANN	86.8	82.9	84.1	1.47
	1DCNN BDF	85.5	83.2	84.1	0.72
	SAGANet	98.0	96.4	97.5	0.54
数据集 F	WDCNN	76.2	70.2	74.2	2.84
	OT-1DCNN	87.5	84.8	86.6	1.56
	ASANN	86.2	84.6	85.6	1.16
	1DCNN BDF	85.9	84.3	85.3	0.86
	SAGANet	98.3	97.2	97.9	0.35

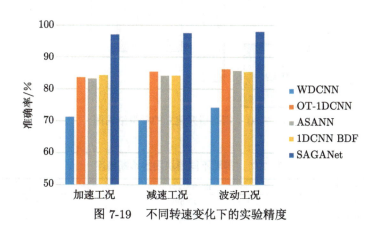

图 7-19　不同转速变化下的实验精度

　　通过对变转速工况的准确率分析，可以观察到本书提出的算法无论在何种变转速变化趋势下，均能够达到较好的故障诊断精度，表明 SAGANet 与其他模型相比具有很强的转速自适应能力。WDCNN 模型由于没有变转速相关处理机制，在转速变化后诊断准确率出现了较大程度的下降。其他对比算法在转速变化后准确率与测试集准确率相比均有小幅下降，可见其具有一定的转速自适应能力，但由于转速信息的缺失，自适应能力相对较弱。三种运行工况中，加速工况和减速工况的诊断结果相较波动工况的准确率低，由于加速工况和减速工况在极端转速下的样本相差偏大，所以样本的特征拟合难度变大。而波动转速的样本运行相对平稳，样本间差异更小，能够有更高的诊断精度。本书所提算法通过振动信号与转速信息的融合，使转速信号可以直接作为分类特征，提高了变转速的适应能力，能够很好地完成变转速轴承故障诊断任务。

7.5.6　消融实验

为了研究模型各模块对诊断精度的影响，对 SAGANet 进行了消融研究。在本实验中构造了三个不同的模型，分别屏蔽了振动信号的输入、转速信号的输入以及样本间关系的输入。构造的模型示意图如图 7-20 所示。模块 1 表示用于拟合振动信号特征的卷积层。模块 2 表示用于拟合转速信号的卷积层。模块 3 表示用于拟合空间拓扑结构的图注意力机制层。实验数据采用没有添加噪声的原始数据，分别对三种模型进行训练直至稳定。实验的准确率和交叉熵损失如表 7-7 所示。

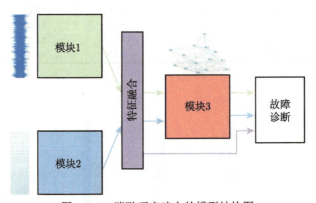

图 7-20　消融研究建立的模型结构图

表 7-7　屏蔽不同模块后的诊断精度

屏蔽模块编号	准确率/%	交叉熵损失
模块 1	43.5	0.63
模块 2	87.2	0.27
模块 3	94.5	0.16

从表 7-7 中可以看出屏蔽三部分模块后准确率均有明显下降，表明每一个模块中均拟合有故障诊断所需信息。屏蔽模块 2 后诊断准确率为 87.2%，说明获取的最主要故障信息来源是轴承振动信号。但由于转速信息的缺失，所以模型的转速自适应能力不足，变转速工况下的诊断精度不高。屏蔽模块 1 后诊断精度仅有43.5%，说明转速信号中包含少量的故障信息，故障产生的冲击对转速的影响很小。屏蔽模块 3 准确率达到了 94.5%，说明模型能够融合振动信号和转速信号，

并具备转速自适应能力，但轮对轴承系统中的信号成分复杂，噪声含量较高，需要额外获取更多样本信息来丰富样本特征。因此 SAGANet 通过将轴承振动信息、转速信息以及样本空间结构信息进行完整拟合，才达到了理想的诊断精度。

7.6 本章小结

为了提高多转速工况下的模型的转速自适应能力，提出 SAGANet 来对多转速工况下的高速列车轮对轴承进行故障诊断。模型可以有效拟合轴承振动信号、转速信号以及样本间关系。给出了 SAGANet 的基本结构以及诊断流程。同时对图构造层的原理和使用方法进行了分析。与 5 种用于多转速故障诊断的模型进行了对比，具体结论如下。

(1) SAGANet 具有很好的转速自适应能力。在变转速工况下能够实现更高的诊断精度，同时也具有良好的训练稳定性。

(2) SAGANet 在强噪声环境下能表现出较强的噪声鲁棒性。加入强噪声干扰的数据集仍能保持较高的故障诊断精度。

(3) 消融实验表明所提模型的各部分结构中均拟合了有用的故障信息。三类特征各自包含有不同方面的故障信息。SAGANet 可以将这些信息进行拟合，通过数据融合来实现高精度的多转速工况下的轮对轴承故障诊断。

第 8 章　多源域下的故障迁移诊断

8.1　引　　言

第 7 章主要研究了当样本集中存在多种转速工况的样本时，如何提高模型诊断精度的问题。利用数据融合方法将两类数据进行特征编码和信息融合，通过 ResGANet 进行特征提取，构造了具有较好转速自适应能力和噪声鲁棒性的故障诊断模型。但该方法有效进行故障诊断的前提是训练数据集与测试数据集要具有相同的空间分布。而在实际的工业运用当中，由于轮对轴承的转速、载荷等工况存在较多情形，所以用于训练的样本集不可能包含全部实际工况下的样本。因此在实际应用过程中获取到的样本，一定会与训练样本有较大的空间分布差异。同时，用于训练的样本故障类型数量可能与实际情况之间还存在不同，导致训练出来的模型不能很好地应用于实际故障诊断情形。

为了解决上述问题，迁移学习方法开始应用于轴承故障诊断领域。迁移学习可以很好地解决无监督域自适应问题，同时可以对不同工况下的样本特征进行迁移 [192-194]。现有的迁移学习方法虽然可以将一个源域学习到另一个目标域中。但在训练时，目标域样本的数量要与源域数量相当。然而在工业应用时源域样本通常是一次集中的跟踪实验，或实验室获取的数据。目标域数据通常是某次故障诊断工作开始后才开始进行收集。因此源域数据的工况、故障种类以及样本数量会远大于目标域。同时，由于轮对轴承的运行工况会不断变化，所以迁移学习的训练过程不可避免地需要进行多次。这些问题限制了当前迁移学习模型的实用性。因此，如何充分利用大源域中的样本和有效信息，以及如何仅用单一模型来增加迁移学习模型的适用范围，成为亟待解决的问题。

针对上述问题，本书提出一种面向非共有类别样本的多源域图注意力迁移学习网络 (multi-source domain transfer learning network based on graph attention, GAMTLN)，用于大数据源域向小目标域迁移的高速列车轮对轴承故障诊断。该方法利用边缘领域差异 (marginal domain discrepancy, MDD) 对源域和目标域中具有相同标签的样本进行空间分布校正。提出非共有类别样本迁移机制，使源域中额外故障类型的样本可以被有效利用。使用空间分布差异加权策略，过滤会产生负迁移的样本，提高非共有类别样本的利用率。同时提出多通道知识融合诊断策略，将多个 SAGANet 子网络的诊断结果进行决策。通过将多个源域与目标域之间进行联合训练，降低不同分布空间之间带来的负面影响。

8.2 非共有类别迁移学习的问题描述

给定高速列车轮对轴承实验数据集是一个具有 N 个空间分布的源域 $D_s = \{D_s^1, D_s^2, \cdots, D_s^N\}$，它们中包含的诊断知识来自多个轮对轴承运行工况或其他类型的旋转机械。其中，第 k 个源域 D_s^k 中包含 M 类故障，并且包含 T 个有标签样本 $X_s^k = \{(x_i^k, y_i^k)\}$，其中 $i = 1, 2, \cdots, T$。x_i^k 和 y_i^k 表示训练样本和对应的标签。给出只有一个空间分布的目标域 D_t，它是来自需要诊断的轮对轴承，其中包含 m 类故障。需要注意的是 $m \subseteq M$。目标域 D_t 中包含 t 个无标签样本 $X_t = \{x_i^t\}$，其中 $i = 1, 2, \cdots, t$，且 $t \leqslant T$。然后，我们定义第 k 个源域中，源域与目标域共有的标签类别的样本集为 $X_s^{k'}$，目标域中不包含的类别的样本集为 $X_s^{k''}$，所以 $X_s^k = X_s^{k'} + X_s^{k''}$ 为第 k 个源域包含的全部 M 类故障的样本集。源域与目标域之间具有不同的概率分布 P 和 Q，所以 $P(D_s^k) \neq Q(D_t)$。除此之外，同样认为 $P(D_s^{k'}) \neq Q(D_t)$。因此，本书想建立一个尽可能全面使用现有数据的故障诊断方法，能够从 D_s 向 D_t 来迁移知识。多源域非共有类别迁移学习的域自适应过程如图 8-1 所示。

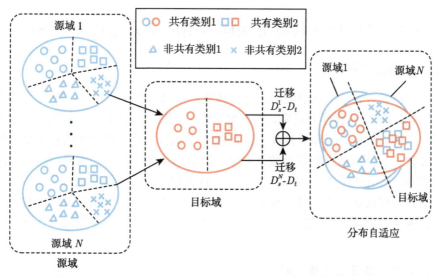

图 8-1　具有非共有类别的多个源域与目标域之间的分布自适应

通过分析上述数据集可知，轮对轴承迁移故障诊断存在以下难点。首先，源域与目标域之间可能会存在较大的空间分布差异。其次，每个源域所在通道可能无法获得最好的分类效果。再次，非共有类别样本可能会引起负迁移。最后，源域中的样本数量大于目标域中的采样数量,只能为有限的目标域样本提取故障特征。

第一个挑战主要是由于轮对轴承不同工况下的信号差异会比较大。在没有足够的训练样本时,甚至可能会考虑使用其他类型的旋转机械作为源域样本。因此对特征提取精度和从样本中可获取到的信息的全面性提出了更高要求。使模型具有显性地获取样本间关系的能力,可以显著增加模型获取到的先验知识。第二个挑战主要来自源域具有较多的运行工况,而手动调整往往工作量会较大,甚至影响整体诊断效果。多个源域为模型提供了不同的诊断知识,多通道知识融合诊断策略可以自适应对不同通道的偏差进行补偿。第三个挑战来自非共有故障类别中的样本有些会产生负迁移。采用过滤机制将提高有用样本的权重,去除可能会产生负迁移的样本。最后一个挑战是由于源域样本的数量通常比目标域要多,采用循环训练的方法让更多样本的有效特征可以应用到模型当中。通过综合以上目标,来全面地利用现有样本,提高轮对轴承迁移模型的诊断效果。

所提出的面向非共有类别样本的多源域图注意力迁移学习网络可以在结构上划分为多个包含非共有故障类别过滤器的子图网络以及一个多源域知识融合模块。每个子网络对应的是一种轴承的运行工况,他们可以分别提取多种源域的故障特征,从而自适应地迁移到目标域。在多源域知识融合部分中,对每个通道获得的诊断知识进行最终融合与决策。

8.3　多通道非共有类别样本图注意力迁移学习网络

8.3.1　子通道迁移模型

GAMTLN 的单个通道采用转速自适应图注意力网络来搭建,即第 2 章所提 SAGANet,结合迁移学习策略,构造单个源域与目标域之间的迁移模型。模型示意图如图 8-2 所示,可以看到其主要包含 4 个部分。首先将轴承的振动信号和键相信号分别进行特征提取以及数据融合,然后利用递归图自动编码器获取特征的递归矩阵。然后利用 ResGANet 对其进行特征提取。为了能够避免非目标域类别带来的负迁移问题,提出非目标域类别过滤器来提高迁移效果。最后针对轮对轴承目标域样本数量较少的问题,利用 MDD 的迁移方式,将源域特征迁移到目标域中。

1. 非目标域类别迁移机制

为了能够充分利用可用数据,为高速列车轮对轴承迁移提供更多故障信息,本书拟将源域中的非目标域类别样本应用于模型当中。但是这部分样本的特征与目标域差距较大,若直接使用,计算的损失值将会使模型产生负迁移。因此提出非目标域类别样本过滤器,来对无效样本进行过滤。

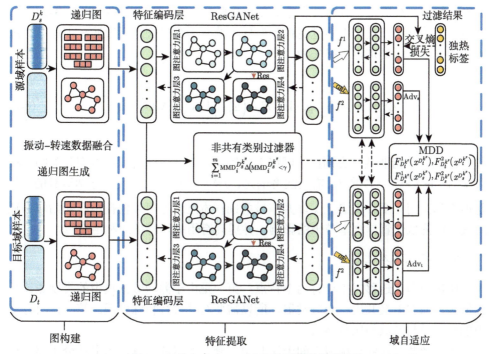

图 8-2　从 D_s^k 向 D_t 迁移的子通道模型结构

在子网络中，以编码后的特征为依据，比较非目标域类别的源域样本集 $D_s^{k''}$ 与目标域样本集 D_t 的希尔伯特空间分布差异。运用 MMD 算法计算非目标域图样本中每个顶点 x_i^s 与目标域图样本 x_i^t 的分布距离，由此可以得到如下化简计算过程

$$\mathrm{MMD}_i^{k''} = 1 - \frac{2}{m}\sum_{j=1}^{n} k\left(x_i^s, x_i^t\right) + \frac{1}{m^2}\sum_{i=1}^{m}\sum_{j=1}^{m} k\left(x_i^t, x_j^t\right) \tag{8-1}$$

其中，$\mathrm{MMD}^{k''}$ 表示某一源域顶点与目标域的空间分布距离，$k\left(\cdot\right)$ 为高斯核函数。非目标域类别过滤器通过设定置信度过滤阈值 γ，可将样本分为可用样本与不可用样本，本书中 γ 取 0.1。由此可得非目标域类别补偿损失为

$$\mathcal{L}_{D_s^{k''}}^{\mathrm{MMD}} = \sum_{i=1}^{m} \mathrm{MMD}_i^{k''} \Delta\left(\mathrm{MMD}_i^{k''} < \gamma\right) \tag{8-2}$$

其中，$\Delta\left(\cdot\right)$ 为指示函数，若满足条件输出为 1，反之为 0。从而过滤掉低置信样本产生的无效补偿。同时，这部分损失可以降低非目标域类别样本在图注意力层中发生负迁移的影响。模型在训练时会对非目标域类别样本进行充分学习，其损

失来自标签。但是其中的低置信样本会对模型产生较大的负迁移，造成错误积累。利用同样的方法，采用上述过滤机制对样本的交叉熵损失进行过滤，由此可得过滤后的非目标域类别样本损失为

$$\mathcal{L}_{D_s^{k''}}^{\mathrm{CE}} = -\sum_{i=1}^{m} y_i \cdot \ln \left[F_{k''} \left(x_i^{k''} \right) \right] \Delta \left(\mathrm{MMD}_i^{k''} < \gamma \right) \tag{8-3}$$

其中，$F_{k''}(\cdot)$ 指非共有类别在子网络上的输出。因此，非目标域类别分类的总损失 $\mathcal{L}_{D_s^{k''}} = \mathcal{L}_{D_s^{k''}}^{\mathrm{CE}} + \mathcal{L}_{D_s^{k''}}^{\mathrm{MMD}}$。需要注意的是，$D_s^{k'}$ 与 $D_s^{k''}$ 的损失是分别运算的，但是他们都共用一个分类器 f^1。非共享域类别样本过滤器可以使模型在初始域自适阶段就能降低低置信样本带来的影响，并提高有用故障特征的利用。

2. 目标域样本迁移

所提模型在迁移时主要有两个特点，第一是由于源域数据集中的类别数比目标域多，而二者又共用一套分类器，所以需要对其进行特殊处理。第二是目标域中的样本量与源域相比总体偏少。

为了解决源域和目标域之间无法共用一套分类器的问题，本书从分类器和标签角度出发，采用分类器掩码矩阵 M 对目标域样本进行处理。掩码矩阵 M 的值如下

$$\boldsymbol{M} = \left[\begin{array}{cccc} 1 & 1 \cdots & \mathrm{e}^{-9} & \mathrm{e}^{-9} \end{array} \right] \tag{8-4}$$

源域样本包含所有类型标签，而目标域样本仅包含共有类别标签。在对源域样本赋予标签时，采用独热编码方式。共有类别的标签靠前，非共有类别的标签靠后。因此目标域样本的标签编码不会出现后面几位为 1 的情况。为了共享同一组分类器，在分类器对目标域样本的输出结果中，非共有类别的概率不应太高。若不处理，可能会影响最终输出分类结果。因此，在目标域的诊断中，分类器的输出需要乘以掩码矩阵 M。

对于目标域样本总量偏少的问题，在迁移时没有采用最大化最小差异作为源域与目标域之间概率分布差异的度量方法，而是采用了边际领域差异作为迁移手段。与 MMD 相比，MDD 可以在度量距离时只关注同一类别内的均值差异，从而可以更好地利用少数同类别样本的信息进行分类，而 MMD 则需要计算所有样本之间的距离，在小样本情况下可能导致无法准确度量样本之间的差异。同时，MDD 是一种基于边缘分布的距离度量方法，能够直接衡量两个域之间的差异，避免不同域之间的干扰。

MDD 迁移使用了两个分类器 f^1 和 f^2 的 $\mathcal{H}\Delta\mathcal{H}$ 的散度来衡量两个数据集之间的分布差异。从图 8-2 中可以看出，两个分类器的区别在于 f^1 通过正常分类来获取模型的分类损失，f^2 通过梯度翻转来获取边缘分布差异。通过最小化分类损失，并最大化边缘分布差异，来实现对抗迁移。因此，所提模型的损失可以整合为

$$\mathcal{L}_\mathcal{A}\left(D_s^{k''}, D_t^{k''}\right) = \sup_{h^1, h^2 \in \mathcal{H}} \left| \mathbb{E}_{D_t} \Delta\left[h^1 \neq h^2\right] - \mathbb{E}_{D_s^{k''}} \Delta\left[h^1 \neq h^2\right] \right| \tag{8-5}$$

其中，Δ 是两个数据集的指标函数，分别用来度量两个分类器 f^1 和 f^2 在数据集 $D_s^{k''}$ 和 $D_t^{k''}$ 中的预测差异，$\mathbb{E}$ 表示两个数据集间的交叉熵损失。h^1 和 h^2 表示经过特征提取网络与分类器的输出，其中目标域需要用掩码矩阵 M 进行处理，即

$$F_t^1\left(x_i^t\right) = h_i^1 \odot M \tag{8-6}$$

$$F_t^2\left(x_i^t\right) = h_i^2 \odot M \tag{8-7}$$

其中，$\odot$ 表示两个向量对位相乘。以 MDD 作为预测差异的度量时，即为

$$\begin{aligned}
\mathcal{L}_{D_t^{k''}}^{\mathrm{MDD}} &= \mathrm{MDD}\left(F_t^1\left(x^t\right), F_t^2\left(x^t\right), F_{k''}^1\left(x^{k''}\right), F_{k''}^2\left(x^{k''}\right)\right) \\
&= \sup_{f^2 \in \mathcal{F}} \sum_{i=1}^n \mathrm{argmax}\left(F_t^1\left(x_i^t\right)\right)\left[1 - \ln F_t^2\left(x_i^t\right)\right] \\
&\quad - m \cdot \mathrm{argmax}\left(F_{k''}^1\left(x_i^{k''}\right)\right)\left[-\ln F_{k''}^2\left(x_i^{k''}\right)\right]
\end{aligned} \tag{8-8}$$

其中，$\mathcal{L}_{D_t^{k''}}^{\mathrm{MDD}}$ 表示源域与目标域之间的 MDD 损失，$\mathrm{argmax}\left(\cdot\right)$ 表示 f^1 分类器的预测标签，m 是 MDD 的超参数，表示边缘分布的最小距离，用于平衡泛化与优化。通过最小化损失 $\mathcal{L}_{D_t^{k''}}^{\mathrm{MDD}}$，可以最大化同一类别内样本的相似性，从而使得在源域中训练的模型可以适应目标域的数据。帮助模型学习到一种域不变的表示，使得模型在源域和目标域中都能够获得良好的性能。

8.3.2 多通道知识融合策略

高速列车轮对轴承振动信号作为目标域时，由于不同工况下的源域样本间可能存在分布差异，导致迁移效果不同。为了能够充分利用现有工况下的数据，设计了一种多源域诊断决策策略故障诊断模型，如图 8-3 所示。

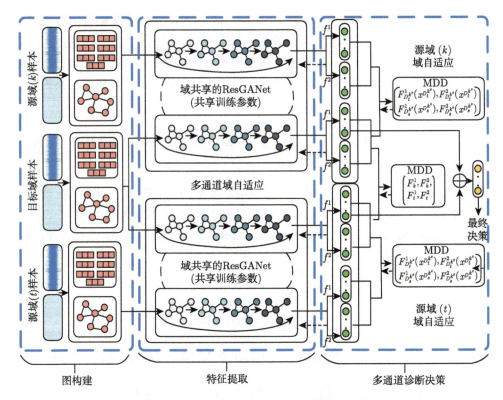

图 8-3　从 D_s 向 D_t 迁移的多通道模型结构

　　但是在采用具有相同训练参数的子网络进行训练时，由于源域样本的分布不同也会导致单独通道下的迁移效果无法达到最佳。从而需要每个子网络单独配置超参数和模型结构。为了解决这一问题，利用多个子网络分别学习到的目标域特征来补偿每个通道，从而实现在相同模型结构和超参数下的多通道全局自适应，补偿损失如下所示

$$\mathcal{L}_{\mathrm{MC}} = \sum_{i=1}^{p} \sum_{j=1}^{p} \mathrm{MDD}\left(F_i^1, F_i^2, F_j^1, F_j^2\right) \tag{8-9}$$

其中，$\mathrm{MDD}\left(F_i^1, F_i^2, F_j^1, F_j^2\right)$ 表示分别从第 i 个和第 j 个通道获取的目标域的输出之间的 MDD，F^1、F^2 分别表示不同通道下分类器 f^1 和 f^2 的输出，p 为总的通道数量。如果其中一个通道较好地学习到了目标域的有效特征，那么这个通道学习到的目标域的分布就可以被看做其他通道的损失基准值，从而可以在使用相同超参数和结构的情况下，提高每个子网络的分布自适应能力。

　　训练好后，每个通道针对目标域的最终输出结果肯定是不同的。但大多数通道在训练好后均能获得较高的诊断精度，因此可以设计一个多通道诊断决策策略，

来保证最终数据结果更好，如下所示

$$y_i^t = \arg\max \left(\sum_{k=1}^{p} \varpi_k F_k^1 \left(x_i^{D_t} \right) \right) \tag{8-10}$$

$F_k^1 \left(x_i^{D_t} \right)$ 表示第 k 个通道分类器 f^1 的输出值，$\varpi_k = \dfrac{\mathrm{acc}_k}{\sum_k^p \mathrm{acc}_k}$ 表示各通道训练准确率的占比，以此来降低错误分类通道对最终输出准确率的影响。在训练完成后，ϖ_k 被保存为最后一次训练时的数值。$\arg\max(\cdot)$ 返回第 i 个目标域样本中加权概率最大和的预测健康状态。使用多个诊断结果进行加权决策，使具有较大相似性的源域–目标域对将对最终决策的贡献最大，而具有较小相似性的源域–目标域对提供的信息可信程度较低，降低了其对决策的影响。

8.3.3 模型整体训练流程

所提模型的训练主要分为三个阶段。在第一个阶段中，通过多个通道的 ResGANet 对不同工况下的共有类型样本进行特征提取，同时，对非共有类型样本通过过滤器进行过滤。本阶段网络的优化目标如下。

$$\min_{\{\theta^k | k \in |\boldsymbol{S}|\}} \left(\mathcal{L}_{D_s^{k'}} + \mathcal{L}_{D_s^{k''}} \right) \tag{8-11}$$

其中，θ^k 是每个通道中 ResGANet 的训练参数，通过优化上述目标，使模型对源域目标进行拟合。

第二个阶段中，将目标域样本在多个通道中进行迁移训练，得到目标域在两个分类器 f^1 和 f^2 下的输出。需要注意的是，由于源域中包含目标域没有的类别，因此需要对输入进行掩码处理。利用 MDD 对目标域样本的分类损失和边缘距离进行优化，优化对象为

$$\min_{\{\theta^k | k \in |\boldsymbol{S}|\}} \mathcal{L}_{D_t^{k''}}^{\mathrm{MDD}} \tag{8-12}$$

第三个阶段中，每个通道各自优化下面的损失，对多个通道的 ResGANet 进行联合训练。每个通道单独拟合各自通道源域样本的可迁移特征，但是在最后对目标域进行多通道的诊断决策，利用每个通道学习到的充足知识，提高故障诊断精度。

$$\min_{\{\theta^k | k \in |\boldsymbol{S}|\}} \mathcal{L}_{\mathrm{TL}}^k = \mathcal{L}_{D_s^{k'}} + \lambda \cdot \mathcal{L}_{D_s^{k''}} + \beta \cdot \mathcal{L}_{D_t^{k''}}^{\mathrm{MDD}} + \varphi \cdot \mathcal{L}_{\mathrm{MC}} \tag{8-13}$$

其中，λ、β 和 φ 是权衡参数。式 (8-13) 中等号右边第一项是各自通道下源域的标记样本训练的交叉熵损失。第二项是非共有类别样本在各自通道下过滤后的交

叉熵损失。第三项是各自通道目标域样本的 MDD 迁移损失。最后一项是针对不同通道之间目标域特征的补偿损失。使用 Adam 算法对模型进行优化，计算如下

$$\boldsymbol{\theta}^k = \boldsymbol{\theta}^k - \eta \frac{\partial\left(\mathcal{L}_{\mathrm{TL}}^k\right)}{\partial \boldsymbol{\theta}^k} \tag{8-14}$$

其中，η 为模型的学习率。所提模型的训练过程如表 8-1 所示。

表 8-1　GAMTLN 的模型训练伪代码

算法: 面向非共有类别样本的多源域图注意力迁移学习网络
输入: 有标签的多源域数据集 $X_s^k = \left\{\left(x_i^{D_s^k}, y_i^{D_s^k}\right)\right\}$;
无标签的目标域数据集 $X_t = \left\{x_i^{D_t}\right\}$;
输出: 故障预测类型 $Y_t^k = \{y_t^i \mid i = 1, 2, \cdots, n_G\}$;
1: 样本标准化: $z\text{-score} = \dfrac{x - \mu}{\sigma}$;
2: 初始化模型训练参数;
4: While 模型参数没有训练完成 do:
If 图数据没有使用完:
5: 　　从源域和目标域中取出下一个图样本;
Else:
从数据集的开始部分重新取出第一个图样本
6: for $j = 1,2,3,\cdots,p$
7: 　利用全连接层获取编码后的特征 (v_i^s, v_i^t);
8: 　特征前向传播过程;
9: 　过滤非共有类型样本;
10: 　计算损失 $\mathcal{L}_{D_s^{k'}}$ 和 $\mathcal{L}_{D_s^{k''}}$;
11: 　计算边缘领域差异 $\mathcal{L}_{D_t^{k''}}^{\mathrm{MDD}}$;
12: 　计算多通道补偿损失 $\mathcal{L}_{\mathrm{MC}}$;
13: 　使用 Adam 更新所有子通道参数;
14: end for
15: 计算每个通道的准确率;
16: 输出诊断结果 $Y_t^k = \{y_t^i \mid i = 1, 2, \cdots, n_G\}$。

从训练流程中可以发现，通过问题描述部分可知，由于每个源域的样本数量均比目标域样本数量大，为了能够充分利用多余的样本，本书提出采用图循环训练法来对源域–目标域对进行处理。通过分别建立源域图样本集和目标域样本集，按顺序每次拿出来一对样本进行训练。当目标域样本用完时，目标域样本集从头开始拿取，而源域样本集继续拿取，直至拿完。以此循环直至训练完成。图循环训练法可以充分利用大数据的源域样本，并且每次训练的源域–目标域对的多样

性也更佳，因此可以降低模型过拟合程度，提高训练精度。模型训练过程的伪代码如表 8-1 所示。

8.4 多种迁移情形的实验案例研究与分析

8.4.1 案例 1：不同工况迁移

1. 高速列车轮对轴承实验数据集

实验数据集同样采集自高速列车轮对轴承综合实验台。实验台主要由电机、加载装置、支撑轴承以及被测轴承构成。加载装置通过实验台上部液压装置向轮对轴承施加正压力。然后利用底部由电机带动的驱动轮使轮对旋转，模拟在轨行驶。在实验轴承的上方安装灵敏度为 $2.505\text{mV}/(\text{m·s}^2)$ 的加速度传感器 (356A25)，来收集运行过程中的振动信号。采集信号时的采样频率设置为 12.8kHz。用于实验的轴承主要包括 6 种健康状况，分别是内圈故障 (IR)、外圈故障 (OR)、滚动体故障 (RE)、外圈–滚动体复合故障 (OR)、内圈–外圈复合故障 (IO) 以及正常状态 (NC)，实验轴承如图 8-4 所示。

(a) 内圈故障　　　　　(b) 外圈故障　　　　　(c) 滚动体故障

(d) 外圈-滚动体复合故障　　　(e) 内圈-外圈复合故障　　　(f) 正常状态

图 8-4 测试轴承照片

利用以上实验轴承分别在四种工况下采集了四个实验样本集，构造的数据集如表 8-2 所示。所有数据集中均包含所有健康状况的数据。但是由于两种复合故障在实际运行中发生的概率较小。所以在进行实验时，作为目标域所在工况的数据集仅包含四种健康状况 (IR、OR、RE、NC)。每种运行工况下主要调节的参数为运行速度和工作载荷，采集到的振动信号用一个滑窗来进行分割。每个样本具有 1024 个数据点。在作为源域样本时，每种健康状况分别获得 2000 个样本。所以六种故障共获得 12000 个样本。从样本中随机选择 200 个样本来选择作为同一图集中的样本。需要注意的是，一个图集中的样本具有相同的故障类型。其中，源域中共有 48 个图集用于训练，12 个图集用于测试。在作为目标域样本时，每种健康状况分别获得 1600 个样本。所以四种故障共获得 6400 个样本。目标域中共有 24 个图集用于训练，8 个图集用于测试。

表 8-2　　构建数据集的具体参数

数据集编号	速度/(km/h)	载荷/t	一个图集的样本数量
数据集 A	150	5	200
数据集 B	150	7	200
数据集 C	200	5	200
数据集 D	200	7	200

2. 模型参数分析实验

从公式 (8-12) 不难看出，权衡参数 λ、β 和 φ 会影响着模型的故障诊断精度。为了研究其对诊断精度的影响，设计了实验研究不同参数下模型的诊断精度。这三个参数分别控制着非共有类别样本的过滤，对抗域自适应迁移的程度以及多通道补偿。

首先，针对 λ 和 β 的取值利用单一子通道进行测试。通过观察单一子通道输出的准确率，分析 λ 对模型诊断性能的影响。因此，将多通道补偿值 φ 的值取 0，对抗迁移的系数 β 临时取 0.1 进行实验。然后在获取 λ 的最优值后，再对 β 进行实验。在训练过程中，学习率取 0.0002。每次取一组图集进行训练，因此单次样本数量为 200。λ 和 β 的取值从 (0,0.001,0.01,0.1,0.5,1) 中进行选择。每个取值训练 5 次取平均值，以消除随机误差。实验样本选择数据集 A 作为源域，数据集 B 作为目标域。本书所提方法由 Python 3.7 编写。深度学习模型采用 Pytorch 1.3。训练模型的硬件平台为 Intel Xeon Gold 6148 CPU 和 RTX2080Ti GPU，实验结果如图 8-5 所示。

从实验结果中可以看出，λ 在取 0.1 时的准确率可以达到最高，为 91.3%。λ 在取 0.0001 时模型的诊断性能最差。实验结果的总体趋势是先逐渐上升，然后逐渐下降。说明非共有类别过滤损失可以起到降低负迁移的作用，但是当损失值过大时对模型引入的损失抵消了收益。在这种情况下，所提模型的训练可能无法达到最优。然后将 λ 设定在 0.1，对 β 进行测试。从图 8-6 中可以看出，β 在取 0.01

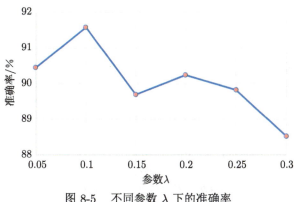

图 8-5　不同参数 λ 下的准确率

时可以使模型的准确率达到最高，为 96.4%。实验结果的总趋势同样是先逐渐上升，然后下降。说明其在调节过小时，模型更加关注源域分类精度，而使对抗迁移时的域自适应能力下降。而调节过大时，模型对于源域的关注程度不足，导致源域与目标域之间共有的故障特征没有被模型拟合完全。综上所述，λ 和 β 均是需要在合理范围内取值，来平衡源域与目标域、共有类别和非共有类别之间的关系，以提高故障诊断性能。

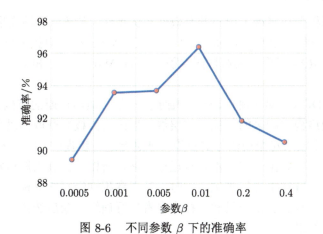

图 8-6　不同参数 β 下的准确率

对于多通道补偿损失 φ 的取值，采用多通道模型进行测试。由于多通道下每个通道的模型没有进行单独修改，利用 φ 给多个通道提供一个基准，以提高多通道模型的诊断效果。同样，以模型的诊断准确率作为判断依据。λ 设定在 0.1，β 取 0.01。φ 的取值从 (0,0.01,0.1,1,3,5) 中选择。实验迁移任务为 (B,C,D)→A。每个取值训练 5 次取平均值，以降低随机误差。实验结果如图 8-7 所示。

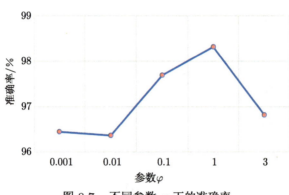

图 8-7　不同参数 φ 下的准确率

从图中可以看出，φ 取 1 时多通道模型的准确率可以达到最大。由于模型的不完善带来的准确率的影响，随着增大 φ，可以提高不同工况下可迁移特征的相似性，但最高只能令 φ 为 1。其他迁移任务的准确性趋势与 (B,C,D)→A 类似，所提出的模型的多通道设计也为模型参数的选择提供了一定的鲁棒性。在参数的数量级差异不大的情况下，所获得的诊断精度基本相同。但更大的 φ 将阻碍多个子网中的自适应过程。

3. 分类精度对比实验

为了分析模型在多种工况下的有效性和优越性，本书与 7 种模型进行了对比，即 WDCNN、残差网络 (ResNet)[138]、ResGANet、深度对抗网络 (DANN)[80]、相关对齐 (CORAL)[195]、域对抗图卷积网络 (DAGCN)[158] 和多分布自适应网络 (MDAN)[196]。

其中，WDCNN 是一种广泛用于轴承振动信号故障诊断的有效模型。它是基于卷积神经网络构建起来的。他将首层卷积层采用大核来获取振动信号的冲击特征，后面采用小核来对振动信号的故障特征进行进一步提取。ResNet 是最常用的深度学习模型之一。由于它们不具有迁移策略，所以直接利用源域样本对其进行训练，并用目标域样本进行测试。同时，基于卷积神经网络的模型无法显性拟合样本间关系，所有这类模型只利用样本自身进行训练，最后选择具有最高精度的源域作为实验结果。

DANN 是一种基于对抗的迁移学习模型，它由一个域分类器和一个样本分类器构成。同样的，DANN 仅采用样本自身进行训练。CORAL 是一个基于卷积神经网络的迁移学习模型。其采用 CORAL 损失来调节源域与目标域之间的特征。

DAGCN 是一种基于 MMD 和多感受域图卷积网络的轴承故障诊断方法。它采用域对抗迁移的方式实现对目标域样本的分类。它由三个多感受域图卷积层以及域对抗分类器构成。DAGCN 由于具有显性拟合样本间关系的能力，采用递归图进行训练。MDAN 是一个全域共享网络来从多个通道上学习故障特征，并通过优化任务适应性泛化边界来实现域自适应。

同时，我们还对网络的不同部分的准确率进行了分析。研究了仅利用图注意力网络对目标域样本进行训练时，每个通道的诊断精度 (GAMTLN-1，GAMTLN-2，GAMTLN-3) 以及屏蔽掉两类补偿损失 (GAMTLN($\lambda = 0$)，GAMTLN($\varphi = 0$)) 后的诊断精度变化。由于参数 β 是 GAMTLN 中用于对抗域自适应的参数，对其屏蔽后将无法完成迁移，因此不对这一情况进行研究。

根据实验集以及模型的类型，共设计了四组实验，分别是 (B,C,D)→A，(C,D,A)→B，(D,A,B)→C，(A,B,C)→D。由于 WDCNN 和 ResNet 没有迁移策略，直接使用源域样本进行训练，再对目标域样本进行测试。不具有多通道迁移能力的模型，采用和所提模型相同的分类器掩码方法进行处理，以实现 6 类健康状况向 4 类健康状况的迁移。同时，将每个通道中的样本分别与目标域进行迁移，取迁移效果最好的通道作为实验结果。每个模型训练 5 次来降低误差值。以测试集的平均诊断精度结果作为最终结果。将测试集准确率标准差作为判断模型稳定性的指标。实验结果如表 8-3 所示。同时为了能够直观比较不同对比模型在任务 (B,C,D)→A 的迁移情况，5 次训练的结果如图 8-8 所示，其可视图如图 8-9 所示。

表 8-3　对比模型的在不同迁移任务下的诊断精度

模型名称	(B,C,D)→A		(C,D,A)→B		(D,A,B)→C		(A,B,C)→D	
	准确率/%	标准差	准确率/%	标准差	准确率/%	标准差	准确率/%	标准差
WDCNN	60.7	2.43	54.1	2.94	58.1	2.59	56.6	1.37
ResNet	58.2	2.08	59.3	2.11	56.8	1.57	57.4	1.45
ResGANet	75.8	1.92	72.4	2.05	73.1	1.88	74.0	1.16
DANN	88.7	1.42	86.2	1.89	91.0	2.18	87.6	1.49
CORAL	91.5	2.45	91.1	2.35	90.5	2.31	91.1	2.28
DAGCN	92.5	1.83	93.4	1.82	90.3	2.31	93.2	1.97
GAMTLN-1	96.2	1.36	94.3	2.04	96.6	1.85	95.8	2.02
GAMTLN-2	93.3	1.92	90.5	2.22	91.5	2.62	92.3	1.96
GAMTLN-3	94.8	2.11	95.7	1.59	94.5	2.57	93.4	2.31
GAMTLN ($\lambda=0$)	92.5	1.22	92.9	1.55	90.3	1.75	91.6	2.08
GAMTLN ($\varphi =0$)	96.3	1.57	92.7	2.36	94.3	2.86	95.2	2.98
MDAN	94.8	1.35	93.9	1.87	92.5	1.36	93.8	1.64
GAMTLN	98.3	0.76	97.5	0.66	97.8	0.95	98.0	0.76

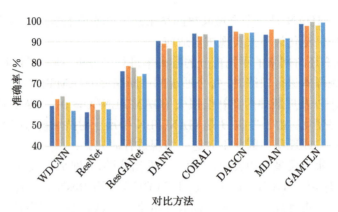

图 8-8 对比模型在任务 (B,C,D)→A 下的 5 次训练结果

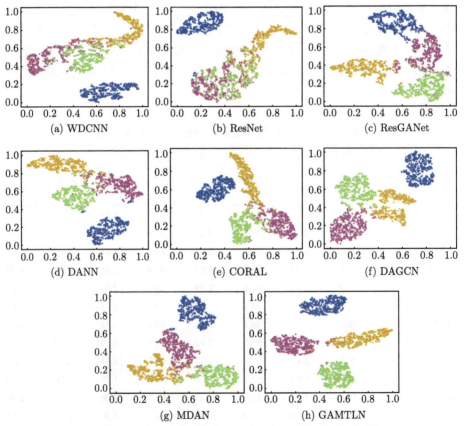

图 8-9 8 种对比模型任务 (B,C,D)→A 上的结果可视图

从表中不难看出，在不同工况下的轮对轴承故障诊断任务中，所提方法的诊断精度均显著高于其他 5 种对比方法。四个迁移任务的准确率均高于 97%，表示所提 GAMTLN 在同种机械，不同工况迁移时具有良好的适应性。可视图同样支持以上结论，GAMTLN 的特征分布边界清晰，错误分类的样本较少，多通道决策机制能够将有效的样本特征进行增强，使模型的训练稳定性得到了很大提高。GAMTLN 的三个通道的诊断精度分别达到了 96%，93% 和 94%。说明非共有类别样本在过滤器与掩码的双重作用下，能够有效用于特征提取工作中。同时，多通道决策机制能够显著融合每个通道的故障特征，并显著提高故障诊断精度。去除非共有类别样本过滤器损失的实验同样验证了这一结论。当 $\lambda = 0$ 时，多通道模型的准确率出现了一定程度的下降，说明未经过滤的非共有类别样本会使模型产生一定负迁移。对于去除多通道基准补偿损失后，模型的诊断精度具有一定下降。

其他的五种对比实验中，迁移效果虽然能够达到 90% 左右，但是与所提 GAMTLN 仍有一定差距。在非域自适应方法 WDCNN、ResNet 和 ResGANet 中，所有任务的诊断精度都很差，这说明源域和目标域之间的特征分布差异非常大，不能直接进行跨工况诊断。作为一种流行的无源域自适应方法，DANN 在不同工况迁移时能够有一定效果，但是仍然显著低于所提 GAMTLN 的准确率。CORAL 方法的准确率相较 DANN 有一定提升。但是由于无法妥善处理非共有类别样本，其准确率受到了负迁移的较大影响。这两种算法也均低于单通道下 GAMTLN 的诊断精度。DAGCN 由于可以显性拟合样本间关系，可以使模型的诊断鲁棒性得到一定提高，因此其在对比模型中的准确率相对较高，但与所提模型仍有一定差距，并且由于其特殊的多感受域结构，计算量也相对较大。综合以上结果，所提 GAMTLN 在多通道下的诊断精度、非共有类别样本过滤性能等方面具有更好效果。

8.4.2 案例 2：不同轴承迁移

1. 实验数据介绍

由于轮对轴承实际运行中的故障数据获取较为有限，在进行实验时为加大模型的迁移难度，进一步测试模型的迁移性能，采用滚动轴承数据集进行进一步分析。滚动轴承与列车轮对轴承具有相似的机械结构，同时发生故障损失时同样会由于故障点的存在，使振动信号中包含一定的故障冲击信息，因此可以作为迁移对象。不同的是，滚动轴承的尺寸较小，产生的冲击力度较弱。也由于尺寸的不同，采集到的振动信号与列车轮对轴承故障信号之间在幅值、频率、故障成分等方面均存在较大差异，在"远域"迁移过程中产生较大影响。

滚动轴承实验平台如图 8-10 所示。支撑轴承与被测轴承由驱动电机带动传动轴旋转。支撑轴承为无故障轴承，起到支撑传动轴的作用。滚动轴承实验台的细节如图 8-11 所示。被测轴承由 6 种健康状况的轴承构成，分别为内圈故障、外圈故障、滚动体故障、内圈–滚动体复合故障、外圈–滚动体复合故障以及正常状态。6 种健康状况的滚动轴承如图 8-12 所示。

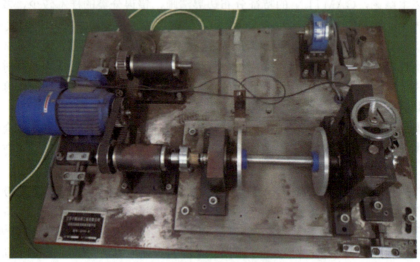

图 8-10　滚动轴承实验平台

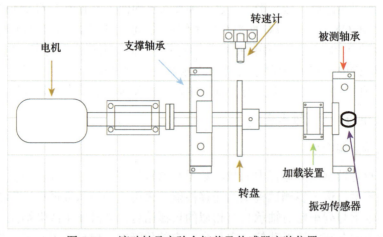

图 8-11　滚动轴承实验台细节及传感器安装位置

电机的转速可通过控制器进行设定。载荷由加载机构向滚动轴承的轴向施加载荷。由于载荷的大小无法定量控制，因此通过编号对其进行区分。在实验轴承的外轴承箱上侧吸附灵敏度为 $2.505\mathrm{mV}/(\mathrm{m\cdot s^2})$ 的加速度传感器 (356A25)，来收集运行过程中的振动信号。采集信号时的采样频率设置为 12.8kHz。

(a) 内圈故障 (b) 外圈故障 (c) 滚动体故障

(d) 内圈–滚动体复合故障 (e) 外圈–滚动体复合故障 (f) 正常状态

图 8-12 6 种被测滚动轴承

采集到的振动信号采用与轮对轴承数据集相同的方式进行处理。构造的滚动轴承数据集如表 8-4 所示。由于滚动轴承实验台无法定量获取载荷数据，因此仅采用定性的方式进行分析，编号越大载荷越大。同样采用滑窗方式对振动信号进行截取。每种故障类型获取 1500 个样本。因此六种故障类型共有 9000 个样本作为源域进行训练。将样本以 250 个为一组构建递归图，共获得 36 个递归图。其中的 24 个用于训练，12 个用于测试。轮对轴承数据集作为目标域，因此四个数据集均采用四种常用故障类型进行测试。构造的递归图与案例 1 相同。

表 8-4 构建的滚动轴承实验数据集

数据集编号	转速/Hz	载荷 (No.)	图集样本数量
数据集 E	30	1	200
数据集 F	30	2	200
数据集 G	20	1	200

2. 分类精度对比实验

为了验证模型在跨机械迁移时的效果，同样采用上述模型进行了对比分析。故障诊断针对的对象是轮对轴承故障样本，因此源域数据均采用数据集 E、F、G。共设计了四组迁移实验，分别是 (E,F,G)→A，(E,F,G)→B，(E,F,G)→C，(E,F,G)→D。

同样地，每个实验训练 5 次来消除随机误差。以 5 次实验的准确率平均值作为最终诊断精度。实验的标准差作为模型稳定程度的判断依据。实验结果如表 8-5 所示。任务 (E,F,G)→A 的 5 次训练结果如图 8-13 所示。为了更加清楚地分析各迁移任务的实际效果，对 4 个迁移任务的输出特征进行了可视化研究，如图 8-14 所示。

表 8-5　对比模型的在滚动轴承迁移任务下诊断精度

模型名称	(E,F,G)→A		(E,F,G)→B		(E,F,G)→C		(E,F,G)→D	
	准确率/%	标准差	准确率/%	标准差	准确率/%	标准差	准确率/%	标准差
WDCNN	50.1	1.98	49.0	2.41	52.50	1.79	45.5	2.44
ResNet	51.2	1.78	49.2	1.94	52.38	1.65	49.6	2.06
ResGANet	67.3	3.24	68.6	1.73	65.75	2.41	59.8	1.84
DANN	80.5	3.13	79.9	1.89	82.13	1.59	79.3	2.53
CORAL	75.3	6.58	78.8	9.95	82.81	9.69	80.5	8.48
DAGCN	85.8	3.35	82.2	5.66	81.75	3.86	80.7	3.67
GAMTLN-1	84.2	2.36	83.6	2.17	83.31	1.85	80.5	2.02
GAMTLN-2	89.3	1.92	90.1	2.22	88.50	2.62	89.6	1.96
GAMTLN-3	79.8	2.11	82.2	1.59	79.06	2.57	80.1	2.31
GAMTLN (λ=0)	86.5	1.22	83.5	1.55	87.63	1.75	84.6	2.08
GAMTLN (φ=0)	90.3	1.57	88.7	2.36	89.25	2.86	89.8	2.98
MDAN	84.5	1.83	82.4	1.82	85.88	2.31	83.6	1.97
GAMTLN	93.5	1.45	92.1	2.20	93.06	1.28	94.2	0.72

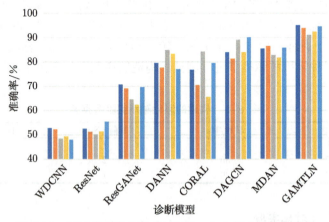

图 8-13　对比模型在任务 (E,F,G)→A 上的 5 次训练结果

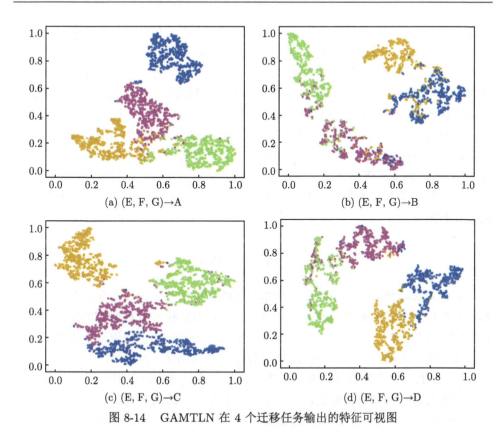

(a) (E, F, G)→A

(b) (E, F, G)→B

(c) (E, F, G)→C

(d) (E, F, G)→D

图 8-14 GAMTLN 在 4 个迁移任务输出的特征可视图

从表 8-5 中不难看出，跨机械迁移的诊断精度相较跨工况迁移时均有所下降。其主要原因是机械类型的不同，收集到的振动信号的幅值、故障特征频率、转速以及载荷均有较大差距。这就使得在提取源域特征时的故障特征不能很好地与目标域共用。但是即使在跨机械迁移的条件下，提出的 GAMTLN 仍能达到 92% 以上的故障诊断精度。四个迁移任务取得的最终结果相差不大，说明 GAMTLN 在旋转机械故障诊断中具有一定的通用性。GAMTLN 的可视图中虽有较多分类错误样本，但四种故障的边界较为清晰，显示出其具有较好的诊断效果。GAMTLN 的三个子通道的准确率均低于多通道决策后的准确率，并且多通道决策后的准确率比子通道有了大幅提升。说明多通道决策机制在跨机械迁移这种每个通道的准确率相对较低的情况下仍能起到很好的效果。在模型去除非共有类别过滤补偿后，模型由于负迁移问题，准确率下降很大。说明提出的过滤方法在过滤非共有类别时具有很好的有效性。将模型的多通道补偿去除后，模型的诊断精度也发生了下降。说明多通道的补偿损失可以为不同通道之间提供准确率基准，从而提高模型的诊断精度。

在参与对比的模型中，WDCNN、ResNet 和 ResGANet 由于均直接采用源域样本进行训练，目标域样本进行测试，所以与案例 1 的实验结果相似，分类精度十分糟糕。实验精度均受到了轮对轴承的强噪声以及轮轨共振的影响。对于其他非多通道的域自适应方法，所有任务的诊断精度均不理想。DAGCN 在一些任务中虽然可以比 GAMTLN 的通道 1 和 3 的诊断精度高，但是其标准差过大，对于故障诊断这类需要较强稳定性的场景显然不适用。CORAL 同样产生了标准差过大的问题，其平均训练精度受到了严重影响。DANN 虽然表现比较稳定，但是由于源域与目标域之间的差距较大导致产生了严重的性能衰退。在跨机械迁移中，MDAN 的诊断性能明显下降，性能仅能维持在 84% 左右。所提模型在通过多通道决策机制，非共有类别样本的优化以及图注意力机制的辅助下，可以有效提高故障诊断精度。

8.5　本章小结

为应对实际故障诊断中的故障样本与训练所采用的故障样本在工况和空间分布上存在较大差异的问题，本章提出面向非共有类别样本的 GAMTLN 高速列车轮对轴承故障诊断方法。该模型由多个 SAGANet 和一个多通道知识决策机制构成。通过两个数据集验证了所提模型的有效性和优越性。具体结论如下：

(1) 子通道模型能够显性拟合样本间关系，通过 MDD 迁移对目标域样本的分类损失与边缘距离进行对抗，实现了样本数量较少时的特征迁移。

(2) 非共有类别故障样本过滤器能够有效阻塞会产生负迁移的样本。通过分析特征编码的空间分布距离判断其与目标域样本的差异，并利用掩码机制进行迁移，增加了模型获取的故障信息。

(3) 多通道故障知识决策机制能够有效融合多个通道在各自工况下的诊断决策。利用多通道损失补偿机制为多个通道联合训练提供通道间的信息。

参 考 文 献

[1] 中华人民共和国国家发展和改革委员会. 中长期铁路网规划 [Z]. 2016-07-20.

[2] 欧国立, 靳雅楠. 习近平关于交通运输的重要论述研究 [J]. 北京交通大学学报 (社会科学版), 2023, 22(1): 8-16.

[3] 中长期铁路网规划. "十四五" 现代综合交通运输体系发展规划 [Z]. 2022-03-25.

[4] 张文晖, 伍慧. 习近平关于交通运输重要论述的形成与发展 [J]. 长沙大学学报, 2021, 35(3): 7-11.

[5] 陈建托. 美国氯乙烯泄漏事故处理方法研究与讨论 [J]. 四川化工, 2024, 27(03): 57-60.

[6] Liu Z, Yang S, Liu Y, et al. Adaptive correlated Kurtogram and its applications in wheelset-bearing system fault diagnosis [J]. Mechanical Systems and Signal Processing, 2021, 154: 107511.

[7] Ding J, Zhao W, Miao B, et al. Adaptive sparse representation based on circular-structure dictionary learning and its application in wheelset-bearing fault detection [J]. Mechanical Systems and Signal Processing, 2018, 111: 399-422.

[8] Choudhary A, Mian T, Fatima S, et al. Fault diagnosis of electric two-wheeler under pragmatic operating conditions using wavelet synchrosqueezing transform and CNN [J]. IEEE Sensors Journal, 2023, 23(6): 6254-6263.

[9] Ding J, Zhou J, Yin Y. Fault detection and diagnosis of a wheelset-bearing system using a multi-Q-factor and multi-level tunable Q-factor wavelet transform [J]. Measurement, 2019, 143: 112-124.

[10] Xin G, Li Z, Jia L, et al. Fault diagnosis of wheelset bearings in high-speed trains using logarithmic short-time Fourier transform and modified self-calibrated residual network [J]. IEEE Transactions on Industrial Informatics, 2022, 18(10): 7285-7295.

[11] Yang S, Gu X, Liu Y, et al. A general multi-objective optimized wavelet filter and its applications in fault diagnosis of wheelset bearings [J]. Mechanical Systems and Signal Processing, 2020, 145: 106914.

[12] Li Z, Chen J, Zi Y, et al. Independence-oriented VMD to identify fault feature for wheel set bearing fault diagnosis of high speed locomotive [J]. Mechanical Systems and Signal Processing, 2017, 85: 512-529.

[13] Yi C, Li Y, Huo X, et al. A promising new tool for fault diagnosis of railway wheelset bearings: SSO-based kurtogram [J]. ISA Transactions, 2022, 128: 498-512.

[14] Wang H, Liu Z, Peng D, et al. Understanding and learning discriminant features based on multiattention 1DCNN for wheelset bearing fault diagnosis [J]. IEEE Transactions on Industrial Informatics, 2020, 16(9): 5735-5745.

[15] Pham M T, Kim J M, Kim C H. Accurate bearing fault diagnosis under variable shaft speed using convolutional neural networks and vibration spectrogram [J]. Applied Sciences, 2020, 10(18): 6385.

[16] Wang D, Guo Q, Song Y, et al. Application of multiscale learning neural network based on CNN in bearing fault diagnosis [J]. Journal of Signal Processing Systems, 2019, 91: 1205-1217.

[17] Wang H, Liu Z, Peng D, et al. Attention-guided joint learning CNN with noise robustness for bearing fault diagnosis and vibration signal denoising [J]. ISA Transactions, 2022, 128: 470-484.

[18] Wang Z, Zhou J, Du W, et al. Bearing fault diagnosis method based on adaptive maximum cyclostationarity blind deconvolution [J]. Mechanical Systems and Signal Processing, 2022, 162: 108018.

[19] Xiong J, Liu M, Li C, et al. A bearing fault diagnosis method based on improved mutual dimensionless and deep learning [J]. IEEE Sensors Journal, 2023, 23(16): 18338-18348.

[20] Song X, Cong Y, Song Y, et al. A bearing fault diagnosis model based on CNN with wide convolution kernels [J]. Journal of Ambient Intelligence and Humanized Computing, 2022, 13(8): 4041-4056.

[21] Luo M, Li C, Zhang X, et al. Compound feature selection and parameter optimization of ELM for fault diagnosis of rolling element bearings [J]. ISA Transactions, 2016, 65: 556-566.

[22] Lin J, Shao H, Min Z, et al. Cross-domain fault diagnosis of bearing using improved semi-supervised meta-learning towards interference of out-of-distribution samples [J]. Knowledge-Based Systems, 2022, 252: 109493.

[23] Zhou Y, Dong Y, Zhou H, et al. Deep dynamic adaptive transfer network for rolling bearing fault diagnosis with considering cross-machine instance [J]. IEEE Transactions on Instrumentation and Measurement, 2021, 70: 3525211.

[24] Cheng Y, Zhou N, Wang Z, et al. CFFsBD: A candidate fault frequencies-based blind deconvolution for rolling element bearings fault feature enhancement [J]. IEEE Transactions on Instrumentation and Measurement, 2023, 72: 3506412.

[25] Ruan D, Wang J, Yan J, et al. CNN parameter design based on fault signal analysis and its application in bearing fault diagnosis [J]. Advanced Engineering Informatics, 2023, 55: 101877.

[26] Chen X, Yang R, Xue Y, et al. Deep transfer learning for bearing fault diagnosis: A systematic review since 2016 [J]. IEEE Transactions on Instrumentation and Measurement, 2023, 72: 3508221.

[27] Wang X, Li A, Han G. A deep-learning-based fault diagnosis method of industrial bearings using multi-source information [J]. Applied Sciences, 2023, 13(2): 933.

[28] Li X, Jiang H, Niu M, et al. An enhanced selective ensemble deep learning method for rolling bearing fault diagnosis with beetle antennae search algorithm [J]. Mechanical

Systems and Signal Processing, 2020, 142: 106752.

[29] Lu S, Wang X. A new methodology to estimate the rotating phase of a BLDC motor with its application in variable-speed bearing fault diagnosis [J]. IEEE Transactions on Power Electronics, 2018, 33(4): 3399-3410.

[30] An Z, Li S, Wang J, et al. A novel bearing intelligent fault diagnosis framework under time-varying working conditions using recurrent neural network [J]. ISA Transactions, 2020, 100: 155-170.

[31] Zhou Y, Kumar A, Parkash C, et al. A novel entropy-based sparsity measure for prognosis of bearing defects and development of a sparsogram to select sensitive filtering band of an axial piston pump [J]. Measurement, 2022, 203: 111997.

[32] Wang B, Ning Y, Zhang Y. A novel fault diagnosis scheme for rolling bearing based on symbolic aggregate approximation and convolutional neural network with channel attention [J]. Measurement Science and Technology, 2022, 33(1): 015016.

[33] Zhang T, Liu S, Wei Y, et al. A novel feature adaptive extraction method based on deep learning for bearing fault diagnosis [J]. Measurement, 2021, 185: 110030.

[34] Xiao Y, Shao H, Han S, et al. Novel joint transfer network for unsupervised bearing fault diagnosis from simulation domain to experimental domain [J]. IEEE/ASME Transactions on Mechatronics, 2022, 27(6): 5254-5263.

[35] Lei Y, Yang B, Jiang X, et al. Applications of machine learning to machine fault diagnosis: A review and roadmap [J]. Mechanical Systems and Signal Processing, 2020, 138: 106587.

[36] Liu R, Yang B, Zio E, et al. Artificial intelligence for fault diagnosis of rotating machinery: A review [J]. Mechanical Systems and Signal Processing, 2018, 108: 33-47.

[37] 张守京, 慎明俊, 杨静雯, 等. 采用参数自适应最大相关峭度解卷积的滚动轴承故障特征提取 [J]. 西安交通大学学报, 2022, 56(3): 75-83.

[38] 包文杰, 涂晓彤, 李富才, 等. 参数化的短时傅里叶变换及齿轮箱故障诊断 [J]. 振动测试与诊断, 2020, 40(2): 272-277, 417.

[39] 郑小霞, 周国旺, 任浩翰, 等. 基于变分模态分解和排列熵的滚动轴承故障诊断 [J]. 振动与冲击, 2017, 36(22): 22-28.

[40] Lei Y, He Z, Zi Y. Application of the EEMD method to rotor fault diagnosis of rotating machinery [J]. Mechanical Systems and Signal Processing, 2009, 23(4): 1327-1338.

[41] Yang Y, Yu D J, Cheng J S. A roller bearing fault diagnosis method based on EMD energy entropy and ANN [J]. Journal of Sound and Vibration, 2006, 294(1-2): 269-277.

[42] 李宏坤, 杨蕊, 任远杰, 等. 利用粒子滤波与谱峭度的滚动轴承故障诊断 [J]. 机械工程学报, 2017, 53(3): 63-72.

[43] Liu D, Cheng W, Wen W. Rolling bearing fault diagnosis via STFT and improved instantaneous frequency estimation method [J]. Procedia Manufacturing, 2020, 49:

166-172.

[44] Cocconcelli M, Zimroz R, Rubini R, et al. STFT based approach for ball bearing fault detection in a varying speed motor [M]//Fakhfakh T, Bartelmus W, Chaari F, et al. Condition Monitoring of Machinery in Non-Stationnary Operations. New York: Springer, 292.

[45] 石林锁, 张亚洲, 米文鹏. 基于 WVD 的谱峭度法在轴承故障诊断中的应用 [J]. 振动测试与诊断, 2011, 31(1): 27-31, 126.

[46] 邓飞跃, 刘鹏飞, 陈恩利, 等. 基于自适应频率窗经验小波变换的列车轮对轴承多故障诊断 [J]. 铁道学报, 2019, 41(5): 55-63.

[47] Li X, Ma Z, Kang D, et al. Fault diagnosis for rolling bearing based on VMD-FRFT [J]. Measurement, 2020, 155: 107554.

[48] Cheng Y, Wang Z, Chen B, et al. An improved complementary ensemble empirical mode decomposition with adaptive noise and its application to rolling element bearing fault diagnosis [J]. ISA Transactions, 2019, 91: 218-234.

[49] Cheng Y, Wang S, Chen B, et al. An improved envelope spectrum via candidate fault frequency optimization-gram for bearing fault diagnosis [J]. Journal of Sound and Vibration, 2022, 523: 116746.

[50] 顾晓辉, 杨绍普, 刘文朋, 等. 高速列车轴箱轴承健康监测与故障诊断研究综述 [J]. 力学学报, 2022, 54(7): 1780-1796.

[51] 刘永强, 王宝森, 杨绍普. 含外圈故障的高速列车轴承转子系统非线性动力学行为分析 [J]. 机械工程学报, 2018, 54(8): 17-25.

[52] 杨广雪, 李广全, 刘志明, 等. 轮轨激励下高速列车齿轮箱箱体振动特性分析研究 [J]. 铁道学报, 2017, 39(11): 46-52.

[53] Wan H P, Dong G S, Luo Y. Compressive sensing of wind speed data of large-scale spatial structures with dedicated dictionary using time-shift strategy [J]. Mechanical Systems and Signal Processing, 2021, 157: 107685.

[54] Qin A, Hu Q, Lv Y, et al. Concurrent fault diagnosis based on Bayesian discriminating analysis and time series analysis with dimensionless parameters [J]. IEEE Sensors Journal, 2019, 19(6): 2254-2265.

[55] Odena A, Olah C, Shlens J. Conditional image synthesis with auxiliary classifier GANs[EB/OL]. 2016: 1610.09585.https://arxiv.org/abs/1610.09585v4.

[56] Chen P, Li Y, Wang K, et al. An automatic speed adaption neural network model for planetary gearbox fault diagnosis [J]. Measurement, 2021, 171: 108784.

[57] Cabrera D, Guamán A, Zhang S, et al. Bayesian approach and time series dimensionality reduction to LSTM-based model-building for fault diagnosis of a reciprocating compressor [J]. Neurocomputing, 2020, 380: 51-66.

[58] Wang G, Li Y, Wang Y, et al. Bidirectional shrinkage gated recurrent unit network with multiscale attention mechanism for multisensor fault diagnosis [J]. IEEE Sensors Journal, 2023, 23(20): 25518-25533.

[59] Kim P, Seok J. Bifurcation analysis on the hunting behavior of a dual-bogie railway

vehicle using the method of multiple scales [J]. Journal of Sound and Vibration, 2010, 329(19): 4017-4039.

[60] Luo J, Huang J, Li H. A case study of conditional deep convolutional generative adversarial networks in machine fault diagnosis [J]. Journal of Intelligent Manufacturing, 2021, 32: 407-425.

[61] Yang Z, Xu B, Luo W, et al. Autoencoder-based representation learning and its application in intelligent fault diagnosis: A review [J]. Measurement, 2022, 189: 110460.

[62] Pan T, Chen J, Zhang T, et al. Generative adversarial network in mechanical fault diagnosis under small sample: A systematic review on applications and future perspectives [J]. ISA transactions, 2022, 128: 1-10.

[63] Huang T, Zhang Q, Tang X, et al. A novel fault diagnosis method based on CNN and LSTM and its application in fault diagnosis for complex systems [J]. Artificial Intelligence Review, 2022, 55(2): 1289-1315.

[64] Ye Z, Yu J. Deep negative correlation multisource domains adaptation network for machinery fault diagnosis under different working conditions [J]. IEEE/ASME Transactions on Mechatronics, 2022, 27(6): 5914-5925.

[65] Jia F, Lei Y, Lin J, et al. Deep neural networks: A promising tool for fault characteristic mining and intelligent diagnosis of rotating machinery with massive data [J]. Mechanical Systems and Signal Processing, 2016, 72: 303-315.

[66] Li G, Müller M, Qian G, et al. DeepGCNs: Making GCNs go as deep as CNNs [J]. IEEE Transactions on Pattern Analysis and Machine Intelligence, 2023, 45(6): 6923-6939.

[67] Cen J, Yang Z, Liu X, et al. A review of data-driven machinery fault diagnosis using machine learning algorithms [J]. Journal of Vibration Engineering & Technologies, 2022, 10(7): 2481-2507.

[68] Nath A G, Udmale S S, Singh S K. Role of artificial intelligence in rotor fault diagnosis: A comprehensive review [J]. Artificial Intelligence Review, 2021, 54: 2609-2668.

[69] 赵志宏, 李乐豪, 杨绍普, 等. 一种频域特征提取自编码器及其在故障诊断中的应用研究 [J]. 中国机械工程, 2021, 32(20): 2468-2474.

[70] 雷亚国, 贾峰, 孔德同, 等. 大数据下机械智能故障诊断的机遇与挑战 [J]. 机械工程学报, 2018, 54(5): 94-104.

[71] 黄包裕, 张永祥, 赵磊. 基于布谷鸟搜索算法和最大二阶循环平稳盲解卷积的滚动轴承故障诊断方法 [J]. 机械工程学报, 2021, 57(9): 99-107.

[72] 李永健, 宋浩, 刘吉华, 等. 基于改进多尺度排列熵的列车轴箱轴承诊断方法研究 [J]. 铁道学报, 2020, 42(01): 33-39.

[73] Wang Z, Zhang Q, Xiong J, et al. Fault diagnosis of a rolling bearing using wavelet packet denoising and random forests [J]. IEEE Sensors Journal, 2017, 17(17): 5581-5588.

[74] Sun W, Chen J, Li J. Decision tree and PCA-based fault diagnosis of rotating machinery [J]. Mechanical Systems and Signal Processing, 2007, 21(3): 1300-1317.

[75] Yang B S, Oh M S, Tan A C C. Fault diagnosis of induction motor based on decision trees and adaptive neuro-fuzzy inference [J]. Expert Systems with Applications, 2009, 36(2): 1840-1849.

[76] Amarnath M, Sugumaran V, Kumar H. Exploiting sound signals for fault diagnosis of bearings using decision tree [J]. Measurement, 2013, 46(3): 1250-1256.

[77] Cerrada M, Zurita G, Cabrera D, et al. Fault diagnosis in spur gears based on genetic algorithm and random forest [J]. Mechanical Systems and Signal Processing, 2016, 70: 87-103.

[78] Li C, Sanchez R-V, Zurita G, et al. Gearbox fault diagnosis based on deep random forest fusion of acoustic and vibratory signals [J]. Mechanical Systems and Signal Processing, 2016, 76: 283-293.

[79] Fezai R, Dhibi K, Mansouri M, et al. Effective random forest-based fault detection and diagnosis for wind energy conversion systems [J]. IEEE Sensors Journal, 2021, 21(5): 6914-6921.

[80] Ganin Y, Ustinova E, Ajakan H, et al. Domain-adversarial training of neural networks [J]. Journal of Machine Learning Research, 2016, 17(59): 1-35.

[81] Yang Z, He B, Li G, et al. Multigrained hybrid neural network for rotating machinery fault diagnosis using joint local and global information [J]. IEEE Transactions on Instrumentation and Measurement, 2023, 72: 3526013.

[82] Li B, Chow M Y, Tipsuwan Y, et al. Neural-network-based motor rolling bearing fault diagnosis [J]. IEEE Transactions on Industrial Electronics, 2000, 47(5): 1060-1069.

[83] Hu H, Tang B, Gong X, et al. Intelligent fault diagnosis of the high-speed train with big data based on deep neural networks [J]. IEEE Transactions on Industrial Informatics, 2017, 13(4): 2106-2116.

[84] Yang D M, Stronach A, MacConnell P, et al. Third-order spectral techniques for the diagnosis of motor bearing condition using artificial neural networks [J]. Mechanical Systems and Signal Processing, 2002, 16(2-3): 391-411.

[85] Samanta B, Al-balushi K. Artificial neural network based fault diagnostics of rolling element bearings using time-domain features [J]. Mechanical Systems and Signal Processing, 2003, 17(2): 317-328.

[86] Castejón C, Lara O, García-Prada J. Automated diagnosis of rolling bearings using MRA and neural networks [J]. Mechanical Systems and Signal Processing, 2010, 24(1): 289-299.

[87] Lei Y, He Z, Zi Y. Application of an intelligent classification method to mechanical fault diagnosis [J]. Expert Systems with Applications, 2009, 36(6): 9941-9948.

[88] Tang T, Bo L, Liu X, et al. Variable predictive model class discrimination using novel predictive models and adaptive feature selection for bearing fault identification [J]. Journal of Sound and Vibration, 2018, 425: 137-148.

[89] Yin Z, Hou J. Recent advances on SVM based fault diagnosis and process monitoring in complicated industrial processes [J]. Neurocomputing, 2016, 174: 643-650.

[90] He Z, Shao H, Cheng J, et al. Support tensor machine with dynamic penalty factors and its application to the fault diagnosis of rotating machinery with unbalanced data [J]. Mechanical Systems and Signal Processing, 2020, 141: 106441.

[91] Hsu C W, Lin C J. A comparison of methods for multiclass support vector machines [J]. IEEE Transactions on Neural Networks, 2002, 13(2): 415-425.

[92] Zheng J, Pan H, Cheng J. Rolling bearing fault detection and diagnosis based on composite multiscale fuzzy entropy and ensemble support vector machines [J]. Mechanical Systems and Signal Processing, 2017, 85: 746-759.

[93] Lu W, Jiang W, Yuan G, et al. A gearbox fault diagnosis scheme based on near-field acoustic holography and spatial distribution features of sound field [J]. Journal of Sound and Vibration, 2013, 332(10): 2593-2610.

[94] Zhang X, Wang B, Chen X. Intelligent fault diagnosis of roller bearings with multivariable ensemble-based incremental support vector machine [J]. Knowledge-Based Systems, 2015, 89: 56-85.

[95] Sugumaran V, Sabareesh G, Ramachandran K. Fault diagnostics of roller bearing using kernel based neighborhood score multi-class support vector machine [J]. Expert Systems with Applications, 2008, 34(4): 3090-3098.

[96] Heidari M, Shateyi S. Wavelet support vector machine and multi-layer perceptron neural network with continues wavelet transform for fault diagnosis of gearboxes [J]. Journal of Vibroengineering, 2017, 19(1): 125-137.

[97] Liu B, Liu C, Zhou Y, et al. An unsupervised chatter detection method based on AE and merging GMM and K-means [J]. Mechanical Systems and Signal Processing, 2023, 186: 109861.

[98] Lei Y, He Z, Zi Y. A Combination of WK NN to fault diagnosis of rolling element bearings [J]. Journal of Vibration and Acoustics, 2009, 131: 064502.

[99] Yao B, Zhen P, Wu L, et al. Rolling element bearing fault diagnosis using improved manifold learning [J]. IEEE Access, 2017, 5: 6027-6035.

[100] Dong S, Luo T, Zhong L, et al. Fault diagnosis of bearing based on the kernel principal component analysis and optimized k-nearest neighbour model [J]. Journal of Low Frequency Noise, Vibration and Active Control, 2017, 36(4): 354-365.

[101] Jiang L, Xuan J, Shi T. Feature extraction based on semi-supervised kernel Marginal Fisher analysis and its application in bearing fault diagnosis [J]. Mechanical Systems and Signal Processing, 2013, 41(1-2): 113-126.

[102] Ettefagh M M, Ghaemi M, Asr M Y. Bearing fault diagnosis using hybrid genetic algorithm K-means clustering [C]. Proceedings of the 2014 IEEE International Symposium on Innovations in Intelligent Systems and Applications (INISTA), 2014.

[103] 崔锦淼, 贺雅, 冯坤. 基于改进 CNN 和 Kmeans 的双转子轴承半监督故障诊断 [J]. 振动测试与诊断, 2023, 43(5): 945-952, 1039-1040.

[104] 雷亚国, 杨彬, 杜兆钧, 等. 大数据下机械装备故障的深度迁移诊断方法 [J]. 机械工程学报, 2019, 55(7): 1-8.

[105] 揭震国, 王细洋, 龚廷恺. 基于深度学习与子域适配的齿轮故障诊断 [J]. 中国机械工程, 2021, 32(22): 2716-2723.

[106] 李奕璠, 刘建新, 林建辉, 等. 基于自适应多尺度形态学分析的车轮扁疤故障诊断方法 [J]. 交通运输工程学报, 2015, 15(1): 58-65.

[107] Zhao Z, Zhang Q, Yu X, et al. Applications of unsupervised deep transfer learning to intelligent fault diagnosis: A survey and comparative study [J]. IEEE Transactions on Instrumentation and Measurement, 2021, 70: 3525828.

[108] Wang S-H, Govindaraj V V, Górriz J M, et al. Covid-19 classification by FGCNet with deep feature fusion from graph convolutional network and convolutional neural network [J]. Information Fusion, 2021, 67: 208-229.

[109] Guo L, Lei Y, Xing S, et al. Deep convolutional transfer learning network: A new method for intelligent fault diagnosis of machines with unlabeled data [J]. IEEE Transactions on Industrial Electronics, 2019, 66(9): 7316-7325.

[110] Chen Z, Mauricio A, Li W, et al. A deep learning method for bearing fault diagnosis based on cyclic spectral coherence and convolutional neural networks [J]. Mechanical Systems and Signal Processing, 2020, 140: 106683.

[111] Xiong J, Li C, Wang C-D, et al. Application of convolutional neural network and data preprocessing by mutual dimensionless and similar gram matrix in fault diagnosis [J]. IEEE Transactions on Industrial Informatics, 2022, 18(2): 1061-1071.

[112] Saxena A, Kumar R, Rawat A K, et al. Abnormal health monitoring and assessment of a three-phase induction motor using a supervised CNN-RNN-based machine learning algorithm [J]. Mathematical Problems in Engineering, 2023.

[113] Chen L, Qin N, Dai X, et al. Fault diagnosis of high-speed train bogie based on capsule network [J]. IEEE Transactions on Instrumentation and Measurement, 2020, 69(9): 6203-6211.

[114] Su L, Ma L, Qin N, et al. Fault diagnosis of high-speed train bogie by residual-squeeze net [J]. IEEE Transactions on Industrial Informatics, 2019, 15(7): 3856-3863.

[115] Pandya D, Upadhyay S H, Harsha S P. Fault diagnosis of rolling element bearing with intrinsic mode function of acoustic emission data using APF-KNN [J]. Expert Systems with Applications, 2013, 40(10): 4137-4145.

[116] Mian T, Choudhary A, Fatima S. Vibration and infrared thermography based multiple fault diagnosis of bearing using deep learning [J]. Nondestructive Testing and Evaluation, 2023, 38(2): 275-296.

[117] Shao H, Li W, Cai B, et al. Dual-threshold attention-guided GAN and limited infrared thermal images for rotating machinery fault diagnosis under speed fluctuation [J]. IEEE Transactions on Industrial Informatics, 2023, 19(9): 9933-9942.

[118] Jin Q, Lin R, Yang F. E-WACGAN: Enhanced generative model of signaling data based on WGAN-GP and ACGAN [J]. IEEE Systems Journal, 2020, 14(3): 3289-3300.

[119] Luo W, Yang W, He J, et al. Fault diagnosis method based on two-stage GAN for

data imbalance [J]. IEEE Sensors Journal, 2022, 22(22): 21961-21973.

[120] Chen H, Jiang B, Ding S X, et al. Data-driven fault diagnosis for traction systems in high-speed trains: A survey, challenges, and perspectives [J]. IEEE Transactions on Intelligent Transportation Systems, 2022, 23(3): 1700-1716.

[121] Hoang D-T, Kang H-J. A survey on deep learning based bearing fault diagnosis [J]. Neurocomputing, 2019, 335: 327-335.

[122] Jiang H, Shao H, Chen X, et al. A feature fusion deep belief network method for intelligent fault diagnosis of rotating machinery [J]. Journal of Intelligent & Fuzzy Systems, 2018, 34(6): 3513-3521.

[123] Han D, Zhao N, Shi P. A new fault diagnosis method based on deep belief network and support vector machine with Teager–Kaiser energy operator for bearings [J]. Advances in Mechanical Engineering, 2017, 9(12): 1687814017743113.

[124] Tang S, Shen C, Wang D, et al. Adaptive deep feature learning network with Nesterov momentum and its application to rotating machinery fault diagnosis [J]. Neurocomputing, 2018, 305: 1-14.

[125] Shao H, Jiang H, Wang F, et al. Rolling bearing fault diagnosis using adaptive deep belief network with dual-tree complex wavelet packet [J]. ISA Transactions, 2017, 69: 187-201.

[126] Zhao H, Liu J, Chen H, et al. Intelligent diagnosis using continuous wavelet transform and Gauss convolutional deep belief network [J]. IEEE Transactions on Reliability, 2023, 72(2): 692-702.

[127] Wen L, Li X, Gao L, et al. A new convolutional neural network-based data-driven fault diagnosis method [J]. IEEE Transactions on Industrial Electronics, 2018, 65(7): 5990-5998.

[128] Kiranyaz S, Gastli A, Ben-Brahim L, et al. Real-time fault detection and identification for MMC using 1-D convolutional neural networks [J]. IEEE Transactions on Industrial Electronics, 2018, 66(11): 8760-8771.

[129] Shao H, Xia M, Han G, et al. Intelligent fault diagnosis of rotor-bearing system under varying working conditions with modified transfer convolutional neural network and thermal images [J]. IEEE Transactions on Industrial Informatics, 2020, 17(5): 3488-3496.

[130] Sun K, Huang Z, Mao H, et al. Multi-scale cluster-graph convolution network with multi-channel residual network for intelligent fault diagnosis [J]. IEEE Transactions on Instrumentation and Measurement, 2021, 71: 2502612.

[131] Ma Y, Mustapha F, Ishak M R, et al. Structural fault diagnosis of UAV based on convolutional neural network and data processing technology [J]. Nondestructive Testing and Evaluation, 2024, 39(2): 426-445.

[132] 邓飞跃, 丁浩, 吕浩洋, 等. 一种基于轻量级神经网络的高铁轮对轴承故障诊断方法 [J]. 工程科学学报, 2021, 43(11): 1482-1490.

[133] 熊文, 陈波, 李渊, 等. 与轮对轴磨合机联用的轴承故障声学诊断系统 [J]. 铁道机车车

辆, 2015, 35(2): 97-101.

[134] Zhao B, Zhang X, Zhan Z, et al. Deep multi-scale convolutional transfer learning network: A novel method for intelligent fault diagnosis of rolling bearings under variable working conditions and domains [J]. Neurocomputing, 2020, 407: 24-38.

[135] Zhao J, Yang S, Li Q, et al. A new bearing fault diagnosis method based on signal-to-image mapping and convolutional neural network [J]. Measurement, 2021, 176: 109088.

[136] Zhang W, Peng G, Li C, et al. A new deep learning model for fault diagnosis with good anti-noise and domain adaptation ability on raw vibration signals [J]. Sensors, 2017, 17(2): 425.

[137] Peng D, Wang H, Liu Z, et al. Multibranch and multiscale CNN for fault diagnosis of wheelset bearings under strong noise and variable load condition [J]. IEEE Transactions on Industrial Informatics, 2020, 16(7): 4949-4960.

[138] Wen L, Li X, Gao L. A transfer convolutional neural network for fault diagnosis based on ResNet-50 [J]. Neural Computing and Applications, 2020, 32: 6111-6124.

[139] Hou L, Jiang R, Tan Y, et al. Input feature mappings-based deep residual networks for fault diagnosis of rolling element bearing with complicated dataset [J]. IEEE Access, 2020, 8: 180967-180976.

[140] Wen L, Gao L, Li X. A new deep transfer learning based on sparse auto-encoder for fault diagnosis [J]. IEEE Transactions on Systems, Man, and Cybernetics: Systems, 2019, 49(1): 136-144.

[141] Chen Z, Li W. Multisensor feature fusion for bearing fault diagnosis using sparse autoencoder and deep belief network [J]. IEEE Transactions on Instrumentation and Measurement, 2017, 66(7): 1693-1702.

[142] Zhang S, Ye F, Wang B, et al. Semi-supervised bearing fault diagnosis and classification using variational autoencoder-based deep generative models [J]. IEEE Sensors Journal, 2021, 21(5): 6476-6486.

[143] Shao H, Jiang H, Zhao H, et al. A novel deep autoencoder feature learning method for rotating machinery fault diagnosis [J]. Mechanical Systems and Signal Processing, 2017, 95: 187-204.

[144] Lu C, Wang Z-Y, Qin W-L, et al. Fault diagnosis of rotary machinery components using a stacked denoising autoencoder-based health state identification [J]. Signal Processing, 2017, 130: 377-388.

[145] Shao H, Jiang H, Lin Y, et al. A novel method for intelligent fault diagnosis of rolling bearings using ensemble deep auto-encoders [J]. Mechanical Systems and Signal Processing, 2018, 102: 278-297.

[146] Xia M, Li T, Liu L, et al. Intelligent fault diagnosis approach with unsupervised feature learning by stacked denoising autoencoder [J]. IET Science, Measurement & Technology, 2017, 11(6): 687-695.

[147] Shen C, Qi Y, Wang J, et al. An automatic and robust features learning method for

rotating machinery fault diagnosis based on contractive autoencoder [J]. Engineering Applications of Artificial Intelligence, 2018, 76: 170-184.

[148] Jiang W, Zhou J, Liu H, et al. A multi-step progressive fault diagnosis method for rolling element bearing based on energy entropy theory and hybrid ensemble auto-encoder [J]. ISA Transactions, 2019, 87: 235-250.

[149] Ma M, Sun C, Chen X. Deep coupling autoencoder for fault diagnosis with multimodal sensory data [J]. IEEE Transactions on Industrial Informatics, 2018, 14(3): 1137-1145.

[150] Li X, Wan S, Liu S, et al. Bearing fault diagnosis method based on attention mechanism and multilayer fusion network [J]. ISA Transactions, 2022, 128: 550-564.

[151] Yang Z B, Zhang J P, Zhao Z B, et al. Interpreting network knowledge with attention mechanism for bearing fault diagnosis [J]. Applied Soft Computing, 2020, 97: 106829.

[152] Huang Y J, Liao A H, Hu D Y, et al. Multi-scale convolutional network with channel attention mechanism for rolling bearing fault diagnosis [J]. Measurement, 2022, 203: 111935.

[153] Li X, Zhang W, Ding Q. Understanding and improving deep learning-based rolling bearing fault diagnosis with attention mechanism [J]. Signal Processing, 2019, 161: 136-154.

[154] Liao J X, Dong H C, Sun Z Q, et al. Attention-embedded quadratic network (qttention) for effective and interpretable bearing fault diagnosis [J]. IEEE Transactions on Instrumentation and Measurement, 2023, 72: 3511113.

[155] Jia L, Chow T W, Wang Y, et al. Multiscale residual attention convolutional neural network for bearing fault diagnosis [J]. IEEE Transactions on Instrumentation and Measurement, 2022, 71: 3519413.

[156] Zhou K, Yang C, Liu J, et al. Dynamic graph-based feature learning with few edges considering noisy samples for rotating machinery fault diagnosis [J]. IEEE Transactions on Industrial Electronics, 2022, 69(10): 10595-10604.

[157] Chen Z, Xu J, Peng T, et al. Graph convolutional network-based method for fault diagnosis using a hybrid of measurement and prior knowledge [J]. IEEE Transactions on Cybernetics, 2022, 52(9): 9157-9169.

[158] Li T, Zhao Z, Sun C, et al. Domain adversarial graph convolutional network for fault diagnosis under variable working conditions [J]. IEEE Transactions on Instrumentation and Measurement, 2021, 70: 3515010.

[159] Zhang D, Stewart E, Entezami M, et al. Intelligent acoustic-based fault diagnosis of roller bearings using a deep graph convolutional network [J]. Measurement, 2020, 156: 107585.

[160] Chen K, Hu J, Zhang Y, et al. Fault location in power distribution systems via deep graph convolutional networks [J]. IEEE Journal on Selected Areas in Communications, 2020, 38(1): 119-131.

[161] Yu X, Tang B, Zhang K. Fault diagnosis of wind turbine gearbox using a novel method

of fast deep graph convolutional networks [J]. IEEE Transactions on Instrumentation and Measurement, 2021, 70: 6502714.

[162] Li T, Zhao Z, Sun C, et al. Multireceptive field graph convolutional networks for machine fault diagnosis [J]. IEEE Transactions on Industrial Electronics, 2021, 68(12): 12739-12749.

[163] Li C, Mo L, Yan R. Fault diagnosis of rolling bearing based on WHVG and GCN [J]. IEEE Transactions on Instrumentation and Measurement, 2021, 70: 3519811.

[164] Jiang J, Chen J, Gu T, et al. Anomaly detection with graph convolutional networks for insider threat and fraud detection [C]. Proceedings of the MILCOM 2019-2019 IEEE Military Communications Conference (MILCOM), 2019.

[165] Yan X, Liu Y, Zhang C A. Multiresolution hypergraph neural network for intelligent fault diagnosis [J]. IEEE Transactions on Instrumentation and Measurement, 2022, 71: 3525910.

[166] Li Y, Chai Y, Zhou H, et al. A novel feature extraction method based on discriminative graph regularized autoencoder for fault diagnosis [J]. IFAC-PapersOnLine, 2019, 52(24): 272-277.

[167] Liu L, Zhao H, Hu Z. Graph dynamic autoencoder for fault detection [J]. Chemical Engineering Science, 2022, 254: 117637.

[168] Feng Y, Chen J, Liu Z, et al. Full graph autoencoder for one-class group anomaly detection of IIoT system [J]. IEEE Internet of Things Journal, 2022, 9(21): 21886-21898.

[169] Miele E S, Bonacina F, Corsini A. Deep anomaly detection in horizontal axis wind turbines using Graph Convolutional Autoencoders for Multivariate Time series [J]. Energy and AI, 2022, 8: 100145.

[170] Jiang L, Li X, Wu L, et al. Bearing fault diagnosis method based on a multi-head graph attention network [J]. Measurement Science and Technology, 2022, 33(7): 075012.

[171] Tang Y, Zhang X, Zhai Y, et al. Rotating machine systems fault diagnosis using semisupervised conditional random field-based graph attention network [J]. IEEE Transactions on Instrumentation and Measurement, 2021, 70: 3515411.

[172] Long J, Zhang R, Yang Z, et al. Self-adaptation graph attention network via meta-learning for machinery fault diagnosis with few labeled data [J]. IEEE Transactions on Instrumentation and Measurement, 2022, 71: 1-11.

[173] Cao S, Li H, Zhang K, et al. A novel spiking graph attention network for intelligent fault diagnosis of planetary gearboxes [J]. IEEE Sensors Journal, 2023, 23(12): 13140-13154.

[174] Faustine A, Pereira L, Klemenjak C. Adaptive weighted recurrence graphs for appliance recognition in non-intrusive load monitoring [J]. IEEE Transactions on Smart Grid, 2021, 12(1): 398-406.

[175] Zou Y, Donner R V, Marwan N, et al. Complex network approaches to nonlinear

time series analysis [J]. Physics Reports, 2019, 787: 1-97.

[176] Zhang J, Zhang Q, He X, et al. Compound-fault diagnosis of rotating machinery: A fused imbalance learning method [J]. IEEE Transactions on Control Systems Technology, 2021, 29(4): 1462-1474.

[177] Donner R V, Zou Y, Donges J F, et al. Recurrence networks—A novel paradigm for nonlinear time series analysis [J]. New Journal of Physics, 2010, 12(3): 033025.

[178] Jacob R, Harikrishnan K, Misra R, et al. Weighted recurrence networks for the analysis of time-series data [J]. Proceedings of the Royal Society A, 2019, 475(2221): 20180256.

[179] Veličković P, Cucurull G, Casanova A, et al. Graph attention networks [J]. arXiv preprint arXiv:171010903, 2017.

[180] Thekumparampil K K, Wang C, Oh S, et al. Attention-based graph neural network for semi-supervised learning [J]. arXiv preprint arXiv:180303735, 2018.

[181] Scarselli F, Gori M, Tsoi A C, et al. The graph neural network model [J]. IEEE Transactions on Neural Networks, 2008, 20(1): 61-80.

[182] Kipf T N, Welling M. Semi-supervised classification with graph convolutional networks [J]. arXiv preprint arXiv:1609.02907, 2016.

[183] Wu F, Souza A, Zhang T, et al. Simplifying graph convolutional networks; proceedings of the International conference on machine learning, F, 2019 [C]. PMLR.

[184] Liu J, Zhang C, Jiang X. Imbalanced fault diagnosis of rolling bearing using improved MsR-GAN and feature enhancement-driven CapsNet [J]. Mechanical Systems and Signal Processing, 2022, 168: 108664.

[185] Gulrajani I, Ahmed F, Arjovsky M, et al. Improved training of Wasserstein GANs [J]. Advances in Neural Information Processing Systems, 2017.

[186] Li W, Zhong X, Shao H, et al. Multi-mode data augmentation and fault diagnosis of rotating machinery using modified ACGAN designed with new framework [J]. Advanced Engineering Informatics, 2022, 52: 101552.

[187] Zou L, Zhang H, Wang C, et al. MW-ACGAN: Generating multiscale high-resolution SAR images for ship detection [J]. Sensors, 2020, 20(22): 6673.

[188] Li S, Wang H, Song L, et al. An adaptive data fusion strategy for fault diagnosis based on the convolutional neural network [J]. Measurement, 2020, 165: 108122.

[189] Miao J, Wang J, Miao Q. An enhanced multifeature fusion method for rotating component fault diagnosis in different working conditions [J]. IEEE Transactions on Reliability, 2021, 70(4): 1611-1620.

[190] Wang T, Zhang L, Qiao H, et al. Fault diagnosis of rotating machinery under timevarying speed based on order tracking and deep learning [J]. Journal of Vibroengineering, 2020, 22(2): 366-382.

[191] Wang X, Mao D, Li X. Bearing fault diagnosis based on vibro-acoustic data fusion and 1D-CNN network [J]. Measurement, 2021, 173: 108518.

[192] Chen Y, Zhang D, Zhu K, et al. An adaptive activation transfer learning approach for

fault diagnosis [J]. IEEE/ASME Transactions on Mechatronics, 2023, 28(5): 2645-2656.

[193] Yan R, Shen F, Sun C, et al. Knowledge transfer for rotary machine fault diagnosis [J]. IEEE Sensors Journal, 2020, 20(15): 8374-8393.

[194] Li J, Huang R, He G, et al. A two-stage transfer adversarial network for intelligent fault diagnosis of rotating machinery with multiple new faults [J]. IEEE/ASME Transactions on Mechatronics, 2021, 26(3): 1591-1601.

[195] Sun B, Saenko K. Deep coral: Correlation alignment for deep domain adaptation [C]. Proceedings of the Computer Vision–ECCV 2016 Workshops, 2016.

[196] Zhao H, Zhang S, Wu G, et al. Adversarial multiple source domain adaptation [J]. Advances in Neural Information Processing Systems, 2018.